AF536184

natürlich oekom!

Mit diesem Buch halten Sie ein echtes Stück Nachhaltigkeit in den Händen. Durch Ihren Kauf unterstützen Sie eine Produktion mit hohen ökologischen Ansprüchen:

- mineralölfreie Druckfarben
- Verzicht auf Plastikfolie
- Kompensation aller CO_2-Emissionen
- kurze Transportwege – in Deutschland gedruckt

Weitere Informationen unter www.natürlich-oekom.de und #natürlichoekom

Wir danken der Universität Augsburg
für die Förderung dieser Publikation.

Bibliografische Information der Deutschen Nationalbibliothek

Die Deutsche Nationalbibliothek verzeichnet diese Publikation in der Deutschen Nationalbibliografie; detaillierte bibliografische Daten sind im Internet über www.dnb.de abrufbar.

Sand – Wie uns eine wertvolle Ressource durch die Finger rinnt
in der Reihe ›Stoffgeschichten‹

Originalausgabe »The World in a Grain. The Story of Sand and How It Transformed Civilisation«

This edition published by arrangement with Riverhead Books,
an imprint of Penguin Publishing Group, a division of Penguin Random House LLC.

Deutsche Erstausgabe

Gesellschaft für ökologische Kommunikation mbH
Waltherstraße 29, 80337 München

Lektorat: Lena Denu, oekom verlag
Umschlaggestaltung: Büro Jorge Schmidt, München
Umschlagabbildung: © Mariyana M / shutterstock
Korrektorat: Maike Specht
Satz: Christin Müller, Typografie und Produktion, Leipzig

Druck: Friedrich Pustet GmbH & Co. KG, Regensburg

ISBN 978-3-96238-245-2

VINCE BEISER

Sand

Wie uns eine wertvolle Ressource durch die Finger rinnt

Aus dem Englischen von
Bernhard Jendricke, Christa Prummer-Lehmair und
Gerlinde Schermer-Rauwolf (Kollektiv Druck-Reif)

Für Kaile, Adara und Isaiah.
Ich liebe euch mehr, als es Sandkörner
auf der ganzen weiten Welt gibt.

Stoffgeschichten – Band 13

Eine Buchreihe des Wissenschaftszentrums Umwelt der Universität Augsburg in Kooperation mit dem oekom e.V.

Herausgegeben von Dr. Jens Soentgen mit Prof. Dr. Armin Reller

Stoffe aller Art werden rund um den Globus aus dem Boden, aus Lebewesen oder aus der Luft gewonnen, in Raffinerien und Fabriken gereinigt, zerlegt, wieder verbunden, durch Pipelines gepumpt, auf Containerschiffen verschickt, transformiert und verbraucht. Aber parallel zu all dem machen sie sich, oft unerkannt, selbst auf den Weg: Öl aus havarierten Ölplattformen breitet sich auf dem Meer aus; Stickstoffdünger und Pestizide diffundieren ins Grundwasser; Smog entsteht und legt sich wie eine Glocke über Städte; Kohlendioxid aus der Verbrennung fossiler Rohstoffe reichert sich in der Atmosphäre an; Mikroplastik verteilt sich im Meer. Stoffe überschreiten Grenzen: Grenzen von Körpern, Grenzen von Ökosystemen, Grenzen von Staaten, aber auch Grenzwerte der Behörden – und sorgen so für Konflikte. Wie nie zuvor wird in unserer Gesellschaft heute über Substanzen und ihre Nebenwirkungen diskutiert.

Deshalb stellen die Bände der Reihe Stoffgeschichten einzelne Stoffe in den Mittelpunkt. Sie sind die oft widerspenstigen Helden, die eigensinnigen Protagonisten unserer Bücher. Stoffgeschichten erzählen von den Landschaften, von den gesellschaftlichen Szenen, die jene Stoffe, mit denen wir täglich umgehen, durchquert haben. Sie berichten von den globalen Wegen, die viele Stoffe hinter sich haben, und blicken von dort aus in die Zukunft.

»Sand« ist der dreizehnte Band der Reihe. Sand scheint eines der Dinge zu sein, die nie knapp werden können. Und doch ist es eine Tatsache, dass Sand täglich knapper wird. Denn mag er auch mancherorts reichlich vorhanden sein, so wird doch zugleich kein anderer Stoff in so großem Umfang genutzt – sei es beim Bau von Straßen, Häusern, Staudämmen oder bei der Produktion von

Hightechprodukten. Dabei sind nur ganz bestimmte Sande technisch verwertbar, gerade nicht die Wüstensande, sondern vor allem die selteneren Flusssande, die zugleich eine wichtige ökologische Funktion haben. Der vielfach ausgezeichnete Journalist Vince Beiser erzählt die packende Geschichte eines Stoffes, ohne den wir nicht leben könnten, berichtet von den Konflikten, die sein Abbau hervorruft, und davon, was uns droht, wenn uns der Sand einmal ausgeht.

Im Januar 2021,
Jens Soentgen

Inhalt

Kapitel 1

Die wichtigste feste Substanz auf Erden

Dieses Buch handelt von einem Gegenstand, über den die meisten von uns kaum jemals nachdenken, ohne den wir jedoch nicht leben könnten. Gemeint ist die wichtigste feste Substanz auf Erden, buchstäblich das Fundament der modernen Zivilisation. Die Rede ist von Sand.

Sand? Warum ist dieses schlichteste aller Materialien, etwas, das so banal wie allgegenwärtig zu sein scheint, so bedeutsam? Weil Sand das Hauptmaterial ist, aus dem die modernen Städte erbaut sind. Sand ist für Städte, was Mehl für das Brot ist und was Zellen für den Körper sind: der unsichtbare, aber grundlegende Bestandteil, aus dem der Großteil der von Menschen erschaffenen Umwelt besteht, in der die meisten von uns leben.

Sand ist das Kernstück unseres täglichen Lebens. Sehen Sie sich einmal um. Haben Sie einen Fußboden unter Ihren Füßen, Wände um sich herum, ein Dach über dem Kopf? Die Wahrscheinlichkeit ist sehr hoch, dass all dies zumindest teilweise aus Beton gefertigt ist. Und was ist Beton? Im Wesentlichen einfach Sand und Kies, zusammengehalten von Zement.

Schauen Sie aus dem Fenster. Alle anderen Gebäude, die Sie sehen, sind ebenfalls aus Sand hergestellt. Genauso wie das Glas in Ihrem Fensterrahmen. Und die Asphaltstraßen, die diese Gebäude miteinander verbinden. Ebenso die Siliziumchips, die das Gehirn Ihres Laptops oder Smartphones bilden. Falls Sie sich in der Innenstadt von San Francisco, am Seeufer von Chicago oder am internationalen Flughafen von Hongkong befinden, ist der Boden unter Ihren Füßen wahrscheinlich künstlich erschaffen, aus Sand aus dem Meer. Wir Menschen schweißen Billionen Sandkörner zusammen, um hoch aufragende Gebäude zu errichten, und spalten gleichzeitig die Moleküle einzelner Sandkörner auf, um daraus winzige Computerchips zu fertigen.

Einige der größten Vermögen in den USA sind dem Sand zu verdanken. Henry J. Kaiser, einer der reichsten und mächtigsten Industriellen in den Vereinigten Staaten des 20. Jahrhunderts, legte den Grundstein seines Reichtums, indem er Straßenbauprojekte an der Nordwestküste der USA mit Sand und Kies belieferte. Henry Crown, ein Milliardär, dem einst das Empire State Building gehörte, erschuf sein Imperium mit Sand aus dem Michigan-See, den er an die Baufirmen verkaufte, die in Chicago die Wolkenkratzer errichteten. Heute verbraucht die Bauindustrie weltweit jährlich Sand im Wert von rund 130 Milliarden Dollar.[1]

Sand ist tief in unserem kulturellen Bewusstsein verankert. Er durchzieht unsere Sprache. Wir zeichnen Linien in ihn, bauen Burgen daraus, stecken unseren Kopf hinein. In alten europäischen Sagen (und in einem Kultsong von Metallica) verhilft uns der Sandmann in den Schlaf. In unseren modernen Comicmythologien ist der Sandmann bei DC ein Superheld und bei Marvel ein Superschurke. In den Schöpfungsmythen indigener Kulturen von Westafrika bis Nordamerika wird Sand als das Element verstanden, das das Land gebiert.[2] Buddhistische Mönche und Kunsthandwerker der Navajo fertigen seit Jahrhunderten Sandbilder daraus. »Wie Sand, der durch die Sanduhr rinnt, so sind die Tage unseres Lebens«, heißt es im Vorspann einer langjährigen US-amerikanischen Seifenoper. William Blake ermuntert uns, »eine Welt in einem Sandkorn zu sehen«, Percy Bysshe Shelley erinnert daran, dass selbst der mächtigste aller Könige einst tot und vergessen sein wird und von ihm nichts bleibt als der kahle, endlose Sand, der ihn begräbt. Sand ist sowohl winzig klein als auch unermesslich, ein Mittel zum Messen und eine Substanz jenseits allen Maßes.

Schon seit Jahrhunderten, ja seit Jahrtausenden ist Sand für uns wichtig. Mindestens seit den alten Ägyptern benutzen ihn die Menschen zum Bauen. Im 15. Jahrhundert fand ein italienischer Handwerker heraus, wie man aus Sand durchsichtiges Glas herstellen kann, was die Entwicklung von Mikroskopen, Ferngläsern und anderen technischen Errungenschaften ermöglichte, die zur wissenschaftlichen Revolution der Renaissance beitrugen.

Aber erst in der modernen industrialisierten Welt, in den Jahrzehnten vor und nach der Wende zum 20. Jahrhundert, begann die Menschheit das Potenzial von Sand wirklich voll auszuschöpfen und ihn in gigantischem Umfang zu verwenden. Aus einem Rohstoff für weitverbreitete, aber vor allem handwerkliche Zwecke wurde ein unverzichtbarer Baustein der Zivilisation, ein entscheidendes Material zur Massenfertigung von Bauwerken und Produkten, nach denen in der rasch wachsenden Bevölkerung rege Nachfrage herrschte.

Bis zum Beginn des 20. Jahrhunderts wurden fast alle großen Bauwerke der Welt – Wohnblocks, Bürogebäude, Kirchen, Paläste, Festungen – aus Stein, Ziegel, Lehm oder Holz errichtet. Selbst die höchsten Gebäude waren keine zehn Stockwerke hoch. Die Straßen pflasterte man hauptsächlich mit Bruchstein oder, noch eher, überhaupt nicht. Glas in Form von Fensterscheiben oder Geschirr war ein relativ seltener und teurer Luxus. Die massenhafte Fertigung und Verfügbarkeit von Beton und Glas veränderte all das und dadurch auch die Art und Weise, wie und wo die Menschen in der industrialisierten Welt lebten.

In den Jahren vor Anbruch des 21. Jahrhunderts steigerte sich die Verwendung von Sand aufgrund schon vorhandener und neu entstandener Bedürfnisse wiederum dramatisch. Beton und Glas dehnten ihre Vorherrschaft von den reichen Ländern des Westens auf die ganze Welt aus. Etwa zur gleichen Zeit begann die Digitaltechnologie, angetrieben durch Siliziumchips und andere komplexe Hardware aus Sand, die Weltwirtschaft grundlegend und dauerhaft umzuformen.

Heute ist Ihr Leben von Sand abhängig. Sie bemerken es vielleicht nicht, aber der Sand ist überall präsent und ermöglicht Ihnen erst das Leben, das Sie führen, in so ziemlich jeder Minute des Tages. Wir leben in ihm, fahren auf ihm, kommunizieren durch ihn, umgeben uns mit ihm.

Wo immer Sie heute Morgen aufgewacht sind, war es ziemlich sicher in einem Gebäude, das zumindest teilweise aus Sand gebaut wurde. Selbst wenn dessen Wände aus Ziegel oder Holz bestehen, ist das Hausfundament vermutlich aus Beton. Vielleicht sind die Räume mit Gipsstuck verziert, ebenfalls ein Produkt hauptsächlich aus Sand. Die Farbe an Ihren Wänden enthält wahrscheinlich Quarzmehl, wodurch sie haltbarer wird, und womöglich weitere Sorten hochreiner Sande, um ihre Leuchtkraft, Ölabsorption und Farbkonsistenz zu steigern.[3]

Sie haben die Nachttischlampe angeknipst, die eine gläserne Glühbirne aus geschmolzenem Sand besitzt. Sie haben sich im Badezimmer über einem Waschbecken, dessen Porzellan Sand enthält, die Zähne geputzt und dabei Wasser verwendet, das in Ihrem örtlichen Klärwerk mit Sandfiltern gereinigt wurde. Ihre Zahnpasta enthält womöglich hydratisiertes Siliziumdioxid, eine Form von Sand, die als mildes Schmirgelmittel bei der Entfernung von Plaque und Flecken hilft.[4]

Ihre Unterwäsche bleibt an Ort und Stelle dank eines elastischen, aus Silikon hergestellten Bandes, einer ebenfalls aus Sand gewonnenen synthetischen Verbindung. (Silikon bewirkt auch, dass das Shampoo Ihr Haar mehr glänzen lässt, Hemden weniger zerknittern, und es hat die Sohlen der Stiefel verstärkt, mit denen Neil Armstrong die ersten Schritte auf dem Mond unternahm. Und ja, wie jeder weiß, wird es seit mehr als 50 Jahren zur Vergrößerung von Brüsten benutzt.)

Angekleidet und bereit für den Tag, sind Sie auf Straßen, die aus Asphalt oder Beton bestehen, zur Arbeit gefahren. In Ihrem Büro sind der Computerbildschirm, die Chips, dank derer er läuft, und die Glasfaserkabel, die ihn mit dem Internet verbinden, aus Sand hergestellt. Das Papier, auf dem Sie Ihre Mails ausdrucken, ist wahrscheinlich mit einem auf Sand basierenden Film beschichtet, durch den die Druckerfarbe besser haftet. Selbst der Klebstoff Ihrer Haftnotizen ist aus Sand gewonnen.

Zum Feierabend haben Sie sich ein Glas Wein genehmigt. Raten Sie mal! Für die Flasche, das Glas und sogar für den Wein wurde Sand verwendet. Dem Wein wird manchmal als »Schönungsmittel« ein Spritzer Kieselsol beigegeben, das die Klarheit, Farbstabilität und Lagerfähigkeit des Getränks verbessern soll.

Sand ist, kurz gesagt, der wesentliche Bestandteil, der das moderne Leben erst ermöglicht. Ohne Sand gäbe es die Zivilisation von heute nicht. Und glauben Sie es oder nicht, aber der Sand geht uns langsam zur Neige.

Auch wenn die Vorräte unerschöpflich scheinen, ist verwendbarer Sand eine begrenzte Ressource wie jede andere. (Wüstensand eignet sich in der Regel nicht als Bausand; die vom Wind geschliffenen Sandkörner sind zu rund, um gut zusammenzuhalten.)[5] Wir verbrauchen von diesem natürlichen Rohstoff mehr als von jedem anderen, Luft und Wasser ausgenommen. Die Menschheit verarbeitet jährlich schätzungsweise fast 50 Milliarden Tonnen Sand und Kies.[6] Das würde ausreichen, um ganz Kalifornien mit einer Sandschicht zu überziehen. Und es ist zweimal so viel wie noch vor einem Jahrzehnt.

Heute herrscht eine so große Nachfrage nach Sand, dass überall auf der Welt ganze Flussbetten und Strände geplündert, landwirtschaftliche Flächen und Wälder zerstört, Menschen eingesperrt, gefoltert und ermordet werden. Alles nur des Sandes wegen.

Der Hauptgrund für diesen beispiellosen Verbrauch des schlichtesten aller Materialien lautet, dass die Anzahl und Größe unserer

Städte ins Unermessliche wächst. Jahr für Jahr nimmt die Weltbevölkerung zu, und immer mehr Menschen, vor allem in den Entwicklungsländern, ziehen in Städte.

Das Ausmaß dieser Migration ist atemberaubend. 1950 lebten an die 746 Millionen Menschen – weniger als ein Drittel der Weltbevölkerung – in urbanen Zentren. Heute beträgt deren Zahl fast vier Milliarden, mehr als die Hälfte aller Erdenbewohner. Die Vereinten Nationen rechnen damit, dass weitere 2,5 Milliarden in den nächsten drei Jahrzehnten hinzukommen werden.[7] Die städtische Bevölkerung weltweit nimmt jährlich um etwa 65 Millionen Menschen zu; das ist, als würde man pro Jahr acht Städte der Größe New Yorks bauen.

Für die dafür benötigten Materialien Beton, Asphalt und Glas graben die Menschen in exponentiell steigender Menge Sand aus dem Erdreich. Der weit überwiegende Teil davon geht in die Herstellung von Beton, dem weltweit mit Abstand wichtigsten Baumaterial. In einem durchschnittlichen Jahr verwendet die Welt nach Angaben des Umweltprogramms der Vereinten Nationen so viel Beton, dass man damit rund um den Äquator eine Mauer von 27 Meter Höhe und 27 Meter Breite errichten könnte.[8] Allein China verbrauchte zwischen 2011 und 2013 mehr Zement als die Vereinigten Staaten im gesamten 20. Jahrhundert.[9]

Nach bestimmten Arten von Bausand herrscht eine derart starke Nachfrage, dass zum Beispiel Dubai, das am Rand einer riesigen Wüste auf der Arabischen Halbinsel liegt, aus Australien Sand importiert.[10] Ja, Sie lesen richtig: Australische Exporteure verkaufen tatsächlich Sand an die Araber.[11]

Was ist Sand überhaupt? Das Wort bezeichnet ein ganzes Spektrum an winzigen Objekten vielerlei Form und Größe, bestehend aus unterschiedlichen Substanzen. Nach der Udden-Wentworth-Skala, der am häufigsten verwendeten geologischen Maßeinheit, bezeichnet der Begriff »Sand« lose Körner jedes harten Materials mit einem Durchmesser zwischen 2 und 0,0625 Millimeter. Das heißt, ein durchschnittliches Sandkorn ist eine Spur größer als die Dicke eines menschlichen Haars. Die Körner entstehen entweder dadurch, dass Gletscher Felsen zermahlen, sich im Meer Muschelschalen und Korallen auflösen (viele Strände der Karibik bestehen aus zerborstenen Muscheln),[12] oder aus vulkanischer Lava, die sich durch den Kontakt mit Luft und Wasser abkühlt und zerspringt. Auf diese Art sind die hawaiianischen Strände mit ihrem schwarzen Sand entstanden.[13]

Fast 70 Prozent aller Sandkörner der Erde jedoch bestehen aus Quarz. Diesen gilt unser Hauptinteresse. Quarz ist eine Form von Siliziumdioxid oder SiO_2, auch bekannt als Kieselerde. Seine Bestandteile, Silizium und Sauerstoff, sind die häufigsten Elemente in der Erdkruste, deshalb ist nicht verwunderlich, dass Quarz zu den am weitesten verbreiteten Mineralen zählt.[14] Er ist überreichlich in Granit und sonstigem Felsgestein der Gebirge und anderen geologischen Formationen zu finden.

Die meisten der verwendeten Quarzkörner wurden durch Erosion geformt. Wind, Regen, Frost-Tau-Zyklen, Mikroorganismen und andere Kräfte wirken auf das Felsgestein ein und lösen Körner aus dessen exponierter Oberfläche. Dann wäscht der Regen die Körner in die Flüsse, die zahllose Tonnen davon mit sich tragen. Dieser vom Wasser transportierte Sand sammelt sich in den Flussbetten, an Ufern und auf den Stränden, wo die Flüsse auf das Meer treffen. Im Laufe der Jahrhunderte treten die Flüsse in Abständen über die Ufer oder verändern ihren Lauf und lassen auf dem trockenen Land riesige Ablagerungen von Sand zurück.[15] Quarz ist ungeheuer hart, deshalb überleben Quarzkörner diese lange, zermalmende Reise intakt, während sich Körner anderer Minerale dabei auflösen.

Über Jahrmillionen hinweg werden die Sande oft unter jüngeren Sedimentschichten begraben, bei einer Gebirgsbildung nach oben befördert, erodieren erneut und werden abermals forttransportiert.

»Sandkörner haben keine Seele, aber sie werden ›wiedergeboren‹«, schreibt der Geologe Raymond Siever in seinem Buch *Sand.*[16] »Jeder Zyklus von Ablagerung, Einbettung, Hebung und Abtragung ›erneuert‹ die Sandkörner und macht jedes Korn ein klein wenig runder.« Durchschnittlich dauert ein solcher Zyklus 200 Millionen Jahre. Wenn Sie also das nächste Mal Sand aus Ihren Schuhen klopfen, zollen Sie diesen Körnern ein wenig Respekt: Sie könnten älter als die Dinosaurier sein.

In freier Natur ist Quarz stets mit Teilen anderer Materialien vermischt: Eisen, Feldspat oder anderen Mineralen, die in der jeweiligen örtlichen Geologie vorherrschen. (Reiner Quarz ist durchsichtig, die Quarzkörner zeigen aber aufgrund von Oxidation oft Flecken. Diese Einfärbung und die Beimengung anderer Körnerarten bewirken, dass die meisten Strände und Sandablagerungen diverse Gelb- oder Braunschattierungen aufweisen.) Diese anderen Substanzen müssen bis zu einem gewissen Grad herausgefiltert werden, bevor der Sand zu Beton, Glas oder anderen Produkten verarbeitet werden kann.

Man kann sich Sand als eine Art riesengroße Armee vorstellen oder als eine Gruppe verbündeter Armeen, bestehend aus Trillionen winziger Soldaten. Nur sind diese Soldaten nicht dafür ausersehen zu töten, sondern zu erschaffen. Sie zerstören nicht, sondern formen Bauwerke und Alltagsgegenstände und leisten uns Dienste.

Auf den ersten Blick sehen Sandkörner, ähnlich wie uniformierte Soldaten, alle ziemlich gleich aus. Aber in Wirklichkeit gibt es davon viele verschiedene Typen mit charakteristischen Merkmalen, Stärken und Schwächen, die wiederum darüber bestimmen, für welche Zwecke man sie verwenden kann. Manche bestechen durch ihre Härte, andere durch ihre Biegsamkeit; manche durch ihre Rundung, andere durch ihre Kantigkeit; manche durch ihre Farbe, andere durch ihre Reinheit. Manche Sande sind sozusagen Spezialeinsatzkommandos und werden einem komplexen physikalischen oder chemischen Prozess unterzogen, damit sie besondere

Fähigkeiten erlangen, oder mit anderen Materialien kombiniert für Zwecke, die sie in ihrem Originalzustand nicht erfüllen könnten.

Bausand – aus den harten, kantigen Körnern, die hauptsächlich für Beton verwendet werden – ist gleichsam die Infanterie der Armee. Diese Sandart ist reichlich vorhanden, leicht zu finden und nicht besonders rein. Seine Körner bestehen größtenteils aus Quarz, enthalten aber auch andere Minerale, je nach dem Ort, an dem der Sand abgebaut wird. Praktisch jedes Land verfügt über Bausand, oft vermischt mit seinem unverzichtbaren Partner, dem Kies. In der Bauindustrie wird das Gemenge aus Sand und Kies auch als »Zuschlagstoff« bezeichnet; der Unterschied zwischen Sand und Kies besteht hauptsächlich in der Größe. Beide Materialien werden in Flussbetten, auf Stränden oder in Kiesgruben abgebaut. Für die Herstellung von Beton benötigt man Sand und Kies im Verbund, während Sand allein für andere Baustoffe wie Mörtel, Putz und Bedachungskomponenten verwendet wird.

Marine Sande – die Seestreitkräfte der Armee auf dem Meeresboden – sind von ähnlicher Zusammensetzung, wodurch sie sich für Landgewinnung eignen, wie dies zum Beispiel bei den berühmten, in Palmenform gestalteten künstlichen Inseln von Dubai der Fall war. Will man die Sande aus dem Meer zu Beton verarbeiten, müssen sie zuerst vom Salz befreit werden – ein kostspieliges Unterfangen, das die meisten Baufirmen lieber vermeiden.

Quarzsande sind reiner – sie bestehen aus mindestens 95 Prozent Siliziumdioxid – und seltener als Bau- oder mariner Sand.[17] Sie werden auch als »Industriesande« bezeichnet und sind die Spezialeinheiten der Sandarmee, einsetzbar für anspruchsvollere Aufgaben als der durchschnittliche Fußsoldat. Diese Sande werden für die Herstellung von Glas benötigt. Hochreine Sande sind besonders gefragt: Die Sande aus der Region Fontainebleau in Frankreich enthalten beispielsweise 98 Prozent und mehr reines Siliziumdioxid. Die besten Glasmacher Europas greifen seit Jahrhunderten auf diese Sande zurück. Neben vielen weiteren Zwecken werden

Quarzsande bei der Herstellung von Gussformen für Metallgießereien verwendet, sie verleihen Farben einen Glanzton und dienen zur Filterung des Wassers in Swimmingpools.[18] Aufgrund ihrer einzigartigen Eigenschaften eignen sich Industriesande für ganz spezielle Aufgaben. Die Quarzsande aus dem Westen Wisconsins zum Beispiel haben eine besondere Form und Struktur, welche sie beim Öl- und Gasfracking zu einem idealen Hilfsmittel machen.

Dann gibt es noch das SEAL Team Six der Siliziumwelt: relativ geringe Mengen von extrem hochreinem Quarz, eine winzige Elitetruppe, ausgestattet mit seltenen Charakteristiken, die sie zu außerordentlichen Leistungen befähigen. Diese Teilchen werden für Hightechgeräte zur Herstellung von Computerchips benötigt. Manche werden auch für die glitzernden Bunker auf exklusiven Golfplätzen verwendet oder für die Begrenzungslinien bei Pferderennen am Persischen Golf – wie Elitesoldaten, die als Bodyguards für reiche Leute arbeiten.

Wüstensand hingegen wird zumeist nicht für Bauzwecke herangezogen, weil seine Körner zu rund sind. Das liegt daran, dass Wind die Körner unsanfter behandelt als Wasser. In einem Fluss mildert das Wasser das Aneinanderprallen der einzelnen Körner ab. In einer Wüste jedoch stoßen sie mit voller Wucht gegeneinander und runden dabei ihre Ecken und Kanten ab.[19] Und runde Objekte verbinden sich nicht so gut miteinander wie kantige und eckige. Es ist ein ähnlicher Unterschied, als würde man versuchen, mal Murmeln, mal Bauklötze aufeinanderzustapeln.

Wir rekrutieren diese winzigen Soldaten auf vielerlei Weise und an den unterschiedlichsten Orten. Multinationale Konzerne baggern mancherorts mit riesigen Maschinen Sand aus Flussbetten oder graben ihn aus Hügeln. Anderswo schaufeln ihn die Einheimischen einfach auf und transportieren ihn mit Pick-ups fort.

Allgemein gesagt, ist die Sandförderung ein technisch relativ einfaches Gewerbe. Die dafür verwendete Gerätschaft hat sich seit den 1920er-Jahren nicht sehr geändert. Sand aus Flüssen und Seen wird entweder mit Saugpumpen oder mit Klappschaufeln auf schwimmenden Plattformen oder mit Schiffen herausgeholt, die mit Förderbandbaggern ausgerüstet sind. Sande im Wasser sind leichter zu fördern, da keine ihn bedeckenden Erdschichten (Überlagerungen) abzutragen sind. Auch sind sie weitgehend frei von staubgroßen Partikeln. An Land wird Sand zumeist aus offenen Gruben gefördert. Manchmal muss dabei mit Sprengstoff und Brechwerkzeugen der Sandstein entfernt werden, ein aus Sand gebildetes Gestein, das sich im Lauf von Jahrtausenden durch natürlich vorkommenden Zement gebildet hat. Aber egal, woher der Sand stammt, er muss gewaschen, gesiebt und seiner Korngröße nach sortiert werden.

Da Sand fast überall vorhanden ist, werden in nahezu jedem Land der Welt entsprechende Gruben betrieben. Es gibt keine Hauptlagerstätte, kein Saudi-Arabien des Sandes. Der Großteil der Sandförderung entfällt auf relativ kleine regionale Firmen. In den Vereinigten Staaten bauen rund 4.100 Unternehmen und staatliche Einrichtungen Baustoffe an circa 6.300 Standorten ab, verteilt auf sämtliche 50 Bundesstaaten.[20] In Westeuropa verhält es sich ähnlich.[21]

Auch wenn die Sandgewinnung oft in kleinem und scheinbar unbedeutendem Rahmen stattfindet, lässt sich nicht von der Hand weisen, dass sie ein Abbau ist, eine Entnahme, die unweigerlich in die Natur eingreift. All jene Tausende kleiner Sandgruben haben, summiert mit den vielen größeren, enorme Auswirkungen. Die Sandförderung vernichtet den Lebensraum von Wildtieren, verseucht Flüsse und zerstört landwirtschaftliche Flächen. Schadensbegrenzung ist jedoch möglich. Manche Unternehmen operieren umweltbewusster als andere, manche Abbaumethoden sind der Natur abträglicher als andere, manche Regierungen achten mehr auf die Einhaltung der Regeln als andere. Doch in jedem Fall verursacht die Entnahme von Sand aus der Erde bestenfalls einen nur kleinen Schaden und schlimmstenfalls eine Katastrophe.

Der vielleicht einzige Ort, an dem fast alle Menschen den Sand wirklich zu schätzen wissen – oder ihn überhaupt zur Kenntnis nehmen –, ist der Strand. Doch die Strände, jene heiß geliebten, sonnenverwöhnten Küstenstreifen, bilden die Frontlinie des globalen Kampfes um Sand, und sie stehen unter schwerem Beschuss.

Der Strand nahe der Kleinstadt Marina in Kalifornien, wenige Stunden südlich von San Francisco, ist ein breiter, kilometerlanger Streifen aus naturbelassenem Sand, der sich sanft in die Gischt des Pazifiks schmiegt. Ein Großteil seiner Fläche steht unter Naturschutz. Versteckt hinter hohen, von grünen und orangefarbenen Sukkulenten bewachsenen Dünen, ist dieser Strand von einer Schönheit wie aus dem Bilderbuch. Und er verschwindet nach und nach.

»Das hier ist die am schnellsten erodierende Küstenlinie in ganz Kalifornien«, erklärte Ed Thornton, pensionierter Küsteningenieur und ehemaliger Professor an der Naval Postgraduate School im nahe gelegenen Monterey, einer Gruppe von Demonstranten, die sich Anfang 2017 auf dem Strand versammelt hatte. »Wir verlieren jährlich drei Hektar unberührtes Ufer, das zu den schönsten der Welt gehört. Und zwar durch den Sandabbau.«

Die Demonstration fand unweit eines massigen Schwimmbaggers der Firma Cemex statt, eines weltweit operierenden mexikanischen Bauunternehmens. Pro Jahr saugte diese Maschine geschätzte 270.000 Kubikmeter Sand aus einer Gezeitenlagune. Cemex verkaufte das Material an Firmen im ganzen Land, die es zum Sandstrahlen und zum Zementieren von Bohrlöchern bei der Öl- und Gasförderung verwendeten.[22]

Fast das ganze 20. Jahrhundert über gab es viele solche Abbaustätten für Sand entlang der kalifornischen Küste. Doch Ende der 1980er-Jahre verfügte die Regierung ihre Schließung, nachdem sich herausgestellt hatte, dass der Sandverlust die berühmten kalifornischen Strände bedenklich schwinden ließ. Cemex jedoch konnte seinen Betrieb dank eines juristischen Schlupflochs weiterführen:

Da die Abbauzone offenbar über der durchschnittlichen Flutgrenze lag, hatten die Bundesgesetze für sie keine Geltung. Doch Aktivisten und örtliche Abgeordnete kämpften weiterhin jahrelang für die endgültige Einstellung der Sandförderung. Einige Monate nach der besagten Demonstration am Strand hatten sie schließlich Erfolg: Cemex verkündete, dass der Sandabbau Ende 2020 eingestellt wird.

Somit ist mindestens noch eine Förderstätte in Betrieb, die Kaliforniens Küstenzone schädigt. Umweltschützer kämpfen vor Gericht gegen die Sandentnahme aus der Bucht von San Francisco, die einen nahe gelegenen Strand erodieren lässt und ein Vogelhabitat gefährdet.[23]

In anderen Teilen der Welt wird der Sand von den Stränden einfach gestohlen. 2008 machten sich in Jamaika Diebe mit dem weißen Sand eines 400 Meter langen Streifens von einem der schönsten Strände der Insel davon. In kleinerem Ausmaß findet der Diebstahl von Sandstrand auch in Marokko, Algerien, Russland und an zahlreichen anderen Orten weltweit statt. Wie wir in Kapitel 7 sehen werden, schrumpfen auch in Florida, Südfrankreich und vielen weiteren begehrten Tourismuszielen die Strände, dort jedoch aufgrund anderer menschlicher Eingriffe.

Der Raubbau an den Stränden ist aber nur ein Aspekt und nicht einmal der gefährlichste der Schäden, die durch die Sandförderung weltweit verursacht werden.

Sandfirmen haben seit 2005 mindestens zwei Dutzend indonesische Inseln vollständig verschwinden lassen. Schiffsladung für Schiffsladung wurde das Sediment, aus dem die Inseln bestanden, hauptsächlich nach Singapur verfrachtet, wo gigantische Mengen Sand für die Fortsetzung des dortigen Programms zur künstlichen Landgewinnung benötigt werden. In den letzten 40 Jahren hat der Stadtstaat bereits 130 Quadratkilometer Neuland aufgeschüttet, und er will dieses Projekt noch weiterführen. Dadurch ist Singapur zu dem mit Abstand größten Sandimporteur weltweit geworden. Aufgrund der immensen Nachfrage sind in den Nachbarländern

Strände und Flussbetten in einem derartigen Ausmaß geschrumpft, dass Indonesien, Malaysia, Vietnam und Kambodscha inzwischen den Export von Sand nach Singapur beschränkt oder komplett verboten haben.

Aber auch der Sand im Wasser ist nicht sicher.[24] Die Sandfirmen wenden sich verstärkt dem Meeresboden zu und saugen von dort Millionen Tonnen Sand mit Schwimmbaggern der Größe von Flugzeugträgern nach oben. Ein Drittel des Materials, das in London und Südengland für Bauzwecke verwendet wird, stammt aus den Gewässern rund um Großbritannien.[25] Japan verwendet sogar noch mehr marinen Sand und fördert jährlich rund 40 Millionen Kubikmeter aus dem Ozean.[26] Mit dieser Menge könnte man den Astrodome in Houston dreiunddreißig Mal füllen.

Durch die Entnahme von Sand aus dem Meer wird das Habitat der auf dem Grund siedelnden Lebewesen und Organismen zerstört. Die aufgewirbelten Sedimente trüben das Wasser ein, ersticken die Fische und halten das für die Unterwasservegetation lebenswichtige Sonnenlicht ab.[27] Die Förderschiffe kippen allen Sand, dessen Korngröße sich nicht eignet, zurück ins Meer, wodurch sich das Wasser zusätzlich eintrübt und das Wasserleben noch weit von der Abbaustätte entfernt beeinträchtigt wird.[28]

Zudem hat der Abbau von Sand aus dem Meer in Florida und an vielen anderen Orten Korallenriffe zerstört.[29] Er bedroht wichtige Mangrovenwälder, Seegraswiesen und gefährdete Arten wie die Flussdelfine und die Schildkrötenart *Batagur affinis.*[30] Eine einzige Sandentnahme hinterlässt vielleicht keine nennenswerten Schäden, eine dauerhafte kann dies aber durchaus. Die Sandgewinnung aus dem Meer ist eine noch relativ neue Technologie, sodass es dazu bisher kaum Forschungen gibt. Das heißt, niemand kann mit Sicherheit sagen, wie diesbezüglich die langfristigen Folgen für die Umwelt aussehen werden. Doch angesichts der raschen Ausbreitung dieser Praxis wird es hierzu in den kommenden Jahren bestimmt Ergebnisse geben.

Auch abseits der Küsten wirkt sich die Sandförderung schädlich auf Grund und Boden sowie den Lebensraum von Menschen aus. Der Frackingboom in den USA hat eine regelrechte Gier nach dem sogenannten Frac-Sand ausgelöst. Fracking ist die höchst umstrittene Methode, Öl und Gas aus Schiefergesteinsschichten zu fördern, indem man das unterirdische Gestein aufbricht. Dazu verwendet man ein unter Hochdruck in das Gestein eingeführtes Gemisch aus Wasser, Chemikalien und einer bestimmten Art von hartem, rundkörnigem Sand. Wie sich herausstellte, gibt es in Minnesota und Wisconsin riesige Lagerstätten von genau diesem Sand. So bewirkte der Frackingboom in North Dakota eine lebhafte Nachfrage nach Frac-Sand im Mittleren Nordwesten. Tausende Hektar landwirtschaftliche Nutzflächen und Wälder mussten für die Förderung des raren Sandes weichen.

Aus Flussbetten und -niederungen werden gigantische Mengen des gewöhnlichen Bausands gebaggert. In Zentralkalifornien hat die Sandgewinnung aus Niederungen dazu geführt, dass die Gewässer ausgangslose Nebenzweige oder tiefe Gruben ausgebildet haben, die für Lachse zu einer tödlichen Falle werden.[31] Im Norden Australiens werden durch den Sandabbau Flussniederungen zerstört, die Heimat der weltweit größten Gemeinschaft seltener fleischfressender Pflanzen sind.[32]

Die Sandförderung in Flussbetten ebenso wie auf dem Meeresboden kann Habitate zerstören und das Wasser derart verschlammen, dass alles Leben darin bedroht ist. 2013 ließen die kenianischen Behörden sämtliche Abbaustätten in Flüssen in einer westlichen Provinz aufgrund der durch sie verursachten Umweltschäden schließen. In Sri Lanka wurden durch den Sandabbau einige Flussbetten so sehr vertieft, dass Meerwasser eindrang und dadurch die Versorgung mit Trinkwasser gefährdet wurde.[33] Das Oberste Gericht Indiens stellte 2011 fest, »der alarmierende Umfang der unkontrollierten Sandförderung« beeinträchtige die Ökosysteme von Flussufern im ganzen Land, was für die Fische und andere Wasserlebewesen fatale Folgen habe und für viele Vogelarten eine »Katastrophe« darstelle.[34]

Forscher der World Wildlife Federation sind der Überzeugung, dass die Sandförderung im Mekong einer der Hauptgründe für das allmähliche Verschwinden des 40.000 Quadratkilometer großen Mekong-Deltas sei – eines Gebiets, in dem Millionen Menschen leben und aus dem die Hälfte aller Nahrungsmittel Vietnams sowie zum großen Teil auch der Reis stammt, von dem sich das übrige Südostasien ernährt. Das Meer verschlingt in dieser äußerst wichtigen Region jedes Jahr eine Fläche der Größe von eineinhalb Fußballfeldern. Tausende Hektar Reisfelder sind bereits verlorengegangen, mindestens 1.200 Familien mussten aus ihren küstennahen Wohnstätten umgesiedelt werden. Der Grund hierfür ist einerseits der durch den Klimawandel verursachte Anstieg des Meeresspiegels, andererseits der direkte Eingriff des Menschen. Jahrhundertelang hat sich das Delta mit Sedimenten aufgefüllt, die der Mekong aus den Bergen Zentralasiens herantrug. Doch in den vergangenen Jahren wurde in allen Staaten, die der Mekong passiert, damit begonnen, aus seinem Bett riesige Mengen Sand für den Bau der aufstrebenden Städte Südostasiens zu entnehmen. Jährlich werden fast 50 Millionen Tonnen Sand gefördert – damit könnte man ganz Denver mit einer fünf Zentimeter dicken Schicht bedecken. »Der Sedimentfluss hat sich halbiert«, erklärte Marc Goichot, Forscher am Greater Mekong Programme des World Wildlife Fund. Das heißt, die natürliche Erosion des Deltas vollzieht sich weiterhin, die natürliche Wiederauffüllung jedoch nicht. Bei diesem Tempo wird nahezu die Hälfte des Deltas bis Ende dieses Jahrhunderts verschwunden sein.

Die Sandförderung aus Flüssen verursacht weltweit Infrastrukturschäden in Höhe von zig Millionen Dollar. Die aufgewirbelten Sedimente verstopfen Wasserversorgungsanlagen, und durch die Abtragung großer Erdmengen an Flussufern werden die Fundamente von Brücken freigelegt und instabil. Eine Untersuchung aus dem Jahr 1998 kam zu dem Ergebnis, dass jede Tonne Baumaterial, das aus dem Fluss San Benito an der kalifornischen Zentralküste entnommen wurde, elf Millionen Dollar an Infrastrukturkosten verursachte – Kosten, die der Steuerzahler zu tragen hat.[35] In vielen Ländern wurde durch den Sandabbau so viel Erde entfernt, dass die Fundamente von Brücken und Gebäuden an Hängen geschädigt wurden und die Bauwerke einzustürzen drohten.

Dieses Risiko ist kein rein theoretisches. Im Jahr 2000 krachte in Taiwan infolge der Sandförderung eine Brücke in sich zusammen. Im Jahr darauf geschah in Portugal das Gleiche, als gerade ein Bus über eine Brücke fuhr; 70 Menschen verloren dadurch ihr Leben.[36] Eine weitere, vermutlich durch Sandabbau instabil gewordene Brücke stürzte 2016 in Indien ein und begrub 26 Personen unter sich.

Der Sandabbau kann auch unmittelbar Menschen und ihre Lebensgemeinschaften in Gefahr bringen. Unzureichend geschützte Arbeiter sind beim Einsturz von Sandgruben gestorben. Fischerfamilien von Kambodscha bis Sierra Leone verlieren ihre Lebensgrundlage, wenn durch Sandförderung die Fischbestände und Populationen anderer Wasserlebewesen dezimiert werden, von denen ihr Einkommen abhängig ist. Mancherorts sind durch die Sandentnahme Uferbänke weggebrochen, haben dabei Ackerland mit sich gerissen und Überflutungen verursacht, durch die zahlreiche Familien vertrieben wurden. In Vietnam rutschte 2017 so viel Erdreich in stark ausgebaggerte Flüsse und riss dabei die Ernte und die Häuser Hunderter Familien mit sich, dass die Regierung die Sandentnahme in zwei Provinzen vollständig verbot. Und Regierungsvertretern zufolge hat der Sandabbau im Fluss San Jacinto – der zum großen Teil illegal stattfand – die 2017 von Hurrikan Harvey verursachten Schäden durch Überflutung im texanischen Houston erheblich erhöht. Offenbar war durch die Sandförderung derart viel Vegetation entlang des Ufers verloren gegangen, dass riesige Mengen Schlamm freilagen, die durch den Regen, den Harvey mit sich brachte, in den Fluss gespült wurden. Der Schlamm sammelte sich sodann an Engstellen im Fluss und am Grund des Houston-Sees, der wichtigsten Trinkwasserquelle von Houston, und führte zu Überschwemmungen in den angrenzenden Siedlungen.

Der Sand in Flussbetten spielt auch eine wichtige Rolle für die örtliche Wasserversorgung. Er wirkt wie ein Schwamm, nimmt das vorbeifließende Wasser auf und lässt es in die darunterliegenden Aquifere sickern. Wenn jedoch dieser Sand fehlt, fließt das Wasser einfach weiter bis ins Meer, anstatt in tiefere Bodenschichten zu dringen. Dadurch schrumpfen die Aquifere. In Teilen Italiens und Südindiens hat der Sandabbau aus Flüssen dazu geführt, dass die örtlichen Trinkwasservorräte drastisch gesunken sind.[37] Andernorts gehen infolge des Wassermangels ganze Ernten verloren. Forscher befürchten, dass die Sandförderung im Chaobai-Fluss, der einen der Haupttrinkwasserspeicher Pekings speist, nicht nur das Ökosystem des Flusses zerstört, sondern auch die Wasserqualität der Hauptstadt beeinträchtigt.[38]

Auch nach dem Ende der Sandförderung kann die dadurch zerstörte Landschaft erschreckende Gefahren bergen. In den Vereinigten Staaten und auch anderswo sind die Sandfirmen gemeinhin verpflichtet, nach Beendigung der Arbeiten das Land in gewissem Maße zu sanieren. Aber in weniger gut organisierten Ländern hinterlassen die Firmen oft tiefe offene Gruben, die sich mit Regenwasser und Abfall füllen und zu sumpfigen Brutstätten für Krankheiten übertragende Insekten verkommen. In den vergangenen Jahren sind Berichten zufolge etliche Kinder in solchen Gruben ertrunken. In Sri Lanka und Indien hat die Sandförderung den Lebensraum von Krokodilen zerstört, worauf die Tiere näher an die Flussufer wanderten, wo sie in den letzten zehn Jahren mindestens ein halbes Dutzend Menschen getötet haben.[39]

Als Reaktion auf all diese Zerstörungen und Gefahren haben Regierungen in aller Welt mehr oder weniger erfolgreich versucht, die Sandförderung zu regulieren sowie die Abbaustätten und die

Art der Förderung zu begrenzen. Dies wiederum hat weltweit einen boomenden Schwarzmarkt für Sand befeuert.

Illegale Sandförderung findet in einem breiten Spektrum statt. Zum einen Ende des Spektrums zählen Firmen, die sich nicht an ihre Genehmigungen halten. Im Jahr 2003 zum Beispiel erhob Kalifornien vor Gericht Klage gegen Hanson Aggregates, ein weltweit operierendes Baustoffunternehmen, wegen unerlaubter Sandförderung aus der Bucht von San Francisco.[40] »Diese Sandpiraten haben sich bereichert, indem sie den Staat bestahlen und die Steuerzahler betrogen«, erklärte der kalifornische Justizminister. Hanson gab sich schließlich geschlagen und zahlte an Kalifornien 42 Millionen Dollar.

Am anderen Ende des Spektrums stehen regelrechte Kriminelle, von kleinen Dieben bis hin zu gut organisierten Gangs, die auch über Leichen gehen, wenn dies für ihr Geschäft mit dem Sand nötig ist. 2015 verhängten die Behörden des Bundesstaats New York eine Strafe von 700.000 Dollar gegen eine Baufirma aus Long Island, die illegal Tausende Tonnen Sand aus einer Parzelle von 1,8 Hektar nahe der Stadt Holtsville entnommen und anschließend die Grube mit giftigen Abfällen zugeschüttet hatte. Nach Aussage des Ministeriums für Umweltschutz im Bundesstaat New York ist diese Vorgehensweise – »baggern und füllen« – inzwischen allgemein verbreitet, da die legalen Abbaustätten für Sand in dieser Region immer mehr zur Neige gehen.[41]

In anderen Ländern nimmt der Schwarzmarkt noch dramatischere Formen an. Einer der berüchtigtsten Gangster Israels, ein Mann, der vermutlich hinter einer ganzen Serie von Anschlägen mit Autobomben steckt, begann seine kriminelle Karriere mit dem Diebstahl von Sand an öffentlichen Stränden. In Marokko schätzt man, dass etwa die Hälfte des für Bauarbeiten verwendeten Sandes illegal gefördert wird; in dem Land verschwinden ganze Strände.[42] Aus Kenia wird berichtet, dass Sanddiebe Kinder anheuern, für sie zu arbeiten, anstatt zur Schule zu gehen. In Südafrika wurde eigens eine Polizeieinheit namens Green Scorpions für den Kampf gegen den illegalen Sandabbau aufgestellt. Manchmal findet der kriminelle Sandhandel auch über Grenzen hinweg statt. 2010 wurden Dutzende malaysische Beamte angeklagt, gegen Bestechungsgelder und sexuelle Gefälligkeiten zugelassen zu haben, dass illegal geförderter Sand nach Singapur geschmuggelt wurde.

Wie auf jedem Schwarzmarkt, bei dem viel Geld im Spiel ist, kommt es auch beim Sanddiebstahl zu Gewalt. Überall auf der Welt werden deswegen Menschen erschossen, erstochen, zu Tode geprügelt, gefoltert und eingesperrt – manche, weil sie versucht haben, die Umweltschäden zu verhindern, manche beim Kampf um die Kontrolle über die Abbaustätten, manche mitten im Kreuzfeuer. In Kambodscha inhaftierte die Polizei Umweltaktivisten, die Bagger besetzt hatten, um damit gegen illegalen Sandabbau an Flüssen zu demonstrieren. In Ghana eröffneten Sicherheitskräfte das Feuer auf randalierende Demonstranten, die gegen örtliche Sandräuber protestierten. In China wanderten 2015 Dutzende Mitglieder einer Sandgang ins Gefängnis, nachdem sie sich vor einem Polizeirevier mit Messern eine Schlacht geliefert hatten. 2016 prügelten in Indonesien Sanddiebe einen Aktivisten ins Koma und folterten und erstachen einen weiteren, weil diese versucht hatten, den Abbau zu stoppen. In Kenia wurden in den letzten Jahren bei Auseinandersetzungen zwischen Farmern und Sandschürfern mindestens neun Menschen getötet, darunter ein Polizist, den man mit Macheten regelrecht zerhackte.

Um zu verstehen, wie die Nachfrage nach Sand derartige Auswüchse annehmen und solches Unheil anrichten kann, begann ich 2015, mich mit dem illegalen Sandhandel in Indien zu beschäftigen. Indien ist das Paradebeispiel der globalen Sandkrise, das Land mit dem schwärzesten aller Schwarzmärkte für dieses Material. Die *Times of India* schätzt, dass der illegale Sandhandel in dem Land ein Volumen von rund 2,3 Milliarden Dollar umfasst.[43] Bei den Kämpfen zwischen den »Sandmafias« und gegen sie kamen in den letzten Jahren Berichten zufolge Hunderte Menschen ums Leben – darunter Polizeibeamte, Regierungsvertreter und ganz gewöhnliche Leute, die zufällig in die Schusslinie gerieten. Ich hatte vor nicht allzu langer Zeit eine unerwartete und einigermaßen aufreibende Begegnung mit einigen dieser Mafiosi, als ich über einen Mordfall recherchierte, der so dreist war, dass man ihn kaum für möglich hielt.

Am 31. Juli 2013, kurz nach elf Uhr, brannte die Sonne auf die niedrigen, einfachen Wohnhäuser herunter, die eine Nebenstraße in dem indischen Bauerndorf Raipur Khadar südöstlich von Neu-Delhi säumten. Ein leichter Geruch nach Küchengewürzen, Staub und Abwasser hing in der Luft.[44]

Im hinteren Zimmer eines zweistöckigen Ziegelhauses machte Paleram Chauhan, ein 52-jähriger Gemüsebauer, nach einem frühen Mittagessen ein Nickerchen. Im Zimmer nebenan räumten seine Frau und seine Schwiegertochter auf, während Palerams Sohn Ravindra mit seinem dreijährigen Neffen spielte.

Plötzlich donnerten Schüsse durchs Haus. Preeti Chauhan, Palerams Schwiegertochter, lief in Palerams Zimmer, Ravindra direkt hinter ihr. Durch die offene Hintertür sahen sie zwei Männer, die sich über die untere Gesichtshälfte weiße Tücher gebunden hatten. Einer hielt eine Pistole in der Hand. Die beiden zwängten sich auf ein Motorrad, das ein Dritter fuhr, und rasten röhrend davon.

Paleram lag auf seinem Bett, Blut sprudelte ihm aus Bauch, Hals und Kopf. Er starrte Preeti an, versuchte zu sprechen, aber kein Laut kam aus seinem Mund. Ravindra lieh sich das Auto eines Nachbarn und fuhr eilig seinen Vater ins Krankenhaus, aber es war zu spät. Als sie eintrafen, war Paleram tot.

Obwohl die Täter vermummt gewesen waren, hatte die Familie keinen Zweifel, wer hinter diesem Mord stand. Zehn Jahre lang hatte sich Paleram bemüht, die örtlichen Behörden dazu zu bringen, gegen eine mächtige Kriminellengang vorzugehen, die in Raipur Khadar ihren Hauptsitz hatte. Die »Mafia«, wie die Bewohner sie nannten, raubte dem Dorf seit Jahren eine ihrer kostbarsten Ressourcen: Sand.

Das Gebiet rund um Raipur Khadar war von jeher landwirtschaftlich geprägt – in den Flussniederungen des Yamuna wurden Weizen und Gemüse angebaut. Doch Neu-Delhi, Indiens Hauptstadt und zweitgrößte Metropole der Welt mit mehr als 25 Millionen Einwohnern, liegt weniger als eine Autostunde entfernt im Norden und breitet sich immer weiter aus. Als ich auf einer neuen sechsspurigen Schnellstraße durch Gautam Budh Nagar fuhr, den Bezirk, in dem Raipur Khadar liegt, passierte ich einen Bauplatz nach dem anderen. Neue Türme aus Glas und Zement sprossen himmelwärts, als wäre der Vorspann von *Game of Thrones* über Kilometer hinweg mitten auf dem indischen Land Wirklichkeit geworden. Neben zahllosen typischen Shoppingmalls, Wohnblocks und Bürotürmen war eine 2000 Hektar große »Sports City« im Bau befindlich, die verschiedene Stadien und eine Formel-1-Rennstrecke umfassen soll.

Der Bauboom kam Mitte der 2000er-Jahre in Gang und mit ihm die Sandmafia. »Eine gewisse illegale Sandförderung gab es auch schon vorher«, sagte Dushynt Nagar, Vorsitzender einer lokalen Organisation zum Schutz der Rechte der Bauern, »aber nicht in dem Maße, dass Land gestohlen wurde oder Leute umgebracht wurden.«

Die Familie Chauhan lebt seit Jahrhunderten in diesem Gebiet, erzählte mir Palerams Sohn Aakash. Er ist jung und schlank, hat große braune Augen und schwarzes, bereits lichter werdendes Haar, und er trägt Jeans, ein graues Sweatshirt und Flip-Flops. Wir saßen auf Plastikstühlen im Wohnzimmer der Familie, nur wenige Meter von der Stelle entfernt, an der sein Vater die tödlichen Schüsse erhielt.

Der Familie gehören rund 40 Hektar Land, und sie teilt sich weitere rund 80 Hektar gemeindeeigenes Land mit dem übrigen Dorf –

besser gesagt, teilte. Denn vor etwa zehn Jahren beanspruchte eine Gruppe örtlicher Muskelpakete, wie Aakash sie bezeichnet, angeführt von Rajpal Chauhan (kein Verwandter – es ist ein weitverbreiteter Nachname) und seinen drei Söhnen, das Gemeindeland für sich. Sie trugen die Erde ab und begannen den Sand zu fördern, den die Fluten des Yamuna über Jahrhunderte hinweg hier abgelagert hatten. Was die Sache noch schlimmer machte, war, dass der durch den Sandabbau aufgewirbelte Staub das Wachstum der Feldfrüchte in der Umgebung hemmte.

Als Mitglied des Dorfrats setzte sich Paleram an die Spitze einer Bewegung, die die Schließung der Sandgrube forderte. Eigentlich hätte das leicht zu bewerkstelligen sein müssen. Nicht nur, dass dem Dorf Land gestohlen worden war – im Gebiet von Raipur Khadar ist die Sandförderung überhaupt verboten, weil sich in der Nähe ein Vogelschutzgebiet befindet. Und die Regierung weiß, was vor sich geht: Eine Untersuchungskommission des indischen Umwelt- und Forstministeriums stellte 2013 fest, dass in ganz Gautam Budh Nagar »unwissenschaftlicher und illegaler Sandabbau um sich greift«.[45]

Dennoch konnten Paleram und andere Dorfbewohner niemanden finden, der ihnen half. Jahrelang gaben sie bei der Polizei, bei Regierungsstellen und Gerichten Gesuche ein, aber nichts geschah. Es ist ein offenes Geheimnis, dass viele örtliche Behörden Schmiergelder von den Sandfirmen erhalten, damit sie ein Auge zudrücken – und nicht selten sind diese Behörden selbst an dem Geschäft beteiligt.

Wenn jemand nicht bereit ist, das Zuckerbrot des Bestechungsgelds zu akzeptieren, zögern die Mafias auch nicht, zur Peitsche zu greifen. »Wir führen zwar Razzien gegen illegale Sandförderer durch«, sagte Navin Das, der offiziell Verantwortliche für den Rohstoffabbau in Gautam Budh Nagar. »Aber das ist sehr schwierig, weil wir dabei angegriffen und beschossen werden.«

Seit 2014 haben Sandräuber in Indien mindestens 70 Menschen getötet, zu denen sieben Polizeibeamte und über ein halbes Dutzend Regierungsvertreter und Whistleblower zählten. Noch weit mehr wurden verletzt, darunter auch Journalisten. Nur wenige Monate nach meiner Indienreise 2015 schlugen illegale Sandförderer einen Fernsehreporter krankenhausreif. Und kurz danach wurde ein weiterer Journalist, der über illegalen Sandabbau recherchierte, bei lebendigem Leibe verbrannt.

Rajpal und seine Söhne warnten Paleram und dessen Familie sowie andere Dorfbewohner, sie sollten ihnen keinen Ärger mehr bereiten, denn sonst … Aakash kennt einen der Söhne, Sonu, aus ihrer gemeinsamen Schulzeit. »Früher war das ein anständiger Kerl«, sagte Aakash. »Aber als er in das Sandgeschäft einstieg und anfing, schnelles Geld zu machen, entwickelte er eine kriminelle Mentalität und wurde sehr aggressiv.« Doch die Dorfbewohner ließen sich nicht einschüchtern, sondern erstatteten Anzeige wegen der Drohungen. Schließlich nahm die Polizei Sonu im Frühjahr 2013 fest und beschlagnahmte einige seiner Lkw. Er hinterlegte umgehend eine Kaution.

Wenig später fuhr Paleram eines Morgens mit dem Rad zu seinen Feldern hinaus, die direkt an die Sandgrube angrenzen, und traf zufällig auf Sonu.

»Sonu sagte: ›Du bist schuld, dass ich ins Gefängnis musste‹«, berichtete mir Aakash. »Er verlangte von meinem Vater, die Anzeige zurückzuziehen.« Aber stattdessen wandte sich Paleram erneut an die Polizei. Nur wenige Tage später wurde Paleram erschossen.

Sonu, sein Bruder Kuldeep und ihr Vater Rajpal wurden wegen des Mordes festgenommen. Alle drei waren aber bald schon auf Kaution wieder frei. Aakash läuft ihnen manchmal zufällig über den Weg. »Es ist halt ein kleines Dorf«, sagte er.

Aakash war bereit, mir und meinem Dolmetscher Kumar Sambhav das Gemeindeland zu zeigen, das die Mafia einfach für sich okkupiert hatte. Wir hatten an dem Tag in Neu-Delhi einen Wagen gemietet, und Aakash dirigierte unseren Fahrer zu der Stelle. Sie war nicht zu verfehlen: Direkt gegenüber der Straße, die aus dem Dorfzentrum führt, befindet sich eine aufgerissene Fläche, übersät mit drei bis sechs Meter tiefen Kratern, daneben haushohe Halden mit Sand und Gestein. Wir fuhren in das Areal hinein und tasteten uns über die zerfurchte Schotterpiste, die durch die Sandgrube führt, voran. Da und dort rumpelten Lkw und Maschinen für Erdarbeiten herum, an manchen Ecken waren Gruppen von Männern, mindestens 50 insgesamt, damit beschäftigt, mit Vorschlaghämmern Steine zu zertrümmern und per Schaufel Laster mit Sand zu beladen. Sie sahen uns neugierig hinterher. Schließlich deutete Aakash verhalten auf einen groß gewachsenen, stämmigen Mann in Jeans und Poloshirt: Sonu.

Kurz darauf und schon weit innerhalb des Grubengeländes hielten wir an, weil ich Fotos von einem besonders großen Krater machen wollte. Kaum waren wir ausgestiegen, sah Aakash vier Männer, von denen drei Schaufeln trugen, zielstrebig auf uns zukommen. »Sonu ist da«, flüsterte er.

Wir bewegten uns langsam zum Auto zurück und versuchten möglichst ungezwungen zu erscheinen. Aber wir waren zu langsam. »He, du Wichser!«, blaffte Sonu, jetzt nur mehr ein paar Meter entfernt, Aakash an. »Was hast du hier zu suchen?«

Aakash erwiderte nichts. Stattdessen murmelte Sambhav etwas in dem Sinne, wir seien einfach nur Touristen, während wir ins Auto kletterten. »Dann werde ich euch Arschlöchern mal eine Führung geben«, sagte Sonu, riss die Fahrertür auf und befahl dem Chauffeur auszusteigen. Dieser tat es und wir anderen auch. Klugerweise hielt Aakash weiterhin den Mund.

»Wir sind Journalisten«, sagte Sambhav. »Wir wollen hier nur sehen, wie die Sandförderung vor sich geht.« (Das Gespräch fand auf Hindi statt; Sambhav übersetzte es mir später.)

»Sandförderung?«, sagte Sonu. »Hier gibt es keine Sandförderung. Was habt ihr gesehen?«

»Was wir eben so gesehen haben. Und jetzt fahren wir weiter.«

»Nein, das werdet ihr nicht«, sagte Sonu.

In dieser Art ging der Wortwechsel einige zunehmend spannungsgeladene Minuten weiter, bis einer von Sonus Schlägern ihn darauf hinwies, dass ein Ausländer zugegen war – ich. Das ließ Sonu und seine Männer zögern. Es ist äußerst ungerecht, aber wenn sie einem westlichen Ausländer wie mir etwas antaten, konnten sie sich damit sehr viel mehr Ärger einhandeln als bei einem Einheimischen wie Aakash. Einen Moment lang herrschte konfuse Unschlüssigkeit. Wir nutzten die Gelegenheit, schnell ins Auto zu steigen und uns aus dem Staub zu machen. Sonu blickte uns finster hinterher.

Während ich dies schreibe, schleppt sich der Prozess gegen Sonu und seine Verwandten dahin. Die Aussichten auf eine Verurteilung sind nicht besonders groß. »In unserem System lässt sich mit Geld leicht alles kaufen – Zeugen, die Polizei, die Behördenvertreter«, erklärte mir ein mit dem Fall vertrauter Jurist unter der Bedingung, dass er anonym bleibt. »Und diese Leute haben durch das Geschäft mit dem Sand eine Menge Geld.«

Aakash steht in Kontakt mit den Ermittlern der Polizei und hat versucht, die indische Menschenrechtskommission für den Mord an seinem Vater zu interessieren. Seine Mutter fleht ihn an, die ganze Sache fallen zu lassen, vor allem seit ihr anderer Sohn, Aakashs Bruder Ravindra – der in dem Fall der Hauptzeuge gewesen war –, letztes Jahr tot neben einem Bahngleis aufgefunden wurde. Offenbar wurde er von einem Zug überfahren. Niemand weiß, wie das geschehen konnte.

Auch andernorts in Indien versuchen viele Leute auf die eine oder andere Weise, die Sandförderung zu stoppen oder zu begrenzen. Das National Green Tribunal, eine Art Bundesgericht für Umweltfragen, lädt jeden Bürger dazu ein, gegen illegalen Sandabbau Klage einzureichen. Dorfbewohner organisieren Demonstrationen und blockieren Straßen, um den Abtransport des Sandes zu verhindern. Fast jeden Tag bekundet ein örtlicher oder staatlicher Vertreter seine Entschlossenheit, die Sandförderung zu bekämpfen. Lkw werden beschlagnahmt, Geldstrafen verhängt, Leute inhaftiert. Die Polizei setzt zum Aufspüren illegaler Sandgruben sogar Drohnen ein.

Aber Indien ist ein riesiges Land mit 1,3 Milliarden Einwohnern. Dort sind Hunderte und höchstwahrscheinlich Tausende illegale Sandgruben in Betrieb. Korruption und Gewalt behindern viele der gut gemeinten Versuche, gegen sie vorzugehen.

Und dieses Problem betrifft nicht nur Indien. Illegale Sandförderung im großen Stil findet in Dutzenden Ländern statt. In der einen oder anderen Form wird in fast jedem Land der Welt Sand abgebaut. Indien ist nur das extremste Beispiel einer sich anbahnenden Krise, von der die ganze Welt betroffen ist.

Im Grunde ist es eine Frage von Angebot und Nachfrage. Das Angebot an nachhaltig gewonnenem Sand ist begrenzt. Die Nachfrage jedoch nicht. Tag um Tag wächst die Weltbevölkerung. Immer mehr Menschen in Indien – und auch sonst überall – wollen in anständigen Häusern leben, in Büros und Fabriken arbeiten, in Einkaufszentren shoppen gehen, auf Straßen fahren. Die wirtschaftliche Entwicklung, wie wir sie verstehen, benötigt Beton und Glas. Das heißt Sand.

Seit Jahrtausenden verwendet der Mensch Sand. Aber erst seit dem 20. Jahrhundert, mit dem Anbruch der Moderne, wurde Sand für die westliche Welt unverzichtbar. Im 21. Jahrhundert, in unserer digitalen, globalisierten Zeit, ist Sand für fast jeden unverzichtbar geworden. Vor einem Jahrhundert lebten nur einige wenige Hundert Millionen Menschen auf eine Weise, die eine große Menge Sand voraussetzte. Heute leben Milliarden so, und ihre Zahl wird täglich größer. Sand ist zu einem der am stärksten nachgefragten Handelsgüter des 21. Jahrhunderts geworden, und er ruft auf der ganzen Welt Gewalt und Zerstörung hervor.

Wie ist es so weit gekommen? Wie wurden wir so abhängig von einem derart schlichten Material? Warum nur verwenden wir so viel davon? Und was bedeutet unsere Abhängigkeit für unseren Planeten und unsere Zukunft?

TEIL I

Wie Sand die industrialisierte Welt des 20. Jahrhunderts erschuf

Nichts erbaut sich auf Fels,
alles auf Sand, aber unsere Pflicht ist zu bauen,
als sei Stein der Sand …

Jorge Luis Borges,
Fragmente eines apokryphen Evangeliums[1]

Kapitel 2

Das Skelett der Städte

Am 18. April 1906 um 5:12 Uhr wurde San Francisco von einem gigantischen Erdbeben erschüttert. Fast eine ganze Minute lang erzitterten Straßen, Gebäude wackelten und stürzten ein. Dutzende Menschen kamen ums Leben. »Auf einmal fingen wir zu wanken und zu taumeln an (…) Dann schwankte die Erde, dass uns schlecht wurde, und wir stürzten zu Boden«, erinnerte sich ein Augenzeuge. »Mir platzte schier der Schädel von dem Krach in meinen Ohren. Große Gebäude fielen in sich zusammen, als würde man einen Keks in der Hand zerbröseln. Direkt vor mir wurde ein Mann von einer Mauerbrüstung erschlagen wie ein Wurm – ein Arbeiter im Overall auf dem Weg zu den Union Iron Works mit seiner Brotdose in der Hand.«[2]

So entsetzlich das Beben war, es sollte noch schlimmer kommen. Durch die Erschütterung platzten Gasleitungen, was zu massiven Bränden führte, die drei Tage lang wüteten und Tausende Gebäude zerstörten sowie Hunderte Menschen töteten.

Als die Flammen endlich erloschen waren, bot sich an der Ecke Mission Street und 13th Street ein kurioser Anblick. Zwischen den Haufen verkohlter Balken und geborstener Ziegel ragte ein einsames Gebäude auf – ein anspruchsloses halbfertiges Lagerhaus, das der Firma Bekins Van and Storage gehörte. Es hatte das Beben überstanden, weil es aus einem umstrittenen neuen Material erbaut worden war, dem sogenannten armierten Beton. Die unzähligen winzigen Sandsoldaten, die in seinen Mauern und Decken eingebettet waren, hatten es widerstandsfähig gegen die Flammen gemacht. Dieses ansonsten unscheinbare Lagerhaus markierte einen Wendepunkt in der Geschichte der Architektur, des Bauwesens und letztlich der Menschheit selbst, auch wenn dies damals kaum jemand ahnen konnte.

Die Erfindung des Betons hat einen ebensolchen Wandel ausgelöst wie die Entdeckung des Feuers und der Elektrizität. Sie hat verändert, wo und wie Milliarden von Menschen leben, arbeiten und sich fortbewegen. Beton ist das Skelett der modernen Welt, das Grundgerüst, auf dem so vieles ruht. Beton verleiht uns die Fähigkeit, gewaltige Flüsse zu stauen, Gebäude hoch wie der Olymp zu errichten und so bequem fast an die entlegensten Orte der Erde zu reisen, dass unsere Vorfahren nur gestaunt hätten. Gemessen an der Zahl der Menschen, deren Leben er beeinflusst, dürfte Beton das bei Weitem wichtigste vom Menschen erfundene Material sein.

Diese weltverändernde Substanz besteht größtenteils aus den einfachsten, alltäglichsten Zutaten: Kies und Sand. Tatsächlich ist Beton die Hauptursache für die globale Sandkrise; wir verwenden weitaus mehr Sand zur Herstellung von Beton als für jeden anderen Zweck. Milliarden Tonnen Sand und Kies werden alljährlich aus der Erde geholt und zum Bau von Shoppingmalls, Schnellstraßen, Staudämmen und Flughäfen eingesetzt. Das gesamte Fundament der Welt, in der wir leben, ruht auf den Schultern jener riesigen Infanterie aus Ministeinen. Was umso erstaunlicher ist, wenn man bedenkt, dass Beton noch vor gut hundert Jahren kaum eine Rolle gespielt hat.

Um eines vorweg klarzustellen: Zement ist etwas anderes als Beton. Zement ist ein Bestandteil von Beton. Er ist der Kleber, der Kies und Sand verbindet. Zemente (es gibt viele verschiedene Arten) werden in der Regel hergestellt, indem man Ton, Kalkstein und andere Minerale mahlt und in einem Ofen auf Temperaturen bis zu 1480 Grad Celsius erhitzt. Das so erhaltene Produkt wird zu einem seidig feinen, grauen Pulver gemahlen. Vermischt man das Pulver mit Wasser, erhält man eine Paste. Diese Paste trocknet nicht einfach nur wie Schlamm, sondern sie härtet aus, das heißt, die Moleküle des Pulvers gehen bei der sogenannten Hydratation eine chemische Reaktion mit dem Wasser ein und haften extrem fest aneinander, wodurch das entstehende Material äußerst hart wird. Verstärkt mit Sand, verdickt sich die Paste zu Mörtel, jenem Material, das Ziegel zusammenhält.

Beton wird hergestellt, indem man der Mischung aus Zement und Wasser einen »Zuschlagstoff« – Sand und Kies – beifügt. In der Regel besteht Beton aus etwa 75 Prozent Zuschlagstoff, 15 Prozent Wasser und 10 Prozent Zement. Diese drei Materialien zusammen ergeben eine klebrige graue Flüssigkeit, die man quasi in jede Form gießen kann. Während der Zement aushärtet, verbindet er sich mit dem Zuschlagstoff, umschließt die Körner wie Zigtausende winzige Ziegel. So wird aus der flüssigen Masse ein fester künstlicher Stein.

Auch wenn Beton das typische Baumaterial der Moderne ist, sind die Menschen bereits in früheren Jahrhunderten an unterschiedlichen Orten immer wieder dem Geheimnis seiner Herstellung auf die Spur gekommen. Die Maya, die vor 2000 Jahren im heutigen Südmexiko, Guatemala und Belize eine Blütezeit erlebten, fertigten zur Verstärkung von Gebäuden Balken aus primitivem Beton.[3] Auch die Griechen verarbeiteten Zementmörtel. Einige Wissenschaftler glauben, dass beim Bau der Pyramiden im alten Ägypten eine Art Beton zum Einsatz kam, die meisten jedoch bezweifeln dies. Ziemlich sicher hingegen benutzten die Ägypter Sand, als sie mit ihren Bronzesägen Steine für ihre Monumente schnitten, vermutlich auch bei den Pyramiden.[4] Sand wird seit mindestens 7000 v. Chr. zum Bauen verwendet, urzeitliche Kulturen verarbeiteten ihn, vermischt mit Lehm, zu primitiven Ziegeln. Aber in der Antike waren es vor allem die Römer, die Beton mit großem Eifer und handwerklichem Können einsetzten.

Es ist nicht ganz klar, wann und wie die Römer das Geheimnis der Betonherstellung lüfteten. Ein günstiger Umstand war sicher, dass in Pozzuoli unweit von Neapel ein natürlicher Zement entdeckt wurde.[5] Der früheste aus der Römerzeit bekannte Beton stammt aus dem 3. Jahrhundert v. Chr.[6] »Die Römer erkannten das Potenzial dieses Werkstoffs und verwendeten ihn mit Begeisterung bis zum Zerfall ihres Weltreichs im 5. Jahrhundert«, schreibt Robert Courland in *Concrete Planet.*[7] »Sie systematisierten seine Produktion und Anwendung und waren die Ersten, die Beton einsetzten wie wir heute: Sie gossen ihn in riesige Formen, um eine feste, monolithische architektonische Einheit zu schaffen.« Der englische Ausdruck *concrete* für Beton leitet sich vom lateinischen *concretus* ab, was »zusammengezogen« oder »erstarrt« bedeutet. Die Römer nannten ihren Beton allerdings *opus caementicium.*

Römische Ingenieure entwickelten ausgefeilte Techniken, um den Grundstoff Beton zu verbessern. Beton schrumpft beim Aushärten, wodurch sich Risse bilden können. Einsickerndes Wasser dehnt sich bei Frost aus, was die Risse vertieft und den Beton weiter schwächt. Die Römer fanden heraus, dass die Zugabe von Pferdehaaren dem Schrumpfen entgegenwirkte, und mit ein wenig Blut oder Tierfett vermischt, widerstand der Beton besser den Auswirkungen des gefrierenden Wassers.[8]

Die Römer bauten Wohnhäuser, Werkstätten, öffentliche Gebäude und Badehäuser aus Beton. Die Wellenbrecher, Türme und anderen Konstruktionen des riesigen künstlichen Hafens von Caesarea im heutigen Israel waren aus Beton gefertigt,[9] ebenso wie die Fundamente des Kolosseums neben unzähligen Brücken und Aquädukten im gesamten Römischen Reich.[10] Das berühmteste Beispiel ist wohl das vor fast 2000 Jahren erbaute Pantheon in Rom, dessen Dach eine spektakuläre Betonkuppel bildet – noch immer das größte Betonbauwerk der Welt ohne Stahlbewehrung.

Wie so viel von dem Wissen, das die Römer angehäuft hatten, gerieten die Theorie und Praxis der Betonherstellung während des allmählichen Zerfalls des Römischen Reichs in den folgenden Jahrhunderten in Vergessenheit. »Es mag daran gelegen haben, dass es sich um ein Industriematerial handelte und zu seiner Verwendung eine Industriegesellschaft nötig war«, schrieb der Wissenschaftler und Ingenieur Mark Miodownik in *Wunderstoffe*. »Vielleicht lag es auch daran, dass es nicht von traditionellen Handwerkern wie Schmieden, Steinmetzen oder Zimmerleuten verwendet und der Gebrauch nicht innerhalb von Familien weitergegeben wurde.«[11] Was auch immer die Gründe gewesen sein mögen, die Folgen waren augenfällig: »Nachdem die Römer den letzten Beton angerührt hatten, wurde er mehr als ein Jahrtausend lang nicht mehr verwendet«, schreibt Miodownik.

Es waren die stets experimentierfreudigen Briten (ehemals römische Untertanen), die dem Beton ein Comeback verschafften. In den 1750er-Jahren erfand der englische Ingenieur John Smeaton, der einen Leuchtturm vor der Küste von Plymouth bauen sollte und unterschiedliche Bindemittel zum Zusammenfügen der Granitsteine erprobte, eine ausgezeichnete Formel für hydraulischen, also Wasser bindenden Zement. (Um die Eigenschaften von Zement zu beeinflussen, kann man andere Stoffe wie Gips hinzufügen oder Brandtemperatur und Korngröße variieren.[12] Heute gibt es Hunderte Formeln zur Herstellung von Zement, der genau auf bestimmte Witterungsbedingungen, Projektarten und weitere Faktoren zugeschnitten ist.)

Andere entwickelten die Mischung weiter, die später als »Romanzement« bezeichnet wurde. Anfang der 1880er-Jahre setzte man genug Vertrauen in hydraulischen Zement, um ihn beim Bau eines Tunnels für Pferdefuhrwerke unter der Themse einzusetzen.[13] Der Tunnel wurde später in einen Eisenbahntunnel umgewandelt, in seinem Maschinenhaus wird seit 2010 ein Museum betrieben.[14]

Im Jahr 1824 erhielt der vierundvierzigjährige Maurer Joseph Aspdin ein Patent auf die von ihm entwickelte Zementformel. Es war eine Mischung aus pulverisiertem Kalkstein und Ton, bei hohen Temperaturen gebrannt, die er »Portlandzement« nannte, da ihre Farbe der des berühmten Kalksteins von der Insel Portland im Süden Englands ähnelte.[15] Aspdin hatte eine ganze Weile herumgetüftelt; weil er sich die teuren Materialien nicht leisten konnte, wurde er zweimal wegen Diebstahls von Straßenpflaster aus Kalkstein angeklagt. In jener Zeit ließen zahlreiche Erfinder ihre Zementformeln patentieren, seine jedoch wurde zum Erfolg. Das lag teils daran, dass sein Zement härter und haltbarer als der seiner Konkurrenz war, teils aber auch an der guten Vermarktung durch seinen Sohn William, der die Qualität des Produkts maßlos übertrieb.[16] Wie dem auch sei, jedenfalls wurde Aspdins Zement zum Industriestandard; heute sind 95 Prozent der rund 83 Millionen Tonnen Zement, die in den Vereinigten Staaten produziert werden, Portlandzement.[17]

Tüftler aller Art waren fasziniert davon, dass man aus Sand und Kies durch die Beimischung von Aspdins Zement einen einfachen Beton herstellen konnte. Anfang der 1880er-Jahre begann der Künstler James Pulham, Vasen, Skulpturen und architektonische Ornamente aus Beton zu fertigen. Andere versuchten damit zu bauen: »Auch wenn Beton den Großteil des 19. Jahrhunderts weitgehend ignoriert wurde, hielten es ein paar wagemutige, in der Zementindustrie tätige Seelen für eine reizvolle Herausforderung, Wände und Decken von Häusern aus Beton zu gießen«, schreibt Robert Courland. »In den 1850er-Jahren wurden in England rund ein Dutzend Betonhäuser gebaut, von denen noch ein paar erhalten sind.«[18]

Das Problem am Beton ist, dass er zwar eine enorme Druckfestigkeit besitzt, also großem Druck widerstehen kann, ohne zu brechen, aber nur geringe Zugfestigkeit, also leicht reißt, wenn man ihn biegt. Das schränkte seine Verwendbarkeit ein. Mitte der 1880er-Jahre suchten Erfinder und Unternehmer nach Möglichkeiten, die Zugfestigkeit von Beton zu erhöhen. Der vielversprechendste Ansatz war, ihn mit Eisenstäben zu bewehren, ihm also gewissermaßen ein Innenskelett zu verleihen, das die Zugspannung absorbiert und verhindert, dass der Beton bricht.[19]

Ein französischer Landwirt kam auf die abwegig klingende Idee, mit Eisenstangen verstärkten Beton zum Bau eines Bootes zu verwenden. Das Ding schwamm sogar – zumindest eine Weile. Dann schlug es leck und versank im Teich des Erfinders. Im Jahr 1867 wünschte sich der Gärtner Joseph oder Jacques (die Angaben variieren) Monier, wiederum ein Franzose, stabilere Gefäße für große Pflanzen als die herkömmlichen Töpfe aus gebranntem Ton. Er ersann eine Methode, bei der er den Beton mit Drahtschlingen bruchsicherer machte.[20]

Die Bewehrung von Beton war ein entscheidender Durchbruch. An sich ist Beton nichts anderes als künstlicher Stein. Verstärkt mit Eisen oder Stahl, wird er jedoch zu einem Baumaterial, wie man es in der Natur nicht findet, einer Substanz, die die Vorzüge von Metall und Stein in sich vereint. Das macht ihn für so viele Zwecke so nützlich.[21]

Bauherren in Europa und auf dem amerikanischen Kontinent experimentierten mit dem neuen Werkstoff.[22] Das erste aus Eisenbeton erbaute Wohnhaus wurde Anfang der 1870er-Jahre in Rye Brook im Bundesstaat New York im Auftrag des Ingenieurs William Ward errichtet. Es steht noch heute. Damals war es das weltgrößte Konstrukt aus Eisenbeton.

Etwa um diese Zeit verließ der junge Ernest L. Ransome sein Zuhause in Ipswich, Großbritannien, um im boomenden, ausschweifenden San Francisco sein Glück zu suchen. Ransome entstammte einer Familie von Eisenarbeitern und Ingenieuren, die Produkte von Rasenmähern bis hin zu Kugellagern mitentwickelt hatten. Ransomes Vater Frederick machte sich als Hersteller und Vertreiber von Kunststein selbstständig und erfand seine eigene Zementmixtur. Ernest ging 1859 mit sieben Jahren in der väterlichen Fabrik in die Lehre. Damals, schrieb er später, »steckte die Betonindustrie noch in den Kinderschuhen und beschränkte sich weitgehend auf die Herstellung von Kunststein für dekorative Zwecke«.[23]

Ransome, eine gepflegte Erscheinung mit ernster Miene, traf Anfang der 1870er-Jahre in San Francisco ein. Es war der ideale Ort und die ideale Zeit für einen ehrgeizigen, erfinderischen Menschen. Reich geworden durch den Goldrausch, profitierte die Stadt inzwischen vom Silberrausch im nahen Nevada und war ein Anziehungspunkt für Tycoone der Bergbau- und Eisenbahnindustrie sowie des produzierenden Gewerbes. Sie wuchs schnell; zwischen 1860 und 1880 vervierfachte sich die Bevölkerung auf fast eine Viertelmillion.[24] Ransome fing bei einer Firma an, die Pflastersteine und architektonische Verzierungen aus Beton herstellte, und überredete seine Kollegen, zur Zementsorte seines Vaters zu wechseln.[25] Nach wenigen Jahren verließ er das Unternehmen, um seine eigene Firma zu gründen. Er verkaufte Betonvasen und Zementkomponenten (letztlich zog er die Standardsorte Portlandzement der Zementsorte seines Vaters vor) und experimentierte in seiner Freizeit mit der Entwicklung neuer Armierungstechniken, die den Beton widerstandsfähiger, haltbarer und vielseitiger einsetzbar machen würden.

Anfang der 1880er-Jahre befanden die Behörden von San Francisco, dass die üblichen Bürgersteige aus Holz nicht stabil genug seien für die wachsende Zahl von Fußgängern, die sie tagtäglich benutzten. Sie begannen, die alten Gehwege durch robustere aus Beton zu ersetzen. Das war natürlich großartig für die Betonhersteller. Der *San Francisco Chronicle* berichtete 1885, dass der Absatz steige, da »Kunststein für Gehwege und Fundamente in fast allen größeren Städten an der Küste allgemein gebräuchlich wird«.[26]

Ein fortschrittlich eingestellter ortsansässiger Bauunternehmer brachte bei einigen dieser Bürgersteigen eine Methode zum Einsatz, für die der amerikanische Erfinder Thaddeus Hyatt ein Patent erworben hatte, nämlich die Verstärkung von Beton mit darin eingelassenen Eisenstangen. Beeindruckt von den Ergebnissen, begann Ransome, mit Hyatts Methode zu experimentieren, und erfand bald eine historische Innovation.[27] Er nahm fünf Zentimeter starke Eisenstäbe, befestigte ein Ende an einem modifizierten Zementmischer, den er in seinem Garten aufgestellt hatte, und verdrehte die Stangen, als würde man ein Handtuch auswringen. Entlang der gewundenen Stangen haftete der Beton fester, und das Verdrehen erhöhte auch die Zugfestigkeit. Es war die erste Version des heute üblichen Bewehrungsstahls, wie er in Stahlbetonbauten weltweit eingesetzt wird.

Aber wie Ransome sich einige Jahre später erinnerte, war es nicht einfach, seine Zeitgenossen zu überzeugen. »Als ich meine neue Erfindung in kalifornischen Fachkreisen präsentierte, wurde ich einfach ausgelacht. Es herrschte der Konsens, dass ich das Eisen beschädige«, schreibt er in seinem Buch mit dem prosaischen Titel *Reinforced Concrete Buildings*. Erst nach mehrfachen Tests gewann er allmählich Anhänger.[28] Ransome ließ sich das System 1884 patentieren, im selben Jahr baute er das erste große Gewerbegebäude aus Eisenbeton, ein Lagerhaus in San Francisco für die Arctic Oil Company. Darauf folgten die Alvord Lake Bridge, eine bogenförmige Fußgängerunterführung unter der Hauptdurchgangsstraße durch den Golden Gate Park, und zwei wichtige Gebäude für den Campus der neuen Stanford University südlich von Palo Alto.

Eisenbeton bewährte sich immer mehr, und Ransomes Firma wuchs rasant. Er wurde zum nationalen Betonpapst. Er ließ eine Reihe weiterer Prozesse und Maschinen patentieren und erteilte Lizenzen für die großflächige Nutzung seines Systems.[29] Einer der Gründe für seinen Erfolg lag darin, dass Ransome ein Pedant in Bezug auf Sand war. Selbst bei herkömmlichem Bausand gibt es Qualitätsunterschiede, und Ransome akzeptierte nur den allerbesten. »Neben Zement ist Sand der wichtigste Faktor für die Widerstandskraft des Betons«, erklärte er angehenden Bauherren in seinem Buch. »Es ist unter erfahrenen Betonverarbeitern wohlbekannt, dass die beste Qualität Sand sauber, scharf und gut abgestuft von fein zu grob ist.«[30]

Dank verbesserter Produktionsmethoden und der Entdeckung gigantischer Vorkommen von Eisen, dem Hauptgrundstoff von Stahl, in Minnesota fiel der Preis rapide. Das ermöglichte es, die Eisenarmierung im Beton durch Stahl zu ersetzen, sodass der Beton noch zugfester wurde. Auch Zement wurde billiger, was Beton gegenüber Stahlskelettbauten mit Ziegelausfachung wirtschaftlicher machte. Das neue Material sorgte 1901 weltweit für Schlagzeilen, als Bauunternehmen das sechzehnstöckige Ingalls Building in Cincinnati mit Ransomes System errichteten, bei Weitem das höchste Betongebäude der Welt und fast so hoch wie die größten damals existierenden Wolkenkratzer.

Dennoch gab es 1906 in Kalifornien nur sehr wenige Gebäude aus Stahlbeton. Das lag vor allem an der erbitterten Gegenwehr der mächtigen Bauarbeitergewerkschaften, insbesondere in Ransomes Wohnort San Francisco.[31] Maurer, Steinmetze und andere sahen völlig zu Recht im Beton eine tödliche Bedrohung für ihr Gewerbe und brandmarkten ihn als unerprobt und unsicher. Nur wenige Monate vor dem Erdbeben versuchte eine Gruppe von Maurern und Stahlarbeitern in Los Angeles die Stadtverwaltung dazu zu bewegen, die Errichtung weiterer Betongebäude innerhalb der Stadtgrenzen zu verbieten.[32]

Die Handwerker argumentierten auch damit, dass Beton schlicht und ergreifend hässlich sei. Ein Artikel in *The Brickbuilder*, einem monatlich erscheinenden Fachmagazin, beklagte im Mai 1906, »eine Stadt im stumpfsinnigen Grau von Beton würde allen Gesetzen der Schönheit zuwiderlaufen (…) Beton eignet sich architektonisch nicht für etwas, was das Auge erfreut. Lasst uns einen Moment innehalten, bevor wir unsere Städte in so etwas Hässliches verwandeln, wie es von Betoningenieuren und anderen, die an seiner Einführung interessiert sind, vorgeschlagen wird.«[33]

Beton setzte sich jedoch immer mehr durch. Rückblickend ähnelte der Prozess in gewisser Weise dem Aufstieg des Computers viele Jahrzehnte später. Die Menschen erkannten, dass diese neue

Technologie Potenzial besaß, aber wer wusste schon, ob sie tatsächlich besser funktionieren würde als die altbewährten Methoden? Warum den eigenen Betrieb riskieren mit einer neumodischen Erfindung, wenn deine erprobten Kontoführungsbücher aus Papier oder deine zuverlässigen Ziegelsteine genauso gut geeignet sind? Etliche Jahre lang spielten nur die Erstanwender – die Erfinder, die Tüftler, die Bastler – mit diesem neuen Material in seinen frühen, unausgereiften Formen herum und überlegten, wie man es nutzen konnte. Aber mit der Zeit entwickelte sich Beton, wie der Computer, immer weiter und wurde zuverlässiger und nutzerfreundlicher, bis praktisch jeder damit arbeiten konnte.

Man kann nicht den einen Zeitpunkt festmachen, an dem Beton andere Baumethoden endgültig in den Hintergrund drängte. Aber dass das Bekins-Lagerhaus neben vielen weiteren Fundamenten, Decken und ganzen Gebäuden aus Beton das Erdbeben von 1906 und die nachfolgenden Brände fast unbeschadet überstand, stellte einen Wendepunkt dar. (Das Lagerhaus war in so gutem Zustand, dass die Firma es obdachlos gewordenen Einwohnern als Notunterkunft zur Verfügung stellte.)[34] Das sah zumindest die Betonindustrie so und scheute sich nicht, mit Fotos der Trümmer für ihre Sache zu werben. »Die amerikanische Zementindustrie hat massiven Vorurteilen getrotzt, deren letzte Reste endgültig begraben wurden, als sich Beton beim Erdbeben und Feuer in San Francisco so hervorragend bewährte«, hieß es in der Juni-Ausgabe der *Cement and Engineering News* von 1906.[35]

Nicht nur die Redakteure der Fachpresse waren überzeugt. Captain John Sewell vom Army Corps of Engineers, einer von drei Autoren einer 1907 vom US Geological Survey in Auftrag gegebenen Studie zu den Schäden des Erdbebens in San Francisco, erklärte, dass der »große Nutzen von Stahlbeton bei Erdstößen nicht geleugnet werden kann« und ein »fester monolithischer Betonbau jedweder Art sicher vor schweren Schäden in einer Erdbebenregion ist«, außer »er liegt per Zufall direkt auf der Bruchlinie [Verwerfungslinie]«. Er beklagte auch den »Widerstand der Maurergewerkschaft und ähnlicher Organisationen«, die »den Einsatz von Stahlbeton in San Francisco bei allen Teilen von Gebäuden verhindert« hatten. »Dieses Vorgehen der Gewerkschaften wird die Stadt einiges kosten und, sollte es fortdauern, sie in Zukunft noch viel teurer zu stehen kommen.«[36]

In *Concrete Planet* behauptet Courland, dass Sewell und die anderen Autoren des USGS-Berichts »voreingenommen zugunsten der Stahlbetonbauweise und gegen gemauerte Gebäude« seien, und merkte an, einer von ihnen sei später Präsident des US-Zementverbands National Association of Cement Users geworden. Tatsächlich wurden mehrere Stahlbetongebäude in San Francisco durch das Beben schwer in Mitleidenschaft gezogen, während einige Ziegelhäuser unversehrt blieben – Fakten, die in der Studie ignoriert oder kleingeredet wurden.[37]

Es spielte keine Rolle. Beton gewann die PR-Schlacht. In einem Artikel des *San Francisco Chronicle* einige Wochen nach dem Feuer schwärmte der Autor, dass »diese Gebäude und Gebäudeteile die Feuerprobe durch das Erdbeben praktisch unbeschadet bestanden haben (…) Dächern und Decken aus Stahlbeton konnte das Beben nichts anhaben.« Das Fazit: »Wir verfügen jetzt über Stahlbeton, der in hohem Maße perfektioniert und gebrauchserprobt ist. Damit können wir (…) verhältnismäßig leichte und sogar anmutige und schöne Bauwerke schaffen, die tragfähig wie Naturstein sind, zugfest wie Stahl der Risseinwirkung von Erschütterungen widerstehen, die künstlerische Wirkung gemeißelter Steine entfalten sowie eine langlebige und feuerbeständige Beschaffenheit aufweisen, wodurch sie allen anderen überlegen sein werden.«[38]

Die Bauordnung von San Francisco verbot jedoch noch immer die Verwendung von Beton bei hohen, tragenden Mauern. Ransome und seine Anhänger wollten diese Vorschrift ändern, aber traditionelle Handwerker sahen darin ihre letzte Verteidigungslinie. Die dringende Notwendigkeit, die Stadt wiederaufzubauen, brachte Bewegung in die Betonfrage. Über 225.000 Menschen waren durch das Beben obdachlos geworden, mehr als die Hälfte der Stadtbevölkerung. (In einem Artikel in der *Los Angeles Times* über den Disput wurde darauf hingewiesen, dass auch der Arbeitskräftemangel für den verzögerten Wiederaufbau verantwortlich sei. Die Lage war so ernst, dass ein gewisser »William Maxwell von der Pacific Wrecking Company gezwungen war, Japaner einzustellen und ihnen den Lohn von Weißen zu zahlen«.)[39]

Zwei Monate nach dem Beben trat die Aufsichtsbehörde von San Francisco zusammen, um über eine Änderung der Bauordnung zu diskutieren. Es meldeten sich so viele Befürworter und Gegner für die Rednerliste, dass ein Mitglied der Aufsichtsbehörde klagte, sie alle anzuhören »würde ein Jahr dauern«. Letztendlich verloren die Betongegner. Die Behörde erteilte dem Bauen mit Beton grünes Licht.

Doch die Maurer gaben nicht auf. Im darauffolgenden Jahr verbot die Gewerkschaft ihren Mitgliedern, auf Baustellen zu arbeiten, bei denen Beton zum Einsatz kam, und drohte »jeden anderen Zweig der Baubranche, der sich daran beteiligt«, zu boykottieren, berichtete der *San Francisco Chronicle.*[40] Zu diesem Zeitpunkt war der Krieg aber bereits verloren. »Es gibt kaum einen Häuserblock im niedergebrannten Stadtzentrum, der nicht bald wenigstens ein Stahlbetongebäude aufweist, denn sie sind überall in unterschiedlichen Bauphasen zu sehen«, hieß es 1907 in einer Lokalzeitung.[41] Bis 1910 folgten Genehmigungen für 132 Stahlbetongebäude. Außerdem hatten fast alle nach dem Feuer errichteten Stahlskelettgebäude Betonböden. »Noch 1911 gab es Hürden für das Bauen mit Stahlbeton, aber diese bremsten die Verwendung von Beton nur«, schreibt die Architekturhistorikerin Sara Wermiel. »Die Schleusentore waren geöffnet.«[42]

Ein paar Monate nach dem Erdbeben hielt Thomas Alva Edison – der Steve Jobs seiner Zeit, der unter anderem die Glühbirne und den Phonographen erfand – eine Tischrede vor New Yorker

Honoratioren, die sich zu seinen Ehren versammelt hatten. Jemand fragte ihn nach seiner nächsten Wundererfindung. »Betonhäuser«, antwortete Edison. Stellen Sie sich ein Haus vor, forderte Edison seine Zuhörer auf, das gegen Feuer, Termiten, Schimmel und Naturkatastrophen gefeit ist.

Edison war schon seit Jahren vom Beton überzeugt. Er hatte 1899 ein großes Zementwerk in New Jersey gegründet und etliche Patente im Zusammenhang mit Beton und Zement angemeldet. Nach dem Erdbeben wurde er zu einem glühenden Anhänger von Beton.

»Man braucht nur einen Teil hydraulischen Portlandzement, vermischt mit drei Teilen Sand und fünf Teilen Kies (...) um Beton herzustellen, der so hart wie Diamant ist. Ich kann ein Betongebäude etwa zur Hälfte der Kosten eines Ziegelgebäudes errichten«, erklärte Edison einem Reporter des *San Francisco Call* kurz nach dem Dinner in New York. »Ich beabsichtige, nicht nur die Außenwände meines Hauses mit Zement zu bauen, sondern [auch] die inneren Trennwände, die Treppen, die Kaminumfassungen und Kamine.« Zur Krönung wollte er das Haus mit »Schnörkeln und floralen Mustern« aus Beton verzieren.[43] Später kündigte er an, Betonmöbel auf den Markt zu bringen, »die es dem arbeitenden Mann ermöglichen werden, sein Haus mit Möbeln einzurichten, die kunstvoller und haltbarer sind, als man sie heute in den Palastresidenzen in Paris oder entlang des Rheins findet«.[44] Er könne und wolle praktisch alles aus Beton herstellen, beharrte Edison – sogar Klaviere.

So enorm war das Prestige, ja der Zauber von Beton nach seiner buchstäblichen Feuerprobe in San Francisco. Wenn wir heute an Beton denken (sofern wir das überhaupt tun), neigen wir dazu, ihn mit Hässlichkeit und einer bedrückenden Atmosphäre zu assoziieren – die gesichtslosen Gefängnismauern, der trostlose, menschenfeindliche Betondschungel. Aber früher einmal hielt man ihn fast für ein Wundermaterial, eine Manifestation des Fortschritts, ein Mittel zur Nutzbarmachung der Erdelemente für die höchsten Ziele der Menschen. Aus Edisons Hausbauprojekt wurde nichts, und seine Betonklaviere spielten nie auch nur ein Konzert, aber das verhinderte nicht, dass Beton seinen Siegeszug um die Welt antrat.

»Dass Stahlbeton in der öffentlichen Gunst so gestiegen ist, grenzt fast an ein Wunder. Man verwendet ihn heute für nahezu jede Art von Bauwerk, für das sich Bauholz, Stahl oder Mauerwerk eignet«, verkündete die *Scientific American* 1906.[45] Auf der ganzen Welt wurden zu Hunderten Bürogebäude, Wohnblocks, Hotels, Staudämme, Straßen, Statuen und sogar Schiffe aus Beton errichtet.[46] »Ist der Siegeszug des Betons unaufhaltsam?«, staunte der *Los Angeles Herald* 1908. »Täglich wird dieses neu-alte Baumaterial, das so hart ist wie Stein, so fest wie Stahl, fast so billig wie Holz und so formbar wie Ton, auf neue Art eingesetzt (…) Stahl war lange Zeit der König. Beton scheint auf dem besten Weg zu sein, ihn vom Thron zu stoßen.«[47]

Ähnlich wie im heutigen China und Indien fanden in den damaligen Vereinigten Staaten eine Bevölkerungsexplosion und, damit einhergehend, eine starke Urbanisierung statt. Das Land wuchs durchschnittlich jedes Jahr um 1,5 Millionen Menschen, und immer mehr Amerikaner zogen in die Städte. Zwischen 1890 und 1910 verdoppelte sich die städtische Bevölkerung beinahe. Im Jahr 1920 lebten zum ersten Mal mehr Amerikaner in urbanen Zentren als auf Farmen.[48] Und ihre Wohnhäuser, ihre Arbeitsplätze und die Straßen, auf denen sie fuhren, bestanden zunehmend aus Beton.

Und je mehr Beton Amerika verwendete, desto mehr Sand brauchte es. Die Körner wurden in nie auch nur annähernd vergleichbaren Mengen aus der Erde geholt. Im Jahr 1902 förderten die Vereinigten Staaten nach Angaben des US Geological Survey 452.000 Tonnen Bausand und Kies. Nur sieben Jahre später hatte sich diese Zahl mehr als verhundertfacht auf fast 50 Millionen Tonnen.[49]

Das klingt nach viel, bis man erfährt, dass allein die Highways und Wolkenkratzer New Yorks über 200 Millionen Tonnen Sand verschlangen. Der meiste Sand stammte aus Long Island, das noch immer den Großteil des Bedarfs deckt. Der Reichtum der Insel an qualitativ hochwertigen Bausanden ist ein Grund, warum sich die New Yorker im Nassau County, das östlich an den Stadtteil Queens grenzt, so gerne ansiedelten oder Ferienhäuser bauten. »In den großen Hügeln im Norden des Countys gibt es Sand, der sich ausgezeichnet für Bauzwecke eignet, in Hülle und Fülle«, verkündete die *New York Times* 1912 in einem Artikel über die Gründe für das starke Wachstum der Region. Außerdem werde ein »unerschöpflicher Vorrat an Strandsand« im Süden des Countys »in nahezu jeder Gemeinde des Countys« zu Betonsteinen verarbeitet.«[50]

Sand war schon immer billig, aber wenn man von solchen Mengen spricht, lässt sich trotzdem viel Geld damit machen. Im Jahr 1919 gründeten der dreiundzwanzigjährige Henry Crown, der nach der achten Klasse von der Schule abgegangen war, und sein Bruder Sol mit geliehenen 10.000 Dollar eine Firma, um Sand und Kies an die Bauunternehmen Chicagos zu liefern. Die Crown-Brüder, Söhne eines litauischen Einwanderers (eines geborenen Krinsky, der sich als Lohnsklave verdingte), kauften Waggonladungen Sand und fuhren ihn mit dem Pferdewagen aus. Sol starb bald darauf an Tuberkulose, und Henry musste allein weitermachen.

Zwischen 1910 und 1920 explodierte Chicagos Bevölkerung – es kamen eine halbe Million Bewohner hinzu.[51] Die boomende Baubranche mit Sand zu versorgen war lukrativ. Crowns Firma, die Material Service Corporation, wuchs schnell und kaufte Sand- und Kiesgruben, Steinbrüche und Verarbeitungsbetriebe auf. Fünf Jahre nach Gründung der Firma war Crown Millionär. Später ließ er spezielle Schiffe bauen, die mit Pumpen ausgerüstet waren, um Sand vom Grund des Michigansees zu fördern. Seine Firmen waren am Bau der Hochbahn und des Civic Opera House von Chicago beteiligt.

Crown stieg auch groß ins Immobiliengeschäft ein: Mehrere Jahre lang gehörte ihm das Empire State Building. Die Material Service Corporation wurde später Teil von General Dynamics, dem größten US-amerikanischen Rüstungskonzern. Trotz seines Erfolgs blieb Crown zeit seines Lebens bescheiden. »Er stellte sich selbst als ›Sand- und Kiesmann‹ mit geringer Bildung dar, ließ sich nicht in die Karten schauen und konsolidierte still und heimlich seine Macht«, schrieb die *New York Times* in seinem Nachruf. Crown starb 1990 als milliardenschwerer Patriarch einer der vermögendsten Familien Amerikas.[52] Die Firma, mit der alles begann, ist noch heute ein wichtiger Akteur im Baustoffhandel.

Beton war das ideale Material für die grandiosen Ambitionen des frühen 20. Jahrhunderts, als sich der Westen auf dem Höhepunkt seiner Macht und Hybris befand. Beton ermöglichte den 1903 begonnenen Panamakanal, der die Landschaft einer ganzen Nation und die globalen Schifffahrtsrouten umgestaltete. Beton wurde im Ersten Weltkrieg für den Bau von Bunkern für Millionen Soldaten verwendet – eine so wichtige Angelegenheit, dass das deutsche Militär qualitativ hochwertigen Sand und Kies mit Frachtkähnen aus dem Rheinland an die Frontlinien bringen ließ, anstatt sich auf die Vorkommen vor Ort zu verlassen.[53]

Aus Beton waren die gigantischen neuen Fabriken, die weltweit Automobile und andere Industrieprodukte herstellten. Eine Million Tonnen Beton wurde für die Verankerung der Golden Gate Bridge in San Francisco eingesetzt. Die damalige britische Kolonie Hongkong produzierte in den 1920er-Jahren so viel Beton, dass die Sandvorräte dramatisch knapp wurden;[54] Diebe begannen Strände abzuräumen und sogar Friedhöfe an Flüssen umzugraben, was zu gewalttätigen Auseinandersetzungen mit den Dorfbewohnern führte.

Das Vorzeigeprojekt dieser Ära war die Errichtung des mächtigen Hoover-Damms, bis dahin die größte jemals erbaute Staumauer. Genug Sand und Kies, um einen 2000 Kilometer langen

Zug zu füllen, wurde für diesen Betonmonolithen quer über den Colorado River aufgeboten. Das gesamte Material abzubauen, zu sortieren und zu transportieren war eine technische Herausforderung an sich.

Mit der Aufgabe wurde eine kalifornische Straßenbaufirma betraut, die Henry J. Kaiser gehörte. Kaiser war zu diesem Zeitpunkt auf dem besten Weg, einer der reichsten und wichtigsten Industriellen der Vereinigten Staaten zu werden; dass er den Sand- und Kiesnachschub für den Staudamm so gut abwickelte, trug viel zu seinem Aufstieg bei. Kaiser und sein Experte für Zuschlagstoffe Tom Price fanden einen wahren Schatz an Kies und Sand knapp zehn Kilometer von der Dammbaustelle entfernt und errichteten dort eine der bis dahin weltgrößten Abbauanlagen für Zuschlagstoffe. Im Labyrinth der Silos, Förderbänder und Lagercontainer wurden rund um die Uhr mit schwerem Gerät Millionen Tonnen Sand und Kies aus der Erde gegraben und gesiebt.

Ein besonderes Augenmerk galt dem Sand. »Bei der Herstellung von Beton«, sagte Price in einem Interview, »liegt das Geheimnis der wesentlichen Eigenschaften Verarbeitbarkeit und Homogenität hauptsächlich beim Sand.«[55] Nach der Trennung vom Kies wurden die Sandkörner weiter nach Größe sortiert in Flotationsbecken, in denen, wie es später in einem Bericht der Nationalparkbehörde hieß, mechanische Rechen »einen Kringel nassen Sands aus dem schaumigen Wasser« zogen »wie eine Art prähistorisches Schleimmonster, das aus der Ursuppe kriecht«.[56] Die Anlage produzierte über 700 Tonnen Zuschlagstoffe pro Stunde, die mit einem Spezialzug zum Damm transportiert wurden.

Beton neigt dazu, noch mehr Beton hervorzubringen. Der Hoover-Damm schuf einen gigantischen Stausee namens Lake Mead, der als Trinkwasserspeicher und der Stromerzeugung dient. Diese beiden Ressourcen machten es möglich, mitten in der Wüste Städte wie Las Vegas und Phoenix entstehen zu lassen – Städte aus Beton, Glas und Asphalt.

Die Verbreitung von Beton brachte auch eine neue Architektur hervor. Einer der Vorreiter war der amerikanische Architekt Frank Lloyd Wright, der begriff, dass sich mit Beton ganz neue Formen verwirklichen ließen.[57] Nehmen wir zum Beispiel die umgedrehte Zikkurat des von Wright entworfenen Solomon R. Guggenheim Museum in New York. Wright schuf diese ausgefallene geometrische Form mit »in eine Pistole geladenem Beton«, also Spritzbeton, einer Variante dieses Verbundwerkstoffs, die mehr Sand und weniger Kies enthält als normaler Beton, wodurch man ihn durch eine Düse direkt auf eine vertikale Fläche spritzen kann.[58] Versuchen Sie das mal mit einem Ziegel.

Wrights Arbeit ebnete gewissermaßen den Weg für Walter Gropius' Bauhausschule, Le Corbusiers Internationalismus und Richard Neutras modernistische Kreationen. Der Modernismus führte zum Brutalismus, dessen sachlicher, kantiger, bewusst betonlastiger Stil nach dem Zweiten Weltkrieg populär wurde. Heute wird dieser Begriff oft allgemeiner für die typische Bauweise verwendet, die die visuelle Landschaft unserer Städte maßgeblich prägt – die uniformen Zweckbauten von Fabriken und Lagerhallen, die quaderförmigen Behördengebäude und billigen Wohnblocks, die abweisenden, funktionalen Bögen von Autobahnüberführungen.

Bis zu den ersten Jahrzehnten des 20. Jahrhunderts waren Sand und Kies in Form von Beton zum allgegenwärtigen Baustein der Städte geworden. Und weitere Bataillone dieser kleinen Gesteinspartikel wurden aufgewandt, um die Straßen zu bauen, die diese Städte miteinander verbanden.

Kapitel 3

Gepflastert mit guten Absichten

Im Sommer 1919 saß ein junger Oberstleutnant der US-Armee frustriert und verbittert hinter seinem Schreibtisch in Camp Meade in Maryland und glaubte, in einer Sackgasse festzustecken. Er hatte gehofft, sich im Weltkrieg bewähren zu können, aber anstatt ihn in den Kampf ziehen zu lassen, wurde ihm die Aufsicht über ein militärisches Ausbildungslager übertragen. Er war es leid, Schriftstücke hin und her zu schieben, außerdem vermisste er seine Frau und seinen kleinen Sohn, die weit entfernt in Colorado lebten.[1] Er gierte nach einer spannenderen Aufgabe, vor allem nach einer, mit der er seine stockende Karriere wieder in Schwung bringen konnte. Als bekannt wurde, dass das Militär Freiwillige zur Begleitung eines Lkw-Konvois quer durchs Land, von Küste zu Küste, suchte, meldete sich der achtundzwanzigjährige Offizier – ein ehrgeiziger West-Point-Absolvent namens Dwight D. Eisenhower – auf der Stelle.[2]

»Wer nur Fernstraßen aus Beton oder befestigtem Schotter mit sachten Steigungen und gut ausgebauten Kurven kennt, hält eine solche Reise vielleicht für eintönig«, schrieb der zukünftige Präsident in seinem Erinnerungsbuch *At Ease: Stories I Tell to Friends*. »Aber damals waren wir uns nicht sicher, ob das überhaupt zu schaffen war. Nichts dergleichen war je versucht worden.«[3]

In den heute so akkurat längs der Highways ausgerichteten Vereinigten Staaten kann man sich kaum mehr vorstellen, wie wenige

Fernstraßen es noch vor einem Jahrhundert gab und wie primitiv sie waren. 1904 verfügten die USA insgesamt über nur 227 Kilometer befestigte Straßen, die innerstädtischen Verkehrswege nicht einberechnet.[4] Zumeist waren es Schotterpisten, die sich im Winter in Schlamm verwandelten und im Sommer in von Schlaglöchern übersäte, zerfurchte Hindernisparcours. Weite Landstriche, vor allem im Westen, hatten überhaupt keine Fernstraßen, die von einer Stadt zur nächsten führten.

Den Kontinent mit einem Motorfahrzeug zu durchqueren war ein Husarenstück, das bis dahin nur eine Handvoll zäher Pioniere versucht hatte. Ein Arzt aus Vermont mit dem recht passenden zupackenden Namen Horatio Nelson Jackson war der Erste, dem dies auf einer mühevollen Reise von San Francisco nach New York in einem zweizylindrigen Wagen mit 20 PS gelang. Seine Fahrt dauerte 63 Tage. Einige Jahre später unternahm eine Gruppe von vier Damen, angeführt von der aus New Jersey stammenden Hausfrau Alice Huyler Ramsey, die gleiche Reise in umgekehrter Richtung. Sie benötigten dafür vier Tage weniger als Jackson.[5]

Als Eisenhower sein Bündel für die Überlandfahrt packte, begann sich der Zustand der Highways allmählich zu verbessern, hauptsächlich dank der zunehmenden Beliebtheit des Automobils. Die US-Bürger hatten zu dieser Zeit bereits mehr als eine Million dieser luftverpestenden mechanischen Wunderwerke gekauft und verlangten lautstark nach besseren Straßen für ihre Gefährte. Auch das damals so benannte Kriegsministerium war von den Verwendungsmöglichkeiten des Automobils als Kriegsgerät immer mehr angetan. »Dieses neue Fahrzeug, dessen Leistungsvermögen bei Übungen und während der Kampfunterstützung reichlich erprobt worden war, bot eine Bewegungsgeschwindigkeit und eine Mobilität, die keinen Einschränkungen durch Zugfahrpläne und -strecken unterlag«, schrieb Eisenhower. Der Regierung gab ein Überlandkonvoi die Möglichkeit, die militärische Verwendbarkeit von Personenkraftwagen und Lastern zu testen, zugleich war es eine geschickte Werbemaßnahme und ein Geschenk für die aufblühende Autoindustrie.

Der aus 81 Fahrzeugen bestehende »Motorwagenzug« – darunter Lastautos, Motorräder, Krankenwagen und Feldküchen, begleitet von zahlreichen Reportern und Vertretern von Automobilfirmen – setzte sich am 7. Juli 1919 um 11 : 15 Uhr in der Hauptstadt Washington in Bewegung. Keine vier Stunden später brach an einem Verpflegungsanhänger die Kupplung. Das war nur das erste vieler weiterer technischer Probleme, mit denen der Konvoi zu kämpfen hatte. An jenem ersten Tag schaffte er ganze 74 Kilometer.

Die größten Schwierigkeiten jedoch bereiteten nicht die Fahrzeuge selbst, sondern das, worauf sie fuhren. Selbst die Betontrassen, die man in Teilen der östlich gelegenen Bundesstaaten angelegt hatte, waren für die Lkw oft zu schmal, sodass sie mit den Rädern aufs Bankett gerieten. Und viele Straßen, die seit ihrer Fertigstellung nicht mehr gewartet worden waren, befanden sich in derart schlechtem Zustand, dass sie kaum passierbar waren. Manchmal brachen die schweren Laster durch die Fahrbahndecke oder zerstörten reihenweise zu schwach konstruierte Brücken; dann blieb keine andere Wahl, als eine Furt durch den Fluss zu suchen.[6]

Und das war noch nicht einmal das Schlimmste. In Illinois verwandelten sich die Straßen in Staubpisten. »Bis nach Kalifornien gab es praktisch keinen Straßenbelag mehr«, vermeldete Eisenhower in seinem offiziellen Bericht. Kundschafter auf Motorrädern fuhren dem Konvoi auf der Suche nach geeigneten Routen voraus. Über eine weite Strecke zwischen Utah und Nevada, notierte Eisenhower entsetzt, »ist die Straße eine einzige Abfolge von Staub, Furchen und Schlaglöchern«.[7] Lastautos blieben in Salzpfannen und Treibsand stecken. Einmal mussten Dutzende Soldaten mit Seilen festsitzende Lkw freiziehen.[8] An manchen Tagen kam der Konvoi nur fünf Kilometer voran. »Zuweilen dachte ich, dass weder das Automobil noch der Bus oder der Lkw irgendeine Zukunft hätten«, berichtete Eisenhower.[9] Als sie schließlich in San Francisco eintrafen, wurden sie mit Ansprachen, einer Parade und Medaillen begrüßt.

Gemeinsam mit so gut wie jedem Offizier, der die Reise begleitet hatte, empfahl auch Eisenhower seinen Vorgesetzten dringlich, die Straßen im Land zu verbessern. Viele Jahre später wurde das dann seine Aufgabe. Und tatsächlich brachte er den Bau des auf Jahrzehnte fortschrittlichsten und umfassendsten Netzes befestigter Straßen auf den Weg, das je angelegt wurde: das System der Interstate Highways in den USA.

Für dieses das ganze Land umspannende Netz organisierte der inzwischen zum General beförderte Eisenhower unvorstellbare Mengen Bausand. Jede Meile der Interstate Highways besteht aus rund 15.000 Tonnen Beton.[10] Rechnet man die Mittelstreifen, Überführungen, Auffahrten und Tragschichten hinzu, flossen schätzungsweise 1,5 Milliarden Tonnen Kies und Sand in den Bau des Highway-Systems.[11] Mit dieser Menge Beton ließe sich ohne Weiteres ein Gehweg bis zum Mond und zurück anlegen – und das sogar zweimal.[12]

Der Einsatz von all dem Sand und Kies für den Straßenbau sollte das Land radikal verändern. Befestigte Straßen haben großen Einfluss darauf, wo und wie Hunderte Millionen Menschen leben und arbeiten, was sie wertschätzen und sogar was sie essen – nicht nur in den Vereinigten Staaten, sondern zunehmend überall.

Das Bedürfnis, eine ebene, feste Fahrbahn unter den Rädern zu haben, ist schon sehr alt. Bereits 4000 v. Chr. bauten Menschen befestigte Straßen; die Wege in den mesopotamischen Städten Ur und Babylon waren mit Lehmziegeln gepflastert, zusammengehalten von natürlich vorkommendem Bitumen – einer klebrigen, zähflüssigen, teerähnlichen Substanz, die man auch als »Asphalt« bezeichnet.[13]

Das Wort »Pflaster« geht auf die Römer zurück, die auf dem Gebiet ihres Imperiums das erste große Straßennetz der Geschichte schufen. Die römischen Straßen verfügten über eine Deckschicht aus Steinen, das sogenannte *pavimentum.*[14] Befestigte Straßen heutiger Zeit haben ihren Ursprung im England des 18. Jahrhunderts. Ein Engländer namens John Metcalf entwickelte ein System gut drainierter Straßen aus großen, mit einer Kiesschicht bedeckten Steinen. So entstanden in Yorkshire 290 Kilometer mautpflichtige Straßen.

1816 kam der Schotte John Loudon McAdam auf die Idee, eine Schicht zerstoßener scharfkantiger Steine mit einer von Pferden gezogenen Walze zu verdichten, um auf diese Weise eine tragfähige Oberfläche zu erhalten. Andere Straßenbauer verbesserten dieses Verfahren, indem sie heißen Asphalt beigaben, der den Staub band und die Steine zusammenklebte. Diese Methode erhielt nach ihrem Vorläufer die Bezeichnung *tarmacadam.* Daraus entwickelte sich die Technik, für die Tragschicht Asphalt mit Sand und Kies zu vermischen. Der dadurch gewonnene Baustoff wird auch als »Schwarzdecke«, »Bitumenbeton«, aber meistens einfach nur als »Asphalt« bezeichnet. Heutige Asphaltbeläge bestehen oft zu über 90 Prozent aus Sand und Kies.[15]

Der relativ einfach und billig herzustellende, aber höchst effektive Asphalt setzte sich durch. Als eine der ersten Asphaltstraßen entstand 1852 ein Teilstück der Fernstraße Paris–Perpignan, und innerhalb weniger Jahrzehnte wurden mit dem neuen Material zahlreiche Straßen in London und Paris befestigt.[16] In den Vereinigten Staaten verlief die erste asphaltierte Straße 1870 vor dem Rathaus von Newark in New Jersey. Kurze Zeit später folgte die Pennsylvania Avenue in Washington. Und nicht lange danach beschloss New York, die bisherige Straßendecke aus Ziegel, Granit und Holz durch Asphalt zu ersetzen. Ein Vorteil dieses Belags gegenüber Holz war, dass er nicht den Urin des endlosen Stroms von Pferden in sich aufsog, die damals das Haupttransportmittel darstellten. Und im Unterschied zu Ziegel und Stein bildeten sich im Asphalt keine Spalten und Ritzen, in denen sich Mist ansammeln konnte, was die Gesundheit erheblich gefährdete.

Zu damaliger Zeit stammte fast aller Asphalt, der in den USA Verwendung fand, aus zwei großen natürlichen Asphaltseen in Trinidad und Venezuela, von wo er per Schiff importiert wurde. (Die La Brea Tar Pits in Los Angeles sind ebenfalls ein natürlicher Bitumensee.)[17] Aufgrund steigender Nachfrage ersetzte man das importierte Material dann allmählich durch künstlich erzeugten Asphalt aus einem weiteren boomenden Industriezweig: der Erdölproduktion. Bei der Raffinierung von Erdöl zu Benzin bildet sich passenderweise als Nebenprodukt Bitumen. So stand, je mehr Benzin für den Betrieb von Motorfahrzeugen hergestellt wurde, auch mehr Asphalt für den Bau von Straßen für diese Fahrzeuge zur Verfügung.[18]

Unterdessen experimentierten die Straßenbauer mit jenem Material, das im Baugewerbe gleichsam einen Rausch auslöste: Beton. Ein Erfinder namens George Bartholomew ließ 1891 in Bellefontaine, Ohio, die weltweit erste Straße betonieren. Doch die Stadtväter vertrauten dieser Neuerung so wenig, dass sie das Ausbringen des Betons erst erlaubten, nachdem Bartholomew sich verpflichtet hatte, den Sand und alles sonstige Material aus eigener Tasche zu bezahlen, und mittels einer Bürgschaft von 5000 Dollar garantierte, dass der Straßenbelag mindestens fünf Jahre lang halten würde.[19] Er ist heute noch in Gebrauch.

Seither herrscht im Straßenbau eine innige Rivalität zwischen der Asphalt- und der Betonindustrie. (Asphaltstraßen haben eine schwarze Oberfläche, Betonstraßen eine graue.) In den 1950er-Jahren schaltete die Haupthandelsorganisation der Betonindustrie ganzseitige Werbeanzeigen in Zeitschriften, in denen der Filmstar Bob Hope verkündete: »Keine Ahnung, wie sie es hinbekommen, dass man auf diesem neuen Beton so glatt und sanft dahingleitet, aber mir gefällt das. Das Fahren wird dadurch so mühelos, wirklich entspannend.« Außerdem sei Beton »einer der besten Freunde des Steuerzahlers«, denn er verursache für seine Instandhaltung 60 Prozent weniger Kosten als Asphalt.[20] Heute weisen die Asphalthersteller gern darauf hin, dass 93 Prozent der insgesamt 3,5 Millionen Kilometer befestigten Straßen in den USA eine Fahrbahndecke aus ihrem Produkt haben.[21] Dabei erwähnen sie aber nicht, dass es oft nur eine Asphaltschicht über einem Unterbau aus Beton ist. Sowohl Asphalt als auch Beton sind im Grunde nur eine Verbindung aus Kies und Sand. Den Unterschied macht das Bindemittel aus. Bei Beton ist es Zement, bei Asphalt Bitumen.

Im Allgemeinen ist Asphalt billiger aufzubringen und instand zu halten und erlaubt ein sanfteres, leiseres Fahren.[22] Beton hingegen hält länger und benötigt von vornherein weniger Reparaturen. Bei der Wahl zwischen diesen Alternativen gibt oft den Ausschlag, wie viel Geld der zuständigen Behörde zur Verfügung steht.

Beide Arten des Straßenbelags begannen Ende des 19. Jahrhunderts immer mehr innerstädtische Straßen zu überziehen, aber außerhalb der urbanen Gebiete konnte man zu jener Zeit auf fast nichts anderem als auf Schotterpisten reisen. Fernstraßen waren einfach nicht besonders wichtig. Wenn es darum ging, viele Menschen oder eine große Menge Güter über beträchtliche Entfernungen zu transportieren, geschah dies zumeist auf dem Wasserweg. Über Flüsse, Seen, Kanäle und entlang der Küsten wurden Waren und Reisende zwischen den Siedlungen hin und her befördert. Ab Mitte des 19. Jahrhunderts kamen die Eisenbahnen hinzu. Züge verbanden die vorhandenen Zentren und erleichterten es, auch weiter im Inland zu siedeln. Manchmal ersetzten die Dampfrösser die Wasserwege vollständig. Straßen, soweit vorhanden, waren für die Beförderung vor Ort gedacht und dafür, kleine Lasten per Pferd, Karren oder zu Fuß zu transportieren.

Dieser Zustand konnte jedoch einfach nicht andauern in einem Land, in dem plötzlich jeder ein Auto sein Eigen nennen wollte. Im Jahr 1900 waren in den Vereinigten Staaten lediglich 8000 Motorfahrzeuge registriert. Aber mit jeder technischen Verbesserung der Kraftwagen schnellten die Verkaufszahlen weiter in die Höhe. Neuerungen wie der Ersatz der Handkurbel durch einen elektrischen Anlasser machten die pferdelosen Kutschen noch attraktiver, besonders für Frauen. 1908 führte Henry Ford das Model T ein, einen relativ billigen Wagen, eigens darauf ausgelegt, die Massen hinter das Steuerrad zu bringen.[23] Damit begann der Siegeszug des Automobils. Bereits 1912 rollten fast eine Million Autos über US-amerikanische Straßen – und das Model T hatte daran einen Anteil von 10 Prozent.[24] Dabei konkurrierten die Autos auch mit den neuen Lastwagen, die sich die Farmer zum Transport ihrer Erzeugnisse anschafften und die Geschäftsleute immer häufiger als Alternative zur Eisenbahn wählten, um den knappen Raum auf den Straßen. Zwar standen zu jener Zeit nach wie vor 21 Millionen Pferde für den Transport von Menschen und Gütern zur Verfügung, aber es war klar, dass die Automobile das Rennen machen würden.

Doch noch kamen die Motorfahrzeuge nicht weit, sofern nicht mehr und bessere Straßen entstanden. Ein Auto ohne feste Fahrbahn ist wie ein Paar Ski ohne Schnee. Man kann damit zwar irgendwohin gelangen, aber dies weder schnell noch einfach. Der Aufstieg und letztlich die Dominanz des Autos erforderte den Einsatz von Sand in riesigen Mengen. Erst durch Sand und Kies in Form von Straßenbelag konnte sich die Nützlichkeit von Motorfahrzeugen erweisen – dank einer Infrastruktur, die das Automobil vom exklusiven Amüsement reicher Exzentriker zu einem Allzweckbeförderungsmittel für jedermann verwandelte.

Als das Automobil immer größeren Zuspruch fand, bildeten sich daher landesweit Organisationen, die »gute Straßen« forderten. Die erste Fernstraße aus Beton, eine 39 Kilometer lange, drei Meter breite Piste, entstand 1913 bei Pine Bluff in Arkansas. Bereits im folgenden Jahr gab es in den USA an die 3.800 Kilometer Betonstraßen.[25]

Personenkraftwagen und befestigte Straßen befeuerten sich gegenseitig in ihrem Wachstum und unterstützten einander symbiotisch. Je mehr Autos gekauft wurden, nach desto mehr befestigten

Straßen verlangten die Käufer. Je mehr befestigte Straßen gebaut wurden, desto mehr Menschen kauften Autos. Dieses Wechselspiel hält bis heute an. Inzwischen bleibt den Menschen vielerorts keine andere Wahl, als das Auto zu benutzen, wenn sie von A nach B kommen wollen.

Doch noch 1919 musste Eisenhower bei seiner motorisierten Odyssee feststellen, dass man nicht damit rechnen konnte, eine befestigte Straße zu finden, auf der man von einem Bundesstaat in den nächsten gelangte, ganz zu schweigen von einer Fahrt quer durchs ganze Land.

Ungefähr zur gleichen Zeit, als Eisenhower mit seinem abenteuerlichen Konvoi unterwegs war, beschloss Carl Graham Fisher, die Sache in die eigene Hand zu nehmen. Fisher begeisterte sich für hohe Geschwindigkeiten und für die schnellen Maschinen auf Rädern, die zu Beginn des 20. Jahrhunderts in Mode kamen – zuerst die Fahrräder, dann die Automobile. Er legte sich gehörig ins Zeug, um die neuen Erfindungen populär zu machen und ihr Potenzial möglichst voll auszuschöpfen, was ihn zu einem der wichtigsten frühen Straßenbauer in den USA machte. Auf seine Initiative hin wurden aus Millionen Tonnen Sand einige der ersten Fernstraßen für seine heiß geliebten Automobile gebaut.

Der 1874 in Indiana geborene Fisher war der Richard Branson seiner Zeit – teils zukunftsweisender Unternehmer, teils Geschäftsmann mit Showtalent, ein verschwenderisch lebender Kapitalist mit einem Hang zur Tollkühnheit und dem intuitiven Gespür, wie man Projekte glamourös vermarkten konnte. Zu seiner Zeit war er sagenhaft reich und berühmt, auch wenn sich heute kaum mehr jemand an ihn erinnert.

Fisher brach mit zwölf Jahren die Schule ab, um seine Talente einer Sache zu widmen, die ihm nützlicher erschien: Geld verdienen. Im Alter von 15 Jahren verkaufte er in Zügen Tabakwaren und Zeitungen. Schon als Kind war er ein Draufgänger gewesen, er balancierte gern auf dem Drahtseil und sprintete mit vollem Tempo rückwärts. Wenn er, vom Wind umtost, mit pochendem Puls auf seinem Fahrrad dahinraste – ein Sport, der damals immer beliebter wurde –, fühlte er sich wie berauscht. Nach einigen Jahren hatte er genug gespart, um in Indianapolis ein eigenes Geschäft zu eröffnen: eine Reparaturwerkstatt für Fahrräder.

Fisher machte sich selbst zu seinem besten Werbeträger und zog die öffentliche Aufmerksamkeit mit einem verrückten Kunststück nach dem anderen auf sich. »Er konstruierte ein Rad, so groß, dass er nur aus einem Fenster im ersten Stock aufsteigen konnte, dann gondelte er darauf durch die Straßen der Stadt«, schreibt Earl Swift in seiner Geschichte der Highways, *The Big Roads*. »Er kündigte an, mit einem Rad über ein Drahtseil zu fahren, das zwischen zwei Hochhäusern in der Innenstadt gespannt wurde, und entgegen aller Vernunft tat er es auch, während zwölf Stockwerke darunter die Menge atemlos staunte. Nachdem er eine gewisse Berühmtheit erlangt hatte, gab Fisher bekannt, er werde vom Dach eines Hochhauses in der Innenstadt ein Fahrrad hinunterwerfen, und wer ihm das Wrack in den Laden bringe, erhalte zur Belohnung ein neues Gefährt. Dieses Mal versuchte die Polizei ihn aufzuhalten und postierte am Morgen der angekündigten Aktion Wachen vor dem Gebäude. Doch sie waren dem gewieften Selbstdarsteller nicht gewachsen; Fisher war bereits in dem Gebäude, und zur angekündigten Zeit warf er das Fahrrad tatsächlich hinunter und entkam über eine Hintertreppe. Als die Polizei in seinen Laden stürmte, klingelte dort das Telefon. Am anderen Ende der Leitung war niemand anderer als Fisher, der erklärte, er erwarte sie auf der Polizeiwache.«[26]

Fisher amüsierte sich prächtig und verdiente eine Menge Geld, aber wie andere Radfahrer auch frustrierte ihn der Zustand der Straßen. Selbst innerstädtisch waren sie oft mit Kopfstein oder Ziegel gepflastert, was die Zähne jedes Radfahrers klappern ließ. Zur Jahrhundertwende erlebte das Radfahren einen enormen Aufschwung, und seine Anhänger bildeten eine mächtige Lobby. Fisher trat der

League of American Wheelmen bei, einer von mehreren Organisationen, die für gut befahrbare Straßen kämpften. Sein Engagement steigerte sich noch, als er sich mit den modernsten Fahrzeugen seiner Zeit zu beschäftigen begann. Zuerst waren das Motorräder und dann, wie konnte es anders sein, Automobile.

Nachdem er sein erstes Auto gekauft hatte, einen dreirädrigen Wagen mit 2,5 PS, wusste Fisher, dass diesen Maschinen ein Riesenerfolg beschieden sein würde. Im Jahr 1900 sperrte er seinen Fahrradladen zu und gründete stattdessen die Fisher Automobile Company, eines der ersten Autohäuser in den Vereinigten Staaten.[27]

Fisher und einige seiner Kumpel aus seiner Zeit als Radrennfahrer priesen die Kraftwagen auf Jahrmärkten an, wo er Wette um Wette gewann, dass seine pferdelose Kutsche schneller sei als das beste Pferd vor Ort. Sein Autohandel florierte, aber der große Durchbruch kam erst, als er in ein Unternehmen investierte, das die ersten praktikablen Autoscheinwerfer herstellte. Heute kennt man diese Firma unter dem Namen Prestolite, ein multinationaler Produzent von Autoteilen.

Die Gewinne aus seiner Investition verwendete Fisher für seine Lieblingsprojekte. Eines war der Bau einer Rennstrecke vor den Toren seiner Heimatstadt, auf der er ein gigantisches Rennen ausrichtete – das Indianapolis 500. Ein weiteres, weniger faszinierendes, aber bedeutenderes Projekt war die Kampagne für den Bau eines 5.500 Kilometer langen Highways quer durchs Land, vom Times Square in New York bis zum Golden Gate Park in San Francisco.[28]

Dieses Vorhaben, dem er den hochtrabenden Namen »Lincoln Highway« gab, war für einen Einzelnen natürlich zu groß, so reich er auch sein mochte. Deshalb machte sich Fisher sein Prestige zunutze und ließ seine Beziehungen spielen. So sicherte er sich die Unterstützung von Politikern, darunter sogar Präsident Woodrow Wilson, Berühmtheiten wie Thomas Edison und die Chefs großer Auto-, Reifen- und Zementfirmen. 1913 führte Fisher persönlich einen 34-tägigen Konvoi von Indianapolis nach Los Angeles an, mit dem er mögliche Streckenverläufe erkunden und die Werbetrommel rühren wollte. Im Jahr darauf wurde im Norden von Illinois das erste Teilstück der Betonstraße gebaut.[29]

Der Lincoln Highway als Verbindung zwischen Ost- und Westküste blieb zwar unvollendet, aber es fehlte nicht mehr viel bis zu seiner Fertigstellung; und bei seinem Bau wurden neue Strecken erschlossen und bereits existierende einbezogen und verbessert. Der offiziellen Geschichte der Federal Highway Administration zufolge firmierte dieses Projekt in den 1920er-Jahren als »des Landes führender Highway« und trug wesentlich dazu bei, die Bundesregierung und örtlichen Verwaltungen sowie die Öffentlichkeit davon zu überzeugen, dass eine transkontinentale Straße nicht nur möglich, sondern auch wünschenswert sei.

Der Lincoln Highway war jedoch nicht Fishers letzter Ausflug in den Straßenbau. Wenige Jahre nach Beginn der Arbeiten am Lincoln Highway gab Fisher eine weitere Straße in Auftrag. Sie verband Chicago mit einer anderen amerikanischen Institution, die Fisher aus dem Nichts erschaffen hatte. Es handelte sich um einen neuen Urlaubsort namens Miami Beach, und auch dieser erwuchs buchstäblich aus Sand. Wir werden uns später noch mit ihm beschäftigen.

Angespornt u. a. auch von Fishers Projekt, verlegte sich die Bundesregierung verstärkt auf den Straßenbau. 1916 gründete sie das Bureau of Public Roads, ausgestattet mit 75 Millionen Dollar als Beihilfe für die Bundesstaaten beim Bau von Fernstraßen zwischen den Städten.[30] In einer mitreißenden Rede vor einer Konferenz von Vertretern regionaler Straßenbaufirmen verglich Innenminister Franklin Lane 1918 deren Unternehmungen mit jenen Napoleons und Julius Cäsars. Sie engagierten sich, lobte er, »auf einem Feld sehr weitsichtiger, bedeutender Staatskunst, einer Arbeit, die nicht nur den Farmern in diesem Land zugutekommt und dazu beiträgt, den Gütertransport in diesem Winter zu erleichtern, sondern Auswirkungen hat, die vielleicht noch in Jahrhunderten spürbar sein werden«.[31]

Eine der zentralen Schwierigkeiten beim Bau jener ersten Highways bestand darin, die Unmengen Sand dorthin zu schaffen, wo man sie benötigte. Für jeden Kilometer befestigte Straße brauchte man rund 2.000 Tonnen Sand und 3.000 Tonnen Kies.[32] Diese Mengen in die ländlichen Gebiete zu transportieren, wo die neuen Highways zumeist entstanden, war keine leichte Aufgabe; schließlich gab es zu jener Zeit kaum Lkw und keine Straßen, auf denen das Material von den Kies- und Sandgruben zu den neuen Trassen befördert werden konnte. Die Ingenieure mussten sich mit Pferden und Fuhrwerken behelfen oder spezielle Schienenwege für den Transport per Bahn anlegen. Lokomotiven brachten Waggonladungen voll Gestein, Sand und Zement zu den Baustellen, wo sie vor Ort zusammengemischt wurden.[33]

Doch dank reichlich fließender Gelder aus Washington kam das Projekt rasch voran. Zwischen 1914 und 1926 wuchs die Gesamtlänge der befestigten Straßen landesweit um mehr als das Doppelte, von 414.069 auf 839.940 Kilometer.[34] Trotzdem konnte der Straßenbau mit dem Bedarf kaum Schritt halten, denn die Zahl der Automobile war auf fast 20 Millionen gestiegen. Selbst die Weltwirtschaftskrise bremste die Autoverkäufe kaum. »1939 war das Autofahren schon lange kein exklusives Luxusvergnügen der Faulen und Reichen mehr, sondern zu einem wesentlichen Bestandteil des amerikanischen Lebensstils geworden. Selbst die Joads in Steinbecks *Früchte des Zorns* reisten mit einem eigenen Laster nach Kalifornien«, schreibt Tom Lewis in einer weiteren Geschichte der US-amerikanischen Straßen, *Divided Highways*.[35]

Der Straßenbau wurde zu einer Großindustrie mit Hunderttausenden Beschäftigten (darunter Kettensträflinge, die für das benötigte Material im Steinbruch arbeiten mussten).[36] Auch in den Tankstellen, Autowerkstätten, Restaurants, Hotels und Motels, die entlang der Highways aus dem Boden schossen, entstanden neue

Arbeitsplätze. Hunderte Firmen, die die Straßenbauer mit den Rohstoffen Zement, Asphalt, Kies und natürlich Sand versorgten, machten glänzende Geschäfte.

Vielleicht ist Ihnen der Name Henry J. Kaiser geläufig oder zumindest sein Nachname im Zusammenhang mit einem der riesigen Unternehmen, die er gegründet hat – Kaiser Steel, Kaiser Aluminium, Kaiser Permanente oder Kaiser Family Foundation. Kaiser war einer der mächtigsten Industriemogule des 20. Jahrhunderts, aber er arbeitete sich buchstäblich von Grund auf nach oben, als Zulieferer von Sand und Kies für den Straßenbau.

Der 1882 in New York als Sohn deutscher Einwanderer aus der Arbeiterschicht geborene Kaiser brach mit 13 Jahren die Schule ab und versuchte sein Glück im Westen des Landes. Er landete schließlich im Bundesstaat Washington, wo er für einen Kies- und Zementhändler arbeitete. Eines der frühen Großprojekte von Kaiser war die Erschließung einer Grube für Sand und Kies. Mit unerschütterlichem Selbstvertrauen machte er sich selbstständig, übernahm eine gescheiterte Straßenbaufirma und führte sie zum Erfolg, indem er sich Aufträge für den Bau von Straßen in Vancouver und anderen kanadischen Städten sicherte. Aber schon bald richtete sich sein Augenmerk nach Süden. Als das neu gegründete Bureau of Public Roads 1916 Millionen für den Bau von Highways zur Verfügung stellte, erkannte Kaiser im boomenden Kalifornien ein enormes Potenzial.[37]

Er übersiedelte nach Oakland und schloss 1923 einen Vertrag für den Bau einer Straße durch das nahe gelegene Livermore Valley. Wie sich herausstellte, war das Tal reich an leicht abbaubarem Kies und Sand, deshalb kaufte Kaiser einfach Farmland auf, ließ den Mutterboden abtragen und den Kies fördern. Es war genug davon vorhanden, nicht nur für eine einzige Straße, sondern um damit eine neue Firma zu gründen. So entstand Kaiser Sand and Gravel, Zulieferer der örtlichen Bauindustrie und ein Grundstein von Kaisers Imperium.[38]

Zu dieser Zeit schmiedete Kaiser auch ein Bündnis mit einem Erfinder namens Robert LeTourneau, der einige der ersten schweren Straßenbaugeräte konstruierte – riesige mobile Maschinen, die Tonnen von Erde und Sand viel schneller bewegen konnten als jeder Arbeitstrupp mit einer Herde Maultiere.[39] Dank dieser Maschinen wurde Kaiser im Westen der USA zu einem wichtigen Bauunternehmer und Werkstofflieferanten. Ende der 1930er-Jahre erhielt er den Auftrag zur Lieferung der elf Millionen Tonnen Sand und Kies, die für den Bau der Shasta-Talsperre in Kalifornien benötigt wurden. Kaiser erschien dies als leichte Aufgabe, da ihm unweit der Talsperre nördlich von Redding bereits eine gewaltige Kiesgrube gehörte; das Material sollte sich umstandslos per Güterzug zur Baustelle transportieren lassen. Doch die örtliche Eisenbahngesellschaft forderte dafür einen Preis, der Kaiser zu hoch erschien. Deshalb verfiel er auf eine kühne Idee. Er konstruierte ein fast 16 Kilometer langes Förderband, das längste jemals gebaute, mit dem es gelang, pro Stunde eintausend Tonnen Sand und Gestein über zerklüftete Hügel und mehrere Bäche hinweg bis zur Talsperre zu transportieren.[40] Kaisers Status als Experte für Baustoffe zahlte sich später finanziell bei den Preisverhandlungen für den Hoover-Damm aus, an dessen Bau er als einer der Hauptauftragnehmer beteiligt war.

Während zu jener Zeit Deutschland seit dem Machtantritt Adolf Hitlers die Welt in Schrecken versetzte, wurden die deutschen Ingenieure für den Bau der Autobahnen gefeiert. Es waren sozusagen die ersten Superhighways. Die Autobahnen wiesen bereits einige der entscheidenden Merkmale auf, die nach wie vor moderne Schnellstraßen auszeichnen. Sie bestanden aus mindestens zweispurigen gegenläufigen Fahrbahnen, wobei ein breiter Mittelstreifen die eine Richtung von der anderen trennte. Die Kurven verfügten über einen großen Radius, der hohe Geschwindigkeiten erlaubte. Zudem waren die Autobahnen nur über gesonderte Auffahrten zu erreichen. Und sie hatten eine stabile Betondecke.

Es waren die laufruhigsten, schnellsten Straßen, die jemals gebaut wurden.

Die US-Amerikaner begannen schon bald, diese Merkmale zu kopieren, wodurch Fernstraßen wie der Pennsylvania Turnpike und der Arroyo Seco Parkway von Los Angeles entstanden. Die *Los Angeles Times* widmete der Eröffnung jenes »eindrucksvollen Boulevards« 1940 einen Artikel auf der Titelseite und berichtete aufgeregt, die Rosenkönigin habe das rote Seidenband durchschnitten und damit offiziell die sechs »spiegelglatten Meilen« des »sechsspurigen Highways« eröffnet, »der für den Verkehr, die Geschichte und die nationale Verteidigung bedeutsam« sei.[41] Der Gouverneur von Kalifornien, Culbert Olson, erklärte, diese Straße werde die Kraftfahrer in nur sieben Minuten aus dem Zentrum von Los Angeles in die Innenstadt von Pasadena bringen, »in entspannter, nervenschonender Bequemlichkeit und Sicherheit«. Fast 80 Jahre später befördert der Parkway nach wie vor Menschen aus der Innenstadt von L. A. ins Zentrum von Pasadena. Die Fahrt dauert allerdings wesentlich länger als sieben Minuten und verläuft nicht immer spiegelglatt und nervenschonend.

Zu jenen, die von den deutschen Autobahnen tief beeindruckt waren, gehörte auch Dwight D. Eisenhower, der es seit dem Konvoi quer durchs Land weit gebracht hatte; inzwischen war er Oberkommandierender der alliierten Streitkräfte im Zweiten Weltkrieg. Von dieser hohen Stellung aus beobachtete er, wie rasch die deutschen Truppen auf ihren gut ausgebauten Fernstraßen vorankamen und wie viel robuster das Straßennetz im Vergleich zu den Schienenstrecken war. Schließlich können Lastwagen Bombenkrater umfahren, für einen Zug aber bedeuten zerstörte Gleise Stillstand. (Übrigens konstruierten die Deutschen während des Krieges spezielle Panzer, die Sand auf vereiste Straßen streuten, damit Militärfahrzeuge sie passieren konnten.)

Als Eisenhower 1952 zum Präsidenten gewählt wurde, nahm er seine Erfahrungen mit ins Weiße Haus. »Nachdem ich die deutschen Autobahnen gesehen hatte (…) beschloss ich als Präsident, diese Art des Straßenbaus mit Nachdruck zu verfolgen«, schrieb er später. »Beim Konvoi seinerzeit hatte ich über gute, zweispurige Highways nachgedacht, aber in Deutschland erkannte ich, dass es klüger war, noch breitere Bänder durchs Land zu legen.«[42]

Eisenhower hatte das Glück, dass ein Großteil der politischen und behördlichen Vorarbeiten für ein solches Projekt bereits geleistet worden war. Thomas Harris MacDonald, der langjährige Direktor des Bureau of Public Roads, hatte schon seit Langem um Unterstützung für ein landesweites Highwaynetz geworben, was dazu führte, dass der Kongress Milliarden Dollar als Beihilfe für die Straßenbauprojekte der Bundesstaaten zur Verfügung stellte. Außerdem war MacDonald einer der Mitautoren eines einflussreichen Gutachtens, in dem für ein landesweites mautfreies Highwaynetz geworben wurde. Lobbyisten der Asphalt-, Beton-, Zuliefer-, Auto- und Ölindustrie unterstützten diese Pläne.[43] Ebenso die meisten der 72 Prozent US-amerikanischer Familien, die Mitte der 1950er-Jahre ein Auto besaßen.

Dennoch bedurfte es etlicher Jahre und mehrerer erfolgloser Versuche, dem Kongress endlich die Zustimmung zur Finanzierung des geplanten National System of Interstate Highways abzuringen. Dass die Routen der vorgeschlagenen Highways durch sorgfältig ausgewählte Städte in den jeweiligen Bundesstaaten führen sollten, trug sicherlich zum Plazet vieler Abgeordneter bei. Andere ließen sich durch das Versprechen locken, das Bauprojekt werde viele Arbeitsplätze schaffen. Außerdem zeigte angesichts des Kalten Kriegs das Argument Wirkung, die Straßen seien für die nationale Verteidigung unverzichtbar. Falls die Russen Atomraketen auf US-amerikanische Städte abfeuern würden, so die Theorie, würde man auf breiten Schnellstraßen Millionen Zivilisten rasch evakuieren können. Um sicherzustellen, dass dieser Punkt Wirkung auf den Kongress entfaltete, wurde das Projekt in National System of Interstate and *Defense* Highways umbenannt.[44]

1956 verabschiedete der Kongress schließlich das Gesetz zur Finanzierung der Interstate Highways. Für den Bau von 66.000 Kilometern wurden 25 Milliarden Dollar zur Verfügung gestellt. Sämtliche Straßen dieser Kategorie sollten mit gesonderten Zu- und Abfahrten und getrennten Richtungsfahrbahnen mit 3,5 Meter breiten Fahrspuren ausgestattet sein, zudem sollte die jeweilige Sichtweite überall Geschwindigkeiten bis zu 70 Meilen pro Stunde (112 km/h) erlauben. Zeitgleich mit diesem Gesetz wurden zur Finanzierung des Projekts die Steuern auf Benzin, Diesel und Autoreifen erhöht. Die Planungsbehörden rechneten mit der Fertigstellung bis 1972.

Straßen nach solchen Vorgaben verschlingen eine sagenhafte Menge Sand und Kies. Zusätzlich zu dem Sand in der 28 Zentimeter dicken Betonoberfläche werden weitere 53 Zentimeter Kies für die darunterliegende Tragschicht benötigt. Zu Beginn des Projekts schätzte die Federal Highway Administration, das Highwaynetz werde insgesamt so viel Sand, Kies, Gestein und Schlacke erfordern, dass man damit »700 Hügel von der Größe der höchsten ägyptischen Pyramiden aufschütten« könnte.[45]

Als das Großprojekt schließlich in Angriff genommen wurde, schnellte die Nachfrage nach Sand natürlich gewaltig in die Höhe. Der Verbrauch von Sand und Kies in den USA erreichte 1958 mit fast 700 Millionen Tonnen ein Rekordhoch – fast doppelt so viel wie die 1950 insgesamt verarbeitete Menge. Einem Bericht des Bureau of Mines zufolge wurde bis 1958 bereits derart viel Material verbraucht, dass »die Reserven von Kies in manchen Bundesstaaten inzwischen begrenzt« und »in anderen Gebieten nahezu erschöpft« seien.[46] Zum Transport des Materials wurden völlig neuartige, gigantische Kipplaster konstruiert, die in der Lage waren, riesige Ladungen auch auf unwegsamem Gelände zu bewegen.

Gleichzeitig gingen immer mehr Düsenflugzeuge in Betrieb. Sie benötigten weitläufige Start- und Landebahnen, viel längere und breitere als ihre Vorläufer, und zudem größere Flughäfen – auch hierfür waren große Mengen Sand und Kies erforderlich. Da überall im Land lukrative Verträge für Highways und Rollbahnen winkten, verlegten sich immer mehr Baufirmen auf diesen Geschäftszweig. Großunternehmen wollten ebenfalls ein Stück vom Kuchen abhaben und begannen Sand- und Kiesfirmen aufzukaufen. Erinnern Sie sich noch an Henry Crown? Seine Material Service Corporation fusionierte in dieser Zeit mit dem riesigen Rüstungskonzern General Dynamics. Sie wurde 2006 für 300 Millionen Dollar an den Global Player Hanson verkauft.

Die enorm gestiegene Nachfrage nach Sand bedeutete auch ein Riesengeschäft für die Hunderten kleineren Firmen vor Ort, die von Männern wie Ralph Rodgers geleitet wurden. Er hatte nach der achten Klasse die Schule verlassen und 1908 bei Bloomington in Indiana begonnen, Gestein zu mahlen. Als Lieferant von Baustoffen für Militärbasen wuchs seine Firma stetig, der große Durchbruch aber kam, als sie in den 1950er-Jahren eine der ersten Zulieferer für das Interstate-System wurde. Dies war der Beginn dessen, was heute die Rogers Group ist, eines der größten Privatunternehmen für Baustoffe mit 1.800 Mitarbeitern und mehr als hundert Steinbrüchen in sechs Bundesstaaten.[47]

Die genaue Planung für den Bau der Highways war eine schwierige Angelegenheit. Das Bureau of Public Roads richtete in der Nähe von Chicago ein Versuchszentrum ein, wo Forscher mit verschiedenen Arten und Mischungsverhältnissen von Sand, Kies, Zement und anderen Bestandteilen experimentierten, um herauszufinden, welches Gemenge wie lange der Belastung durch Schwerlaster standhalten konnte. Auf Teststrecken aus unterschiedlichen Asphalt- und Betonmischungen kurvten Soldaten mit Lkw herum – 19 Stunden täglich, zwei Jahre lang.[48] Mit den daraus gewonnenen Daten legte das Bureau sodann die Baustandards fest.[49]

Diese Standards enthielten genaue Angaben über die für den Bau der Interstate Highways zulässigen Materialien. Wie Soldaten, die zum Dienst am Vaterland einberufen werden, mussten die für die neuen Highways verwendeten Sandkörner bestimmte Anforderungen hinsichtlich ihrer Größe und Belastbarkeit erfüllen. Das zwang die Sand- und Kiesfirmen, in technisch komplexere Sortiermaschinen zu investieren. Die Geräte zur Sandgewinnung und Sortierung wurden zunehmend automatisiert, sodass für immer mehr Material immer weniger Arbeiter vonnöten waren.

Der offizielle Baubeginn erfolgte im Sommer 1956. Zunächst fand das Programm großen Zuspruch. Doch die breiten Highways schnitten zuweilen schmerzhafte Schneisen in die Landschaft. Land wurde enteignet, Wälder fielen der Säge zum Opfer, Felder und Äcker mussten weichen, Wohnviertel wurden dem Erdboden gleichgemacht. Ganze Stadtteile, plötzlich durch Betonsperren abgeschnitten, verkümmerten.

Rasch machte sich Enttäuschung breit. Der Sozialwissenschaftler Lewis Mumford, einer der ersten und prominentesten Kritiker der Interstate Highways, verurteilte »diesen riesigen Spaghettimurks aus Straßen und Kleeblattkreuzen und Viadukten, die für die Luftbildfotografie hervorragende Motive liefern, aber die Städte zunichtemachen, die sie durchschneiden«. Auch die Folgen für die Großstädte prangerte er vehement an und bezeichnete die Straßen als »Pyramidenbauten, die sich rächen werden: ein Grab aus Betonpisten und -rampen, die den Leichnam einer Stadt bedecken«.[50] Journalisten spürten Fälle von Bestechung und Verschwendung bei den Bauarbeiten auf. Bürger formierten sich zum später so genannten »Highway-Aufstand« und wehrten sich gegen Pläne, neue Straßen durch ihre Städte zu legen. Ihren ersten Sieg errangen sie 1959 in San Francisco, wo sie verhinderten, dass eine doppelstöckige Schnellstraße errichtet wurde, die die Innenstadt von den Vierteln am Meer abgeschnitten hätte. Auch in New York, New Orleans und anderen Städten bewirkten Bürgerproteste, dass Pläne verworfen oder geändert wurden.[51] Schließlich reagierten die Straßenbauer bis zu einem gewissen Grad darauf, indem sie Maßnahmen zur Lärmreduzierung, zur Minimierung von Umweltschäden und zum Schutz historisch bedeutsamer Gebiete trafen.[52]

Das Interstate-Netz wurde schließlich 1991 offiziell fertiggestellt, fast 20 Jahre hinter dem Zeitplan. Es erstreckte sich über 75.439 Kilometer und kostete an die 130 Milliarden Dollar.[53] Zur damaligen Zeit war es das größte öffentliche Bauprojekt in der Geschichte der USA. Ein Netz aus Milliarden Tonnen Sand und Kies verband nun die Vereinigten Staaten untereinander viel enger denn je zuvor.

Die Interstate Highways haben sich als zweischneidiges Schwert erwiesen. Kaum ein anderes Projekt veränderte die USA so tief greifend wie die Fernstraßen im Allgemeinen und die Interstate Highways im Besonderen. Das Auto war und ist das vorherrschende Sinnbild für Modernität, und Asphalt und Beton sind seine kaum wahrgenommenen Gefährten. Fernstraßen haben auf vieles entscheidenden Einfluss – wo wir leben, arbeiten und einkaufen und wie wir dorthin gelangen.

Das hat auch manche Vorteile. Befestigte Straßen ermöglichen es, Waren zu fernen Märkten zu bringen, sie verknüpfen Regionen miteinander und erleichtern es, uns nahestehende Personen oder weit entfernte Orte zu besuchen. Und sie retten zahllose Leben. Ein Pluspunkt, für den moderne Fernstraßen nicht genug gewürdigt werden können, ist der dramatische Rückgang der Verkehrstoten, die wir ihnen zu verdanken haben. Aufgrund ihrer befestigten Seitenstreifen, breiten Fahrspuren, sanften Kurven, getrennten Fahrtrichtungen und sicheren Einfädelmöglichkeiten sind die Interstate Highways weit sicherer als die Straßen, die sie ersetzt haben. Nach Angaben der Federal Highway Administration stellen die Interstate Highways die sichersten Verkehrswege im Land dar, mit einer Rate von 0,8 Toten pro 100 Millionen in Fahrzeugen zurückgelegter Meilen, das ist nur fast halb so hoch wie der landesweite Durchschnitt. Als die Interstate Highways im Jahr 1956 in Angriff genommen wurden, lag die Rate bei 6,05.[54] (Natürlich tragen auch Vorrichtungen wie Sicherheitsgurte und Ampelanlagen zu diesem Rückgang bei. Andererseits können Fernstraßen auch schnell zu Leichenhäusern werden. Jedes Jahr sterben weltweit fast 1,3 Millionen Menschen bei Autounfällen, und rund 50 Millionen werden verletzt. Mehr als 90 Prozent dieser Todesfälle ereignen sich in gering entwickelten Ländern, in denen es nur wenige Ampeln gibt, Sicherheitsgurte selten benutzt werden und wo die schlichte Überquerung einer Straße oft nur mit einem nervenaufreibenden Sprint durch den dichten Verkehr möglich ist.)[55]

Doch gleichzeitig mit diesen Vorzügen haben Fernstraßen auch ganze Städte ausgehöhlt, zahllose kleinere Orte zugrunde gerichtet, schwere Umweltschäden verursacht und eine vom Auto abhängige Kultur hervorgebracht, die auf wuchernden Vorstädten und seelenlosen Shoppingmalls gründet.

Im Laufe des Baus der Interstate Highways wurden ganze Stadtviertel, insbesondere die von Afroamerikanern, Hispanos und Menschen mit geringem Einkommen bewohnten, durchschnitten, eingeebnet oder abgetrennt und dem Verfall überlassen. »Planer und Bewohner gleichermaßen stellten fest, dass neue Highways (…) ein zuvor lebendiges Viertel in eine kalte, fremdartige Landschaft verwandeln konnten«, konstatiert Lewis.[56] Die weißen Bewohner, die es sich leisten konnten, zogen aus den Innenstädten in Pendlervorstädte um, die durch die neuen Schnellstraßen bequem zu erreichen waren. Der Verlust dieser eher begüterten Einwohner ließ die Steuereinnahmen vieler Kommunen dramatisch sinken und brachte die Finanzierung öffentlicher Schulen und anderer Dienstleistungen in Gefahr. Einkaufsviertel in den Innenstädten verfielen, als die Kunden vermehrt in die Malls an den Highwayausfahrten strömten.

Auch Kleinstädte traf es hart. Jene, die an Bahnstrecken oder ländlichen Nebenstraßen entstanden waren, aber von den Highways links liegen gelassen wurden, verkümmerten. Auch die Eisenbahn selbst zählte zu den Verlierern, sowohl hinsichtlich des Fracht- als auch des Passagieraufkommens. Heute werden 70 Prozent aller Fracht in den USA per Lkw transportiert, siebenmal mehr als per Güterzug.[57] 1986 fanden auf den Interstate Highways, die nur 1 Prozent der Fernstraßen landesweit ausmachen, 20 Prozent des Lkw-Verkehrs statt. Auch die Arbeitsplätze im Fertigungsbereich folgten den Schnellstraßen. Unternehmen verlegten ihren Produktionsstandort aus den Städten auf billigeres Terrain in ländlichen Gebieten, das durch die neuen Straßen bequem erreichbar wurde.

Die mit Sand gebauten Straßen erschlossen ganz neue Regionen des Landes für Vorstadtsiedlungen. Mit Sand errichtete Gebäude ermöglichten es, dort zu leben. Man benötigte keine nahe gelegenen Wälder für Bauholz und keine Lehmvorkommen mehr, es reichten eine freie Fläche und eine Straße, auf der die Lkw mit dem Beton heranfahren konnten. Die Anzahl der US-Bürger, die in Vorstädten wohnten, erhöhte sich von 30 Millionen im Jahr 1950 auf 120 Millionen im Jahr 1990.[58] Und seither steigt diese Zahl weiter kontinuierlich an.

In vielerlei Hinsicht sind Vorstädte großartig. Sie bieten Millionen Menschen ein relativ ruhiges, sicheres und erschwingliches Zuhause, oft ausgestattet mit einem eigenen Garten, wovon ihre in Mietwohnungen lebenden Großeltern nur hatten träumen können.

In anderer Hinsicht sind Vorstädte schrecklich. Sie verschlingen riesige Flächen und machen die Bewohner vom Auto abhängig, dem Verursacher enormer Luftverschmutzung und von Treibhausgasen. Autobesitzer in den USA fahren heute durchschnittlich 22.500 Kilometer pro Jahr – ein Anstieg von 40 Prozent allein seit 1980.[59] Dadurch werden rund 782 Milliarden Liter Benzin pro Jahr verbrannt, fast doppelt so viel wie 1970.[60]

Was immer man sonst noch über Vorstädte sagen kann – ihre geringe Siedlungsdichte und die Abhängigkeit vom Auto machen sie zu einer besonders sandintensiven Siedlungsform. Man denke nur an all den Sand, der in die breiten Straßen und die flachen, ausladenden Häuser mit ihren privaten Auffahrten fließt. Jedes dieser Häuser enthält Hunderte Tonnen Sand und Kies, von der asphaltierten Auffahrt über das Betonfundament bis hin zu den stuckverzierten Wänden und den Dachziegeln.

Die großen Freiflächen der Vorstädte ermöglichten auch eine explosionsartige Ausbreitung von Swimmingpools, die ebenfalls riesige Mengen Sand in Form von Beton benötigen. (Zudem werden in den Pools zumeist Sandfilter zur Reinhaltung des Wassers verwendet.) Noch 1957 zählte man in den USA nur etwa 4.000 private Swimmingpools. Bereits ein Jahr später waren es 200.000,[61] und heute sind es über acht Millionen.[62]

Die Produktion von Sand und Kies in den USA wuchs im Gleichschritt mit der Ausbreitung der Vorstädte. Seit Beginn des 20. Jahrhunderts war sie stetig gestiegen, aber nach dem Zweiten Weltkrieg schnellte sie plötzlich in die Höhe.[63] Heute beläuft sich die jährliche Gesamtförderung in den USA auf rund eine Milliarde Tonnen, wobei der Großteil im Inland verbraucht wird.

Es liegt eine gewisse Ironie darin, dass das Wachstum der Vorstädte für die Sand- und Kiesproduzenten ein lukratives Geschäft war, ihnen jedoch auch beträchtliche Kopfschmerzen bereitete. Denn ihre Förderstätten wurden oft schon bald von den neuen Siedlungen eingekreist, deren Bewohner den durch den Abbau verursachten Lärm und Staub nicht schätzten und dagegen zu Felde zogen. Ende der 1950er-Jahre beauftragte die National Stone, Sand and Gravel Association erstmals Spezialisten für Öffentlichkeitsarbeit, »um den Problemen zu begegnen, die die Existenz vieler Produzenten bedrohen«, wie es die Fachzeitschrift *Rock Products* formulierte.[64]

Ein unerwarteter Nebeneffekt des landesweiten Straßennetzes aus Sand und Kies war die starke Verbreitung von austauschbaren, gezielt monotonen Kettenläden, Fast-Food-Restaurants und Tankstellen, die in Scharen an den Highwayausfahrten aus dem

Boden schossen. Diese Ketten waren erklärtermaßen darauf ausgerichtet, eine so vorhersehbare, sichere und leicht zugängliche Konsumerfahrung zu vermitteln wie die Highways selbst, jene großen Asphaltbänder, die bis vor ihre Türen führten. Es war kein Zufall, dass einer der Werbeslogans von Holiday Inn, das mit dem Bau Hunderter Motels an Fernstraßen und Interstate Highways Erfolg hatte, lautete: »Holiday Inn. Die beste Überraschung ist keine Überraschung.«

Auf diese Weise trugen die Fernstraßen dazu bei, viele Orte ihrer Charakteristik zu berauben und regionale Besonderheiten unter einer Decke aus Sand und Kies zu begraben. Die Interstate Highways sind auf Monotonie getrimmt, konstruiert nach denselben Standards, sie unterliegen derselben Geschwindigkeitsbegrenzung und sind mit Verkehrsschildern in identischen Farben und Schrifttypen ausgestattet, die die Entfernung zur nächsten Stadt anzeigen. Als Folge davon bewirken sie eine Highwayhypnose und vermitteln eine Erfahrung, die weniger aus dem motorisierten Fahren besteht als aus dem Gefühl, auf einem riesigen Förderband aus Beton zu sitzen, Tempomatgesteuert gleichmäßig dahinzurollen und nicht mehr tun zu müssen, als das eine Auge auf die Straße und das andere auf die Tankanzeige zu richten, Kilometer für Kilometer für Kilometer. Dieses betäubende Immergleiche reduziert die Landschaft auf ein verschwommen vorbeiziehendes Bild, in regelmäßigen Abständen unterbrochen von grell beleuchteten Tankstellen und Fast-Food-Ketten, die sich in leicht unterschiedlicher Ausgestaltung im ganzen Land finden, sodass man morgens in Nashville in einem Denny's frühstücken kann und abends in dem scheinbar exakt gleichen Denny's in Minneapolis zu Abend isst. Die Interstate Highways verbinden große und kleine Städte miteinander, haben aber zu diesen und dem Land, das sie durchschneiden, keinerlei Bezug.

Neben den Kettenläden an den Ausfahrten förderten die Highways auch die Ausbreitung von Shoppingmalls. Das erste in sich geschlossene, klimatisierte Einkaufszentrum eröffnete 1947 in Minnesota, und schon nach kurzer Zeit wurden solche Einrichtungen fester Bestandteil des Alltagslebens überall in den USA. Viele von ihnen könnten ohne die Highways, die ihnen Kunden aus nah und fern liefern, gar nicht existieren. Es wird immer noch mehr Beton benötigt, je mehr Beton verbaut wird, und auch der Bedarf an Sand steigt umso mehr, je mehr Sand gebraucht wird.

Heute durchziehen 4,4 Millionen Kilometer befestigte Straßen die Vereinigten Staaten, befahren von 256 Millionen Motorfahrzeugen, die jedes Jahr zusammen an die fünf Billionen Kilometer zurücklegen.[65] Die Interstate Highways machen nur 1 Prozent dieser Straßen aus, aber auf sie entfällt ein Viertel allen Highwayverkehrs. Zwar bauen die USA nicht mehr in demselben Tempo neue Highways wie in den vergangenen Jahrzehnten, aber immerhin noch mehr als 50.000 Kilometer, auf Fahrstreifen gerechnet, pro Jahr. Tragschicht und Beton- oder Asphaltdecke eines jeden Fahrstreifenkilometers benötigen zusammen durchschnittlich 38 Tonnen Material.

Die Nachfrage nach noch mehr Straßen wird so bald nicht nachlassen, die Verkehrsdichte nimmt stetig zu. Nach Angaben des Texas A & M Transportation Institute betrug 2015 der Zeitverlust durch Staus an die sieben Milliarden Stunden, wodurch 13,6 Milliarden Liter Benzin verschwendet wurden.[66] Umgerechnet bedeutet das für jeden Pendler einen Verlust von jährlich 42 Stunden, doppelt so viel wie noch 1982.

Dieser aufs Auto fixierte, von Schnellstraßen abhängige und auf intensiven Sandverbrauch gründende Lebensstil stellt ein Modell dar, dem in vielen Teilen der Welt nachgeeifert wird. All jene Millionen Vietnamesen, Brasilianer, Inder und vor allem Chinesen, die allmählich zu Wohlstand kommen, wollen natürlich ein eigenes Auto und den damit verbundenen Lebensstil.

In fast sämtlichen Ländern steigt die Zahl der Motorfahrzeuge. Heute gibt es davon bereits mindestens 1,2 Milliarden, und Schätzungen zufolge wird sich ihre Zahl bis 2050 mehr als verdoppeln. Mexiko-Stadt rechnet gegenwärtig für jeden neuen Bewohner zwei Autos hinzu, Indien sogar drei.

All diese Fahrzeuge benötigen Straßen, und sie bekommen sie auch. Zwischen 2000 und 2013 wurden weltweit zwölf Millionen Kilometer befestigte Straßen neu gebaut; das ist mehr als die dreifache Länge des gesamten Straßennetzes in den USA.[67] In Afrika arbeitet man an dem Plan, eine erste Fernstraße zwischen dem südafrikanischen Kapstadt und Kairo in Ägypten zu bauen sowie eine weitere quer durch die Sahara. China spielt auch hierbei in einer eigenen Liga. Allein im vergangenen Jahrzehnt hat China zwei Millionen Kilometer befestigte Straßen gebaut und damit sein Straßennetz verdreifacht. Auch deswegen ist China inzwischen weltweit führend beim Verbrauch von Asphalt. Das chinesische Schnellstraßensystem ist mittlerweile länger als das Netz der Interstate Highways und lässt dieses an manchen Stellen geradezu mickrig aussehen. Ein Abschnitt der Fernstraße zwischen Peking und Hongkong ist ganze 50 Fahrstreifen breit. Die Internationale Energieagentur schätzt, dass 2050 weltweit mehr als 24 Millionen Kilometer befestigte Straßen hinzugekommen sein werden sowie 76.000 Quadratkilometer neue Parkplätze, ebenfalls aus Sand und Kies erbaut.[68]

Die Verwendung von Sand in Form von Beton und Asphalt hat die Art und Weise, wo wir leben und arbeiten und wie wir uns fortbewegen, völlig umgekrempelt. Sie hat uns die Macht verliehen, die Geografie und die Elemente zu bezwingen. Und als diese Umwälzungen ihren Anfang nahmen, begann fast gleichzeitig, die Verwendung von Sand in einer weiteren Form – als Glas – unser Leben auf ebenfalls radikale Weise zu verändern.

Kapitel 4

Die Sache, die uns alles sehen lässt

Tief unter der Erde, in einer höhlenartigen Mine in West Virginia, haute eines Tages im Jahr 1886 ein Bergmann seine Spitzhacke dermaßen energisch in die Tunnelwand, dass ein Kohlebrocken herausschoss und einem gewissen Michael Owens ins rechte Auge flog, worauf er ohnmächtig wurde. Kein ungewöhnlicher Unfall, dennoch war Owens' Mutter untröstlich. Schließlich war ihr Sohn erst neun Jahre alt.

Es dauerte eine Weile, bis der Junge sich erholt hatte, und danach bestand seine Mutter darauf, dass er keinesfalls mehr an einen derart gefährlichen Ort zurückkehrte. Aber natürlich bedeutete das nicht fortan Schulbesuch. Michael war das dritte von den sieben Kindern der Owens, einer armen Einwandererfamilie. Seine Eltern waren Anfang der 1840er-Jahre vor dem Hunger und dem unterdrückerischen Regime der Briten aus Irland geflohen und hatten sich in West Virginia angesiedelt. Sich dort den Lebensunterhalt zu verdienen war hart, und es war allgemein üblich, dass Jungen zusammen mit ihren Vätern in den Kohlebergwerken schufteten, um ein wenig zusätzliches Geld zu verdienen.

Der nördliche Teil West Virginias ist auch reich an einem anderen, weniger berühmten Bodenschatz. Die locker verbundenen Körner des Oriskany-Sandsteins, eine hundert Meter dicke Formation, die sich vor mehr als 300 Millionen Jahren bildete, gehören zu den reinsten Quarzsanden in den USA. Nach dem amerikanischen

Bürgerkrieg begann man den Sandstein abzubauen, was in der Stadt Wheeling, wo die Owens lebten, eine florierende Glasindustrie begründete.[1] Wie in den Kohlebergwerken und vielen anderen Industriezweigen der damaligen Zeit war auch in der Glasherstellung Kinderarbeit sehr willkommen. Und so heuerte Michael Owens in einer Glasfabrik an.[2]

Was die Arbeitssicherheit betraf, verbesserte sich Michaels Situation dadurch keineswegs. Glas wird hauptsächlich aus geschmolzenem Quarzsand hergestellt. Zum Schmelzen der harten Körner ist eine enorme Hitze nötig, die zur Zeit der Owens durch Kohle erzeugt wurde. Die erste Aufgabe des zehnjährigen Michael in der Fabrik bestand darin, als Gehilfe der Glasbläser das Feuer im Schmelzofen am Lodern zu halten, wodurch er von Kopf bis Fuß mit Ruß und Asche eingestaubt wurde, die auch seine Lungen verklebten. In Kniebundhosen schuftete er sechs Tage die Woche, zehn Stunden pro Tag, von fünf Uhr früh an. Die Temperatur in der Fabrik stieg manchmal auf fast 40 Grad Celsius. Als Lohn erhielt er 30 Cent pro Tag. »Das ständige Blicken in den grellen Feuerschein und auf die rot glühenden Flaschen schädigt das Augenlicht«, berichtete damals ein Besucher einer Glasfabrik, nachzulesen in Quentin Skrabecs Buch *Michael Owens and the Glass Industry*. »Kleinere Unfälle durch Verbrennungen geschehen häufig.«[3] Die Glasfabriken beschäftigten Jungen ab dem Alter von sieben Jahren. Von den erwachsenen Glasbläsern wurden sie angeschrien und geschlagen.[4] Ein Journalist der damaligen Zeit bezeichnete es als ein »Gewerbe, das die Jungen zerstört«.

Doch zumindest in Owens' Fall war es ein Arbeitsstättenwechsel, der sich auszahlte. Das bitterarme, sich abmühende Kind sollte später die Glasindustrie revolutionieren und auf diesem Wege das Leben der US-Bürger tief greifend verändern. Owens war maßgeblich an der Weiterentwicklung der Glasherstellung beteiligt, aber seine erste Neuerung von wahrlich historischer Bedeutung war etwas so Kleines, dass man es in der Hand halten konnte. Daraus entstand allerdings eine Industrie, die heute allein in den USA mehr als fünf Milliarden Dollar Gewinn einstreicht. Und fast en passant trug es dazu bei, die Kinderarbeit in der Glasindustrie zu beenden. Dies alles, weil eine Einwandererfamilie sich zufällig in der Nähe einer Lagerstätte qualitativ hochwertiger Sande angesiedelt hatte.

Neben Beton ist Glas zweifellos diejenige Verarbeitungsform von Sand, die die moderne Welt am stärksten geformt hat. Heute ist Glas so alltäglich, dass wir kaum einen Gedanken daran verschwenden – aber das sollten wir, denn es ist ein höchst erstaunliches Material.

Glas ist Bestandteil der Gebäude, in denen wir leben und arbeiten, der Fenster, durch die wir blicken, der Lampen, die wir einschalten, der Gefäße, aus denen wir trinken, der Bildschirme, auf die wir schauen, der Uhren, die wir ablesen, und der Mobiltelefone, die wir kaum mehr aus der Hand legen. Glas ist ein fast magischer Stoff. Es lässt sich in nahezu jede beliebige Form bringen, von 20 Tonnen schweren Platten bis zu Fasern, dünner als ein menschliches Haar, von zartem Kristall bis zu kugelsicheren Scheiben. Man kann daraus Glasfaserkabel und Bierflaschen produzieren, Mikroskoplinsen und Fiberglaskajaks, die Außenhaut von Wolkenkratzern und die winzigen Kameralinsen unserer Handys.

Glas ist die Sache, die uns alles sehen lässt. Ohne Glas gäbe es keine Fotos, Filme oder das Fernsehen, »von der Welt der Bakterien und Viren hätten wir keine Ahnung, Antibiotika gäbe es nicht, und eine Revolution in der Molekularbiologie mit der Entdeckung der DNS hätte nie stattgefunden«, schreiben die Historiker Alan Macfarlane und Gerry Martin in *Die Welt aus Glas*.[5] »Wer weiß, vielleicht wären wir noch immer nicht in der Lage zu beweisen, dass die Erde sich um die Sonne dreht.«[6] Selbst unser Blick auf den eigenen Körper wäre ein radikal anderer: Glas ermöglicht es, Spiegel billig und in Überfülle zu produzieren.

Dieses wunderbare Material besteht schlicht vor allem aus geschmolzenem Sand; normales Fensterglas enthält bis zu 70 Prozent

Kieselerde. Aber nicht jeder Sand ist geeignet. Man benötigt ein feineres Korn als jenes, das für den üblichen Bausand verwendet und aus dem Beton hergestellt wird. Der Sand für die Glasproduktion zählt zur Kategorie der sogenannten Quarzsande. Er muss in der Regel mindestens 95 Prozent reines Siliziumdioxid enthalten und weitgehend frei von bestimmten Verunreinigungen sein. Die häufigste Verunreinigung von Sand ist Eisen, was dem Glas eine grüne Färbung verleiht; deshalb sieht Flachglas, von der Seite betrachtet, grün aus. Die besten Siliziumsande sind auch ihrer Korngröße nach relativ homogen. Zu große Körner schmelzen nicht leicht genug, und zu kleine werden vom Luftzug in den Schmelzöfen davongetragen.

Entsprechend ihrer hochwertigen Zusammensetzung sind Quarzsande teurer als jene beim Bau verwendeten. Obwohl in den USA jährlich zehnmal mehr Bausand als Quarzsand gefördert wird, schätzt das US Geological Survey den Gesamtwert der Quarzsande höher ein als den des geringerwertigen Bausandes: 8,3 Milliarden Dollar pro Jahr gegenüber 7,2 Milliarden Dollar.

Die für die Glasproduktion verwendeten Sande haben eine grundsätzlich andere Aufgabe als die für Beton benötigten. Die Körner von Bausanden behalten bei der Verarbeitung zu Beton ihre Form bei; sie werden in großen Mengen zusammen mit Kiessplittern dauerhaft miteinander verbunden. Die Körner jedoch, aus denen Glas entsteht, werden umgewandelt und verlieren ihre Gestalt, wenn man sie zu einer völlig neuen Substanz verschmilzt.

Was nicht einfach ist: Zum Schmelzen von Siliziumkörnern benötigt man Temperaturen von mehr als 1600 Grad Celsius. Vermischt man jedoch den Sand mit Zusatzstoffen, die als Flussmittel bezeichnet werden, wie zum Beispiel Soda (auch bekannt als Natriumkarbonat), senkt dies den Schmelzpunkt erheblich. Man gebe ein wenig Kalzium in Form von pulverisiertem Kalk oder ein Stück Muschelschale bei, schmelze alles, und ist die Mischung abgekühlt, hat man Basisglas.[7]

Seine enorme Anpassungsfähigkeit verdankt das Glas teilweise dem Umstand, dass das Siliziumdioxid, aus dem es besteht, eine Art Festkörper ist, sich aber wie eine Flüssigkeit verhält. Wie der Materialwissenschaftler und Ingenieur Mark Miodownik in dem Buch *Wunderstoffe. Zehn Materialien, die unsere Zivilisation ausmachen* erklärt, kann ein normaler Festkörper wie Eis zu einer Flüssigkeit geschmolzen werden – zu Wasser – und dann erneut gefrieren, wobei sich seine Moleküle jedes Mal zu einem Kristallmuster zurückformen. »Anders beim Quarz«, schreibt Miodownik. »Wenn sich der flüssige Quarz abkühlt, fällt es den SiO_2-Molekülen schwer, sich wieder zu einem Kristall zusammenzufinden. Man könnte meinen, dass sie sich nicht mehr daran erinnern, wie das funktioniert: Welches Molekül soll wohin, wer sitzt neben wem – das scheint ein echtes Problem für die SiO_2-Moleküle zu sein. Wenn sich die Flüssigkeit abkühlt, verlieren die SiO_2-Moleküle immer mehr Energie und bewegen sich immer weniger, aber das macht die Sache eher noch schwieriger: Es fällt ihnen immer schwerer, die richtige Position in der Kristallstruktur einzunehmen. Das Ergebnis ist ein festes Material, das die Molekülstruktur einer chaotischen Flüssigkeit hat: Glas.«[8]

Niemand weiß, wie die Menschen dieses wundersame Stück Alchemie entdeckt haben, aber sicher ist, dass es vor langer Zeit geschah. Vermutlich war es ein Zufall – jemand entfachte ein Feuer an einem Strand, an dem der Sand eine Art Flussmittel enthielt, das seinen Schmelzpunkt senkte – vielleicht nach dem Verbrennen bestimmter Pflanzen oder Seetang übrig gebliebene Sodaasche. Und wahrscheinlich passierte das nicht nur an einem Ort. Man fand vier- bis fünftausend Jahre alte Glasperlen im heutigen Irak, in Syrien und im Kaukasus. Glas war in der ganzen antiken Welt begehrter Zierrat, wie man an glasierten Tonwaren, Schmuckgegenständen und kleinen Behältnissen sieht. Im Ägypten zur Zeit Ramses des Großen, um 1250 v. Chr., gab es bedeutende Glashütten, die Parfumflaschen und dekorative Gegenstände fabrizierten.

Um die 3.000 Jahre später schrieb Dr. Samuel Johnson: »Wer auch immer als erster Mensch beobachtete, wie Sand und Asche durch zufällige Intensität von Hitze zu einer metallartigen Masse verschmolzen, durchzogen von Verdickungen und getrübt von Unreinheiten, hätte je daran gedacht, dass in diesem unförmigen Klumpen so viele glückvolle Möglichkeiten verborgen liegen, die sich im Laufe der Zeit zu großen Wonnen des Lebens fügen würden (...) [Der erste Glashandwerker] förderte und steigerte die Freude am Licht, vergrößerte die Spektren der Wissenschaft, verlieh der Welt höchste und dauerhafte Wonnen und ermöglichte den Studierenden, die Natur zu beschauen und die ureigentliche Schönheit darin zu entdecken.«[9]

Wie üblich waren es die Römer, die diese Technologie auf die nächsthöhere Stufe hoben. Sie erzielten so große Fortschritte beim richtigen Einsatz des Flussmittels, dass es ihnen gelang, Glas in relativ großen Mengen herzustellen und es in alle Winkel ihres Imperiums zu exportieren. So fanden sie heraus, dass die Zugabe von Manganoxid das Glas klarer machte, was zu einer neuen Erfindung führte: halb transparenten Fenstern.[10] Und sie verfeinerten die Techniken des Glasblasens, wodurch die fragilsten Weingläser entstanden, die die Welt je gesehen hatte.

Glas wurde in Windeseile populär. Trinkgefäße, die so unverfälscht durchsichtig waren, dass die Zecher die Farbe ihres Weins bewundern konnten, kamen in ganz Europa in Mode. Fenster, die das Licht hereinließen, aber Regen und Kälte aussperrten, bedeuteten für die Menschen in den raueren nördlichen Klimazonen eine enorme Verbesserung ihrer Lebensqualität (zumindest für diejenigen, die es sich leisten konnten). Kunsthandwerker lernten, Glasscheiben einzufärben, und schufen die wunderbaren Buntglasfenster, die heute noch die Besucher der Kathedrale von Chartres, des Münsters von York und vieler anderer Kirchen faszinieren.[11]

In Venedig entwickelte sich die Glasherstellung zu einer derart profitablen Kunst, dass die Herrscher des Stadtstaats 1291 sämtlichen Glasmachern der Stadt befahlen, auf die Insel Murano umzusiedeln. Dort wurden sie wie Adlige behandelt – sie durften die Insel allerdings nicht verlassen, damit die heiß begehrten Geheimnisse ihres Handwerks nicht Rivalen Venedigs in die Hände fielen. Der für das berühmte venezianische Tischgeschirr und die Schmuckgegenstände verwendete Sand von außergewöhnlicher Reinheit stammte aus dem Fluss Tessin, der in den Schweizer Alpen entspringt und südlich von Mailand in den Po mündet.[12] Heute beziehen die venezianischen Kunsthandwerker ihren Sand, der zu mehr als 98 Prozent aus reinem Silizium besteht, aus der Region um Fontainebleau in Frankreich. (Die US-amerikanische Firma Corning, die zu den weltweit größten Herstellern von Glas und Keramik zählt, betreibt in Fontainebleau die weltgrößte Produktionsstätte für Brillengläser.)

Etwa zur gleichen Zeit, als sich in Murano die Kolonie der Glasmacher bildete, entstand bei Valdelsa in der Toskana ein weiteres bedeutendes Zentrum der europäischen Glasherstellung.[13] Die dortigen Glasmacher verwendeten das Holz der reichlich vorhandenen Wälder zum Schmelzen der Sande aus dem Fluss Arno und der Strände bei Pisa. Anders als ihre venezianischen Kollegen stand es diesen Kunsthandwerkern frei fortzuziehen, was viele schließlich auch taten und dadurch das Glasgewerbe in ganz Europa verbreiteten. Noch heute stammen rund 15 Prozent des weltweit produzierten Bleikristalls aus der Region Valdelsa.

Im 15. Jahrhundert machte sich Angelo Barovier, einer der Kunsthandwerker von Murano und Spross einer Familie von Glasmachern, daran, eine Auswahl der reinsten Sande zu sammeln. Er verarbeitete sie sorgfältig und entwickelte im Laufe der Zeit *crystallo,* das erste wirklich farblose und durchsichtige Glas. Dies sollte sich als historischer Durchbruch erweisen.

Mit diesem Glas ließen sich nicht nur viel bessere Fenster herstellen, es ermöglichte auch die Produktion qualitativ hochwertiger Linsen, jener unscheinbaren kleinen Scheiben, die uns mit Superkräften ausgestattet haben. Die Linsen von Mikroskopen und Teleskopen erlauben uns, Teile des Universums zu sehen, von deren Existenz wir nicht einmal etwas ahnten – derart winzige oder weit entfernte Objekte, dass wir sie mit bloßem Auge niemals erkennen würden. Diese Innovationen läuteten eine wissenschaftliche Revolution ein.

Teleskop und Mikroskop gingen einfachere Vergrößerungsgläser in Form von Augengläsern voraus, die zur Steigerung der menschlichen Wahrnehmung und Erkenntnis ungeheuer wichtig waren. »Die Brille verlängerte das geistige Arbeitsleben der Schriftgelehrten um fünfzehn Jahre oder mehr«, schreiben Macfarlane und Martin. Vom 14. Jahrhundert an beschleunigten Brillen den Anstieg von Wissen in Europa. »Auch viele spätere Werke von großen Schriftstellern jener Zeit wie Petrarch hätten ohne Brille nie fertiggestellt werden können. Und die Dauer des Arbeitslebens kenntnisreicher Handwerker, die oft kleinste Details aus nächster Nähe zu bearbeiten hatten, wurde dadurch beinahe verdoppelt«, erklären Macfarlane und Martin. Als von Mitte des 15. Jahrhunderts an Druckwerke immer weitere Verbreitung fanden, wurde es zunehmend wichtiger, auch noch in fortgeschrittenem Alter Schrift von normaler Größe lesen zu können.[14]

Man weiß nicht, wer das erste Teleskop erfand. Aufgrund der großen Nachfrage nach Sehhilfen experimentierten viele Menschen in Europa Ende des 16. Jahrhunderts mit Linsen und Spiegeln. Ein erster eindeutiger Beleg stammt aus dem Jahr 1608, als ein namentlich nicht genannter junger Brillenmacher aus der holländischen Stadt Middelburg dem Kommandeur der holländischen Armee eine Erfindung anbot: eine Röhre mit zwei Glaslinsen, »durch welche alle Dinge in sehr weiter Entfernung so gesehen werden können, als seien sie nahe vor einem«.[15] Der Kommandeur erkannte sofort das militärische Potenzial dieses Geräts. Innerhalb weniger Wochen hatten dann mindestens drei weitere holländische Erfinder ein staatliches Patent für Teleskope beantragt; keiner erhielt es, da offenbar sehr viele Leute das Geheimnis ihrer Herstellung kannten. Kein Wunder, dass es in den Niederlanden so viele optische Experimente gab: Holland erfreute sich einer hoch entwickelten Glasindustrie, innerhalb derer Middelburg ein wichtiges Zentrum darstellte, teilweise dank der örtlich leichten Verfügbarkeit qualitativ hochwertiger Sande aus dem Fluss.[16]

Teleskope – bedeutende Werkzeuge für Navigatoren, Militärführer und auch Künstler, die Landschaften malten – verbreiteten sich mit erstaunlichem Tempo. Im Jahr 1609 wurden bereits in Läden in Frankreich, Deutschland, England und Italien kleine Ferngläser verkauft. Als dann im Frühjahr jenes Jahres ein italienischer Gelehrter namens Galileo Galilei von ihnen hörte, begann er selbst, welche zu konstruieren. Rasch fabrizierte er immer bessere Prototypen, und schließlich stand ihm ein Gerät mit zwanzigfacher Vergrößerung zur Verfügung. Mit diesem beobachtete Galilei den Nachthimmel und gelangte so zu bahnbrechenden Erkenntnissen über den Kosmos. Neben vielen weiteren Entdeckungen fand er heraus, dass sich die Erde um die Sonne dreht und nicht umgekehrt – damals eine ketzerische Vorstellung, für die er lange Zeit seines späteren Lebens unter Hausarrest gestellt wurde. Sand zeigte uns also unsere wirkliche Position im Universum – unser Planet ist einfach nur ein Körnchen unter Milliarden anderer.

Umstritten ist auch, wer das Mikroskop erfunden hat, aber die erste grobe Version aus der Zeit um 1590 wird oft einem holländischen Brillenmacher namens Zacharias Janssen zugeschrieben. Auch Galilei experimentierte mit verschiedenen Anordnungen von Linsen, um extreme Vergrößerungen zu erzielen. Mehrere Versionen früher Mikroskope stammen aus den 1620er-Jahren, aber sie wurden anfangs nicht für wissenschaftliche Zwecke benutzt. »Die Rolle der Mikroskope war hauptsächlich auf die Vorführung von Wundern und Kuriositäten der Natur beschränkt, und Naturphilosophen und die Öffentlichkeit erfreuten sich daran, die Welt vergrößert zu betrachten«, schreibt Laura J. Snyder in *Eye of the Beholder,* einer Geschichte der Linsen.[17]

Das begann sich in den 1650er-Jahren rasch zu ändern, was vor allem einem jungen Tuchhandelslehrling im holländischen Delft namens Antoni van Leeuwenhoek zu verdanken war. Fasziniert von den Vergrößerungslinsen, die in seinem Gewerbe zur Zählung der Fäden in Stoffen verwendet wurden, begann Leeuwenhoek mit seinen selbstgefertigten Mikroskopen zu experimentieren. Notgedrungen wurde Leeuwenhoek dadurch – ebenso wie Galilei und andere Wissenschaftler in Europa – ein geschickter Glasschleifer. Aus Fensterglasrohlingen fertigte er Linsen an, indem er das Glas mit einer Vielzahl von Schleifmitteln, darunter auch gewöhnlicher Sand, bearbeitete und polierte.[18]

Leeuwenhoek produzierte Hunderte Mikroskope und entdeckte mit ihnen Blutkörperchen, Bakterien und Samenzellen. Er war auch der erste Wissenschaftler, der ernsthaft die verschiedenen Merkmale der unterschiedlichen Sandkörner erforschte – indem er Linsen aus Sand verwendete, die mit Sand geschliffen worden waren, um Sand zu untersuchen.[19]

Alles in allem zeigte die Einführung der optischen Instrumente in die Wissenschaft, dass »hinter den Phänomenen, die wir mit bloßem Auge sehen, eine ungesehene Welt verborgen ist, und in dieser unsichtbaren Welt liegen die Ursachen für die natürlichen Prozesse, die wir beobachten«, schreibt Snyder.[20] Die Linsen verdeutlichten uns, »dass die Welt nicht – oder nicht nur – so ist, wie sie scheint«.

Während sich Glas in vielerlei Form in Europa verbreitete, schenkten die asiatischen Mächte Japan und China diesem neuen Material nicht viel Aufmerksamkeit, obwohl sie von ihm wussten. Das gehört zu den größten Fehlern ihrer Geschichte. Denn unter anderem bedeutete es, dass sie keine Mikroskope, Teleskope und nicht einmal Brillen hatten, bis Missionare aus dem Westen sie um das Jahr 1551 einführten. Dieser technologische Rückstand mag erklären, warum im 17. und 18. Jahrhundert Europa gegenüber Asien auf vielen wissenschaftlichen Gebieten einen derart großen Vorsprung hatte.

In den Vereinigten Staaten hingegen zählte die Glasherstellung zu den allerersten Industrien der frühen Kolonisten. Holländische, polnische und italienische Glasmacher eröffneten bereits Anfang des 17. Jahrhunderts einige Läden in der ersten dauerhaften britischen Siedlung in Jamestown, Virginia, und produzierten Fensterglas, Schüsseln und Perlen für den Handel mit den Ureinwohnern.[21] Im Jahr 1739 nahm diese Industrie einen bedeutenden Aufschwung, als ein deutscher Einwanderer namens Caspar Wistar bei Salem in New Jersey eine Glasfabrik eröffnete, motiviert durch die reichlich vorhandenen Bäume für die Schmelzöfen, Muschelschalen zur Gewinnung von Kalzium und die Überfülle an sauberem, hochreinem Quarzsand.[22] Wistars Fabrik produzierte mundgeblasene Flaschen, nach denen unter den Bierbrauern in der Neuen Welt eine stetig größer werdende Nachfrage entstand. Selbst Thomas Jefferson betätigte sich nebenberuflich als Bierbrauer auf seinem Anwesen Monticello in Virginia, wo ein derartiger Mangel an Glasbehältern herrschte, dass er sie aus dem weit entfernten New York anliefern lassen musste. Einmal versuchte er sogar selbst, Glas zu fabrizieren.

Bis der Bürgerkrieg Mitte des 19. Jahrhunderts den Handel unterbrach, dominierten jedoch Glasimporte aus Europa den US-Markt. Etwa zur selben Zeit begann man in den USA, reiche einheimische Vorkommen von qualitativ hochwertigem Sand zu entdecken. Und so verfünffachte sich die Zahl der Glasöfen in den Vereinigten Staaten zwischen 1820 und 1880, während die Anzahl der in diesem Gewerbe Beschäftigten um das Fünfundzwanzigfache stieg.[23]

Während der industriellen Revolution in den USA entstanden ganze Städte und Regionen im Umfeld des Glashandels, nicht anders als das auch beim Stahl, der Kohle und anderen rasch expandierenden Industriebranchen der Fall war. Um Glas gewinnbringend herstellen zu können, benötigen die Glasmacher leichten Zugang zu hochwertigem Sand, billige Energie zum Betrieb der Schmelzöfen und ein Transportnetz, um das Produkt auf den Markt zu bringen. In den 1880er-Jahren erkannten die Stadtväter einer relativ jungen Siedlung in Ohio namens Toledo, dass sie über all diese Ressourcen und noch mehr verfügten. Eifrig bemüht, ihre Stadt voranzubringen, machten sie sich daran, aus dem Osten Glasmacher anzuwerben. Toledo, erklärten sie in Zeitungsannoncen und bei persönlichen Treffen protzig, biete billiges Land, billige Arbeitskräfte (einschließlich Kindern ab acht Jahren), Erdgas und sei am Erie-See gelegen, der Zugang zu Kanälen, Flüssen und Eisenbahnlinien eröffnete. Ebenso wichtig sei natürlich die Nähe der Stadt zu extrem hochwertigem Quarzsand, der so rein sei, dass man ihn sogar an Glasmacher in den weit entfernten Städten Pittsburgh und Wheeling verkaufe.

Die Argumente zündeten, Glasmacher zogen in Scharen herbei. Derart viele von ihnen eröffneten Geschäfte in Toledo – an der Wende zum 20. Jahrhundert waren es rund hundert –, dass die Stadt als »Glass City« Berühmtheit erlangte. »Toledo-Glas war Bestandteil der Raumanzüge der Astronauten, die 1969 auf dem Mond landeten, und es wurde von Admiral Richard E. Byrd bei wissenschaftlichen Experimenten verwendet, die er in den 1930er-Jahren am Südpol durchführte«, schreibt Barbara Floyd in ihrer Geschichte Toledos, *The Glass City: Toledo and the Industry That Build It.* »Es schützt Amerikas Unabhängigkeitserklärung im Nationalarchiv, und es wurde weltweit von Revolutionären benutzt, die mit Molotowcocktails ihren Überzeugungen Ausdruck gaben. Es hat den Punsch umschlossen, der bei Empfängen im Weißen Haus serviert wurde, und den Alkohol in den braunen Papiertüten der Armen an den Straßenecken allerorten. Es isolierte die Ölpipeline in Alaska, und es wird in Solarmodulen verbaut. Manche der besten Kunstmuseen der Welt stellen es zur Schau, und jeden Tag landet es auf Müllhalden.«[24]

Zu den ersten Umsiedlern nach Toledo gehörte Edward D. Libbey, Besitzer einer Glasfabrik in East Cambridge, Massachusetts.

Libbeys Unternehmen hatte zwar floriert, aber seine gewerkschaftlich organisierten Arbeiter forderten höhere Löhne. Außerdem stiegen seine Energiekosten stetig. Denn jene einst riesigen Wälder Neuenglands, eine ehemals für unerschöpflich erachtete Ressource, wurden zügig in den Schmelzöfen der Glasindustrie verfeuert. Deshalb verlegte Libbey 1888, so wie heute ein Unternehmen seine Produktion ins Ausland verlagert, sein Werk an einen Ort, wo die Kosten niedriger waren. Es war für Libbey, für Toledo und im Grunde für uns alle ein folgenreicher Schritt.

Auf der Suche nach erfahrenen Arbeitern für seine neue Fabrik machte sich Libbey persönlich auf den Weg nach Wheeling in West Virginia, einem Zentrum der Glasindustrie. Es dauerte nicht lange, und er hatte eine ganze Belegschaft eingestellt. Als er gerade sein Hotelzimmer verlassen wollte, platzte jener Mike Owens herein, der als Kind in der Kohlemine geschuftet hatte. Inzwischen ein bulliger Mann von mehr als 30 Jahren, mit Quadratschädel und breiter Nase, erklärte Owens, er werde nach Toledo kommen, um für Libbey zu arbeiten. So lautet zumindest Skrabecs Version der Geschichte in seiner etwas hagiografischen Owens-Biografie. »Libbey sagte, es tue ihm leid, aber er habe bereits genügend Männer«, schreibt Skrabec. »Darauf Owens: ›O nein, haben Sie nicht! Sie brauchen mich!‹ (…) und die Erscheinung und das Selbstbewusstsein dieses Mannes ließen Libbey überlegen.«[25]

Wie immer auch das Bewerbungsgespräch tatsächlich verlaufen ist – Owens erhielt die Stelle.

Auch wenn es ihm an Schulbildung fast gänzlich mangelte, stieg er – ehrgeizig und äußerst intelligent, wie er war – in der Firma rasch auf und wurde Libbeys Stellvertreter. Als Manager erwies sich Owens als pedantisch und anspruchsvoll. Er hatte ein freundliches Lächeln und konnte charmant sein, aber auch äußerst launenhaft, und wenn er sich von einem Arbeiter hintergangen fühlte, pflegte er ihn wüst zu beschimpfen oder ihm buchstäblich in den Hintern zu treten.

Als Owens 1889 in Libbeys Glasfabrik eintrat, wurden dort nach wie vor Flaschen auf nahezu gleiche Weise produziert wie zuvor in der Fabrik in West Virginia, wo er als Junge angefangen hatte – was sich wiederum nicht sehr von der Methode unterschied, die zuvor in Jamestown praktiziert worden war.[26] Zuerst kam die Mischung aus Sand, Sodaasche und anderen Bestandteilen in großen Kesseln in den Schmelzofen, wo sie im Laufe vieler Stunden zu einem dickflüssigen, klebrigen Brei schmolz. Unter Aufsicht eines Glasbläsermeisters stach ein Arbeiter eine fast zwei Meter lange sogenannte Pfeife in den Kessel, hob mit einer Drehbewegung einen Klumpen des höllisch heißen, geschmolzenen Glases heraus und rollte ihn auf einem Metalltisch zu einer Kugel.

Der Meister, der in seinem Team über die größte Erfahrung verfügte, übernahm dann die Pfeife und blies die Masse in die gewünschte Form, manchmal unter Zuhilfenahme eines gusseisernen Models, in den das geschmolzene Glas gedrückt wurde. Während des Blasens kühlte das Glas ab, sodass ein Gehilfe es erneut in den Ofen stecken musste, um es wieder weich werden zu lassen. Sobald das Glas die gewünschte Grundform erreicht hatte, verfeinerten der Meister und seine Helfer es mit hölzernen Werkzeugen und erhitzten es wieder, wenn nötig. Ein weiterer Gehilfe brachte dann das immer noch heiße fertige Stück zu einem anderen Ofen, wo es langsam abkühlte und aushärtete, ein als »Ausglühen« bezeichneter Vorgang. Ein Team aus üblicherweise fünf bis acht Männern und Jungen konnte in einer Zehn-Stunden-Schicht rund 3.600 Flaschen am Tag herstellen – ungefähr eine pro Minute. Nicht gerade eine effiziente Methode zur Massenfertigung eines Konsumartikels.

Owens glaubte, es besser hinzukriegen. In Industriezweigen aller Art ersetzte die Automatisierung die Handarbeit und steigerte die Produktion in atemberaubendem Ausmaß. Zwar war Owens kein Ingenieur und hatte nur rudimentäre Kenntnisse von der Chemie des Glases.[27] Aber er hatte in allen Bereichen der Glasherstellung gearbeitet und verstand sie instinktiv.[28] Mit Libbeys Unterstützung und den Ressourcen eines inzwischen ansehnlichen Unternehmens machte er sich daran, eine Maschine zur Flaschenproduktion zu entwickeln.

Es dauerte fünf Jahre und kostete 500.000 Dollar – zu jener Zeit eine gewaltige Summe –, doch 1903 war die erste Flaschenmaschine von Owens einsatzbereit. Sie bestand aus sechs rotierenden Armen, jeder davon mit einer Gussform und einer Pfeife ausgestattet. Dass Owens eine Möglichkeit gefunden hatte, wie die Maschine das geschmolzene Glas aufnehmen konnte – etwas, woran andere Automaten gescheitert waren –, war der entscheidende Durchbruch. Owens installierte an jedem der Arme eine kleine Pumpe; zog sich der Kolben zurück, entstand ein Vakuum, das das Glas in die Gussform sog. Fuhr der Kolben anschließend nach vorn, entstand ein Luftstoß, der das Glas in die gewünschte Form brachte.[29] Und fertig war die Flasche. Dann schnitt die Maschine die Flasche los und legte sie auf ein Förderband, das sie zum Abkühlen transportierte.

Das allererste Modell fertigte Flaschen sechsmal schneller als ein menschliches Team. Owens verbesserte die Maschine noch weiter und verkaufte sie auch an andere Flaschenhersteller. Dieses Modell produzierte bereits ein Dutzend Flaschen pro Minute. Das Verfahren verlief nicht nur viel schneller, es wurden auch weniger Arbeiter gebraucht, vor allem keine teuren, gut ausgebildeten. Und so sanken die Kosten für die Fertigung von 12 Dutzend Flaschen von 1,80 Dollar auf 12 Cent.

Die Maschine war ein durchschlagender Erfolg. Ein Fachblatt überschlug sich förmlich vor Begeisterung: »Die Owens-Maschine ist eine Klasse für sich, unerreicht von jedem anderen Erfinder. Sie (…) macht alle Kunstfertigkeit und Arbeitskraft überflüssig und senkt die Produktionskosten praktisch auf das Niveau der Materialkosten. Nicht nur das, sie verwendet für jede einzelne Flasche dieselbe Menge Glas, stellt jede Flasche in exakt gleicher Länge und Verarbeitung her, Gewicht, Form und Volumen sind immer das gleiche. Sie verschwendet kein Glas, benötigt keine Pfeifen, keine Speiser, keine Werkzeuge zur Oberflächenbehandlung und keine Warmhalteöfen, keine Bläser, keine Hilfskräfte und Polierer; dennoch fertigt sie mehr und bessere Flaschen, zu geringeren Kosten, als dies mit jedem anderen bekannten Verfahren möglich ist.«[30] Die Erfindung war ein solcher Erfolg, dass Libbey und Owens zusammen ein neues Unternehmen, die Owens Bottle Company, zur Herstellung von Flaschen und zur Lizenzvergabe der Technologie an andere Firmen gründeten. Acht Jahre später bezeichnete die American Society of Mechanical Engineers Owens' Maschine als Meilenstein der Ingenieurskunst und erklärte: »Mike Owens' Erfindung der automatisierten Flaschenmaschine im Jahr 1903 war der bedeutendste Fortschritt in der Glasproduktion seit mehr als 2000 Jahren.«

Mit einem Mal kamen dank Owens' Maschine mehr Flaschen denn je auf den Markt. Das bedeutete, dass auch mehr Glas benötigt wurde. Und um dieses Glas zu fertigen, wurden beispiellose Mengen an Quarzsand gefördert. Allein im ersten Jahr nach Einführung der Maschine zur Flaschenproduktion schnellte in den USA die Gewinnung von Quarzsand von 1,1 Millionen Tonnen auf 4,4 Millionen Tonnen nach oben.[31]

All diesen Sand aus der Erde zu holen verursachte beträchtliche Umweltschäden. Von 1890 an trugen Sandfirmen die Hoosier Slide, eine 60 Meter hohe Düne in Indiana bei Michigan City, die bis dahin eine Touristenattraktion gewesen war, komplett ab und schafften den Sand in Schubkarren fort, um ihn an Glasmacher wie die Ball Corporation, Hersteller des berühmten Vorratsglases mit Schraubdeckel, zu verkaufen.[32] Wie Libbey hatten sich die Gebrüder Ball vom billigen Gas, dem hochwertigen Sand und großzügigen finanziellen Anreizen seitens der örtlichen Stadtverwaltungen überzeugen lassen, aus New York in den Mittleren Westen umzuziehen. Aus dem Sand der Hoosier Slide, der dem Glas eine bläuliche Färbung verlieh, stellten sie Millionen von Vorratsgläsern und andere Behälter her. Diese Gläser sind inzwischen begehrte Sammlerobjekte. Nach den 1930er-Jahren jedoch kam die Produktion zum Erliegen, da die Düne vollständig eingeebnet war. Andere Dünen entlang des Michigan-Sees, manche an die 90 Meter hoch, wurden ebenfalls restlos ausgebeutet, bis öffentlicher Protest in den 1970er- und 1980er-Jahren die Regierung des Bundesstaates zwang, die noch übrigen unter Schutz zu stellen.[33]

Bereits 1913 hatte in Indiana die *Gary Evening Post* beklagt, dass »Sandsauger«-Boote »den Boden des Michigan-Sees stehlen«, um ihn an Glasmacher zu verkaufen.[34] Zur damaligen Zeit bedurfte es hierzu keiner Erlaubnis, und es fielen keine Nutzungsgebühren an; jedermann konnte so viel Sand wegbaggern, wie er wollte. (Sand aus Indiana wurde auch zum Erschließen des Geländes für die Weltausstellung 1893 in Chicago und zur Aufschüttung des Terrains verwendet, auf dem der berühmte Lincoln Park in Chicago entstand.)

Owens und Libbey sicherten sich ihren Bedarf an dem entscheidenden Rohstoff, indem sie die Toledo-Owens Glass Sand Company gründeten und eine Grube in der unweit gelegenen und treffend benannten Stadt Silica in Ohio kauften. Ein Handelsmagazin bezeichnete den dort geförderten Sand als »von reinweißer Farbe und außergewöhnlicher Qualität«.[35]

Heute gelten Flaschen als Allerwelts- und Wegwerfprodukt. Doch Owens' Maschine hatte so weitreichende Folgen, dass es die Vorstellung sprengte. Sie machte viele Menschen reich, von denen die meisten gar nichts mit Flaschenherstellung zu tun hatten. Sie verwandelte Flaschen von einem Luxusgut zu einem Alltagsgegenstand, veränderte für immer die Gewohnheitsmuster im Hinblick darauf, was wir wie, wann und wo trinken.

Nur wenige Jahre nach ihrer Einführung stellte Owens' Maschine Flaschen für jedermann her, vom Milchproduzenten bis zu H. J. Heinz. Im Jahr 1911 waren 103 dieser Maschinen in den USA in Betrieb, und in mindestens neun europäischen Ländern sowie in Japan liefen Hunderte Millionen Flaschen jährlich vom Band.

Von der Schwemme all dieser billigen, massengefertigten Flaschen waren als Erste natürlich die Glasarbeiter betroffen. Da sie ihre Arbeitsplätze bedroht sahen – so wie zuvor die Maurer angesichts des Betons –, kämpften die Gewerkschaften der Glasbläser darum, die Owens-Maschine aus ihren Fabriken fernzuhalten. Manche Maschinen wurden sogar sabotiert. Aber es war ein Kampf auf verlorenem Posten. Bis 1917 hatte sich die Zahl der verhältnismäßig gut bezahlten, qualifizierten Glasbläser halbiert. Andererseits wuchs der Markt so stark, dass die Flaschenindustrie bald schon mehr Leute beschäftigte denn je. Zum ersten Mal waren darunter auch Frauen, zumeist dafür zuständig, den gigantischen Ausstoß der Produkte aus den Fabriken zu sortieren und zu verpacken.

Owens' Maschine machte rasch und vollständig eine weitere Klasse von Arbeitern überflüssig: die Kinder. Plötzlich begannen die Gewerkschaften einen Feldzug gegen Kinderarbeit zu führen – teilweise auch, weil deren geringe Entlohnung auch alle übrigen Löhne drückte, und das zu einer Zeit, in der die Arbeiter ohnehin kaum genug zum Leben hatten. Ausschlaggebend war jedoch, dass Kinder in den Fabriken einfach nicht mehr gebraucht wurden. Die gefährlichen, monotonen Aufgaben, für die meist Kinder eingesetzt worden waren, verrichteten Maschinen fortan besser. Im Jahr 1880 bestand fast ein Viertel der Arbeiterschaft in der Glasindustrie aus Kindern; 1919 waren es weniger als 2 Prozent.

Owens wurde als bahnbrechender Reformer gefeiert. 1913 erklärte das National Child Labor Committee, seine Maschine habe mehr zur Abschaffung der Kinderarbeit in den Vereinigten Staaten beigetragen als das Komitee auf dem Wege der Gesetzgebung. Das US Bureau of Labor Statistics erklärte 1927, Kinderarbeit in der Glasindustrie gehöre »so gut wie der Vergangenheit an, und dies ist in nicht geringem Maße Michael J. Owens zu verdanken«. Dabei entbehrte es nicht einer gewissen Ironie, dass Owens selbst kaum etwas gegen Kinderarbeit einzuwenden hatte. Stets betonte er, das Arbeiten in jungen Jahren habe ihm als unerschrockenem

Burschen nicht geschadet. In einem Interview für eine Zeitschrift sagte er 1922: »Eines der größten Übel des modernen Lebens ist die immer mehr um sich greifende Einstellung, Arbeit sei eine Last. Schon als kleiner Junge wollte ich arbeiten. (...) Schuld an diesem Problem sind zum großen Teil die Mütter. Zu viele Jungen werden von rührseligen Frauen aufgezogen. Die ersten 15 oder 20 Jahre ihres Lebens verbringen sie mit Spielen. (...) Wenn sie dann endlich anfangen zu arbeiten, sind sie so nutzlos und so ungeschickt, dass es wirklich ein Jammer ist. Der junge Mann, der schon als Junge zu arbeiten begonnen hat, ist ihnen haushoch überlegen. (...) Die harte Arbeit, die ich als Kind verrichtet habe, hat mir nicht geschadet.«[36] Und er fügte hinzu: »Ich habe sämtliche Arbeiten verrichtet, die für Jungen vorgesehen waren, und ich habe jede Sekunde davon genossen.«

Die Kinderarbeit verschwand jedoch nicht in allen Industriezweigen, die mit Sand zu tun haben. Noch heute schuften Halbwüchsige in Gruben in Marokko, Ghana, Nigeria, Indien und Uganda, während Berichten zufolge Sandarbeiter in Kenia Kinder dazu überreden, die Schule abzubrechen und sich stattdessen ihnen anzuschließen.

Dass die Einführung einer Maschine zur Flaschenherstellung große Auswirkungen auf das Leben derjenigen hatte, die in dieser Branche arbeiteten, ist wenig überraschend. Aber die Folgen von Owens' Maschine reichten noch viel weiter. Die einfach und billig zu bewerkstelligende Umwandlung gigantischer Mengen Quarzsand in eine riesige Zahl von Glasbehältern befeuerte auch viele andere Industriezweige, was wiederum darauf Einfluss hatte, was und wie viel die US-Bürger aßen und tranken.

Vor 1900 wurden Bier und Whiskey in Fässern zu den Kneipen transportiert; wollte man etwas davon mit nach Hause nehmen, musste man es in seinen eigenen Krug abfüllen. Milch wurde in Metallkannen von Milchfuhrwerken geliefert und aus Krügen ausgeschenkt. So etwas wie Babyfläschchen gab es nicht.

Glas ist ein nahezu perfektes Verpackungsmaterial für Nahrungsmittel und Getränke. Es ist nicht porös, undurchlässig, und so gut wie nichts geht mit Glas eine chemische Reaktion ein, was bedeutet, dass eine Glasflasche ihren Inhalt nicht verfälscht. Sie rostet nicht, gibt keine chemischen Stoffe in den Inhalt frei oder lässt ihn nach Plastik schmecken; die Flüssigkeit in einer Flasche behält ihr Aroma und ihren Geschmack für sehr lange Zeit. So war die plötzliche Verfügbarkeit von billigen, hochwertigen Flaschen ein Riesengeschenk an die Hersteller von alkoholfreien Getränken, Bier, Arzneien und anderen in Flaschen abgefüllten Konsumgütern. Nicht nur, dass die Flaschen kostengünstig waren; man konnte sie auch in gleichbleibender Größe herstellen, was ermöglichte, sie von Maschinen befüllen zu lassen (an der Konstruktion mancher solcher Maschinen war Owens ebenfalls beteiligt), und was den Preis des Endprodukts noch weiter senkte. Ketchup, Erdnussbutter und sämtliche Arten von Lebensmitteln in Gläsern wurden zur erschwinglichen Massenware.

Erneut führte die Verwendung von Sand in der einen Form zu noch mehr Verwendung von Sand in einer anderen. Owens' massenhaft gefertigte Flaschen kamen zur gleichen Zeit auf den Markt, als das Automobil das Land eroberte und überall befestigte Straßen entstanden. Beide Entwicklungen erleichterten es mehr denn je, Produkte wie in Flaschen abgefüllte Getränke nach nah und fern zu befördern. Mit in Sand verpackten Produkten beladene Lastwagen rollten sanft von Geschäft zu Geschäft auf aus Sand gebauten Straßen.

Das Ergebnis war ein enormer Aufschwung des Marktes für Getränke in Flaschen. Die Verkaufszahlen einer neuen Limonade namens Coca-Cola beispielsweise stiegen von 300 Millionen Dollar im Jahr 1903 – bevor Owens' Maschine zur Verfügung stand – auf zwei Milliarden im Jahr 1910. Die offizielle Website von Coca-Cola führt dies teilweise auf »einen bedeutenden Fortschritt in der Abfülltechnologie zurück, die die Produktivität und Produktqualität verbesserte«.[37]

Auch die Brauereiindustrie erlebte eine Blütezeit. Wollte man zu Beginn des 20. Jahrhunderts Bier mit nach Hause nehmen, bedeutete dies in der Regel, ein Lokal aufzusuchen, ausgestattet mit einem Krug, einem Eimer oder welcher Behälter auch immer zur Hand war. Das Fehlen einer ansprechenden Verpackung verlieh dem Bier ein wenig den Ruf eines Arbeitergetränks – Bier war nichts, was gesittete Menschen am Esstisch goutieren würden. In den 1930er-Jahren starteten die Brauer eine gemeinsame Kampagne, um das Ansehen ihres Produkts aufzuwerten, indem sie es in Flaschen verkauften. Entscheidend dabei war natürlich, die Hausfrau zu überzeugen. »Sie muss geschult werden, das Wort Bier unbefangener auszusprechen, so wie sie geschult wurde, das Wort Zigarette unbefangen auszusprechen«, empfahl ein Artikel in einem Werbefachblatt Mitte der 1930er-Jahre. »Die Bierflasche und das Etikett sind gleichermaßen wichtig. Ist das Bier klar und rein und das Etikett ansprechend, wird die Hausfrau die Flaschen gern auf ein Tablett stellen und zu Hause servieren.«[38]

Owens' und Libbeys Unternehmen dominierten jahrzehntelang die Herstellung aller Arten von Glas. Auf die Flaschenmaschine folgte ein weiteres Großprojekt: eine Maschine zur automatisierten Produktion von Flachglas, das bis dahin von Hand gefertigt werden musste. 1916 verfügten sie über ein hinreichend gutes Modell, um ein neues Unternehmen für den Vertrieb von Flachglas zu gründen. Dessen Folgen waren so weitreichend wie jene der Flaschenmaschine und machten Luxusgüter wie Fenster- und Windschutzscheiben oder gläsernes Tischgeschirr zu Alltagsgegenständen.

Glas fand eine noch weitere Verwendung, nachdem der britische Ingenieur und Geschäftsmann Alastair Pilkington 1952 eine Technik entwickelt hatte, geschmolzenes Glas in ein flaches Becken mit geschmolzenem Zinn zu gießen, wodurch Glasscheiben entstanden, größer und gleichmäßiger denn je, was ideal für großflächige Fenster war. Sogenannte Floatglasanlagen, die nach dieser Methode arbeiteten, wurden bald zum Standard in der Glasindustrie.

Die Architekten zögerten nicht, das nunmehr reichlich verfügbare Glas in ihren Gebäuden einzusetzen. Fortan wurde die Skyline von Großstädten von verglasten Wolkenkratzern dominiert. Zwischen 1980 und 2010 verfünfundzwanzigfachte sich weltweit die Produktion von Flachglas.[39] Heutzutage werden pro Jahr mehr als neun Milliarden Quadratmeter Flachglas verbaut – mehr als genug, um die gesamte Stadt Houston sechsmal mit Glas zu überziehen.[40]

Die Technologie der Glasherstellung hat sich rasant weiterentwickelt, sodass Glas für immer mehr verblüffende Dinge Verwendung fand. Ohne manche der höchst raffinierten Erzeugnisse aus Glas wäre das heutige Leben ein ganz anderes. In den 1930er-Jahren entwickelten Owens' Mitarbeiter in Illinois eine faserförmige Form von Glas, die flexibel, fest, leicht sowie wasser- und hitzebeständig ist, das sie als »Fiberglas« bezeichneten. (Auch im Englischen wird Fiberglas zunächst nur mit einem *s* geschrieben. Später brachten andere Unternehmen ihre eigenen Versionen auf den Markt, wodurch das Produkt allgemein die Bezeichnung »Fiberglass« erhielt.) Glasfasern hatte es zwar auch zuvor schon gegeben, aber durch das neue Verfahren konnte man sie mit einem Querschnitt von nur vier Mikrometern und in Tausenden Meter Länge erzeugen. Wie alle Glasprodukte verdankt auch dieses seine Existenz dem Sand. Zur Gewinnung von Fiberglas wird Silizium zusammen mit anderen Substanzen – Bor, Kalziumoxid, Magnesium – geschmolzen, wodurch es leichter zu verarbeiten ist und Eigenschaften erhält, die für spezifische Produkte erforderlich sind, zum Beispiel größere Zugfestigkeit. Die flüssige Glasschmelze wird dann durch eine mit kleinen Löchern punktierte Metallbuchse gepresst, sodass Fäden entstehen, die von Hochgeschwindigkeitswinden aufgewickelt werden. Nachdem die Fasern abgekühlt und mit chemischem Harz überzogen worden sind, lassen sie sich für alle möglichen Zwecke einsetzen.

Glasfaserverstärkter Kunststoff (GFK), ein enorm festes Material, aber leichter, formbarer und wasserresistenter als Stahl, erlaubte zum Beispiel den Designern für Boote und Automobile, unkonventionellere Formen zu kreieren. So ließ der Autohersteller Chevrolet 1953 die Karosserie seines neuen schnittigen Sportwagens, der berühmten Corvette, aus GFK produzieren. Inzwischen wird GFK für vielerlei verwendet, vom Dämmmaterial für Rohre bis hin zum Kajakbau. Eine dank Fiberglas hochwirksame Wärmedämmung ermöglichte es zudem Millionen von Menschen, in den Süden und Südwesten der USA zu ziehen – in Gebiete, die für die meisten im Sommer zu heiß sind, sofern es keine verlässliche Möglichkeit gibt, die Hitze aus dem Haus zu halten. Sand in Form von Fiberglas erleichterte es vielen, sich in den Sandwüsten von Arizona und Nevada anzusiedeln. 1940 führte die Unternehmensgruppe von Owens und Libbey eine weitere große Innovation bei der Schall- und Wärmedämmung ein: Zweischeiben-Isolierglas namens Thermopane. Überall in den Vorstädten wurden (und werden immer noch) Häuser mit riesigen Panoramafenstern und gläsernen Schiebetüren aus diesem Material ausgestattet.

Die Firma Owens-Illinois hatte jedoch eine gefürchtete Konkurrenz, was Erfindungen anging. Bei manchen ruft der Name Corning vielleicht Backformen aus Keramik in Erinnerung. (Keramik besteht, nebenbei bemerkt, ebenfalls weitgehend aus Sand; gemahlenes Silizium bildet den Grundstoff, dem Ton und andere Zusätze beigegeben werden.) Weniger bekannt ist, dass Corning ein altehrwürdiges, bahnbrechendes Unternehmen ist, das nicht nur CorningWare und die omnipräsenten Backformen der Marke Pyrex sowie Vorratsbehälter produziert, sondern auch einige der revolutionärsten Glasprodukte der Geschichte. Corning war das erste Unternehmen, das massengefertigte Glühlampen und Bildröhren für Fernsehapparate auf den Markt brachte. Außerdem stellte Corning die hitzebeständigen Scheiben der NASA-Raumschiffe her, von der Mondrakete bis zum Spaceshuttle. 1970 entwickelten Wissenschaftler von Corning mithilfe von hochreinem Silizium die erste optische Glasfaser, ein revolutionäres Material, das es ermöglicht, zeitgleich enorme Datenmengen zu übermitteln; ein Großteil der Internetkommunikation findet heute mittels Glasfaserkabeln statt.

Die Chancen stehen hoch, dass Sie in diesem Moment ein Corningprodukt in Ihrer Tasche tragen. Gemeint ist das berühmte Gorillaglas des Unternehmens, das die Touchscreens der iPhones und anderer Mobiltelefone stabil und kratzfest macht. Seit der Jahrtausendwende sind wir nicht nur überall von Sand umgeben. Wir haben den Sand vielmehr bei uns, in unseren Taschen, als wesentlichen Bestandteil unserer Smartphones, die Symbol und Pfeiler des digitalen Zeitalters sind.

Es sind noch höher entwickelte Arten von Glas zu erwarten. Corning arbeitet an einer biegbaren Version von Gorillaglas, die es ermöglicht, Tablets zu falten oder zu rollen. Die NSG Group, ein japanischer Konzern, vertreibt selbstreinigendes Glas – Fensterscheiben, die mit mikroskopisch kleinen Mengen Titandioxid beschichtet sind, das mit Sonnenlicht reagiert und den Schmutz abstößt. Wissenschaftler an der University of Southampton in England arbeiten daran, Nanostrukturen in winzigen Glasdiscs zur Speicherung unglaublich großer Mengen an digitalen Informationen zu verwenden – Musik, Filme, was auch immer –, in einer weit stabileren Form, als heute selbst die besten Festplatten bieten können.

Glas ist inzwischen weltweit eine als selbstverständlich erachtete Annehmlichkeit geworden, sowohl zu Hause als auch im Arbeitsleben. Die meisten von uns verbringen heutzutage die meiste Zeit des Tages in Gebäuden, aber dank Glas haben unsere Büros, Fabriken und Wohnungen viel mehr natürliches Licht, ausgeglichene Temperaturen und eine weit bessere Aussicht als jene unserer Großeltern.

Glas bietet auch kleine Lebenshelfer in Form Tausender spezieller Produkte an, einschließlich all jener Ausstattungen des modernen Mittelschichtsdaseins, die wir kaum noch wahrnehmen –

Duschtüren, Bilderrahmen, Salzstreuer, Terrassentische, Spiegel usw.

Michael Owens, der Mann, der mehr als jeder andere dazu beigetragen hat, Glas zum Bestandteil unseres Alltagslebens zu machen, starb 1923 als reicher Mann mit 49 Patenten auf seinen Namen. Die Owens Bottle Company, heute bekannt als Owens-Illinois Inc. mit Hauptsitz am Michael Owens Way 1 in Perrysburg, Ohio, ein wenig südwestlich von Toledo gelegen, ist nach wie vor der weltweit führende Hersteller von Flaschen für alkoholische Getränke. Sie betreibt 80 Fabriken in 23 Ländern und hat einen Jahresumsatz von mehr als sechs Milliarden Dollar.[41]

Doch Glas hat längst seine Spitzenposition als weltweit bevorzugter Behälter für Getränke verloren; Plastikflaschen und Metalldosen machen inzwischen 80 Prozent des Marktes aus. Zudem hat sich die Glasherstellung hauptsächlich ins Ausland verlagert, wodurch Toledo wie so viele andere Industriestädte des Mittleren Westens einen Abstieg erlebte. Doch für die Einwohner Toledos liegt im Rückgang der Produktion auch eine positive Nachricht: Weniger Glasfabriken bedeuten weniger Luftverschmutzung. Die für das Schmelzen von Sand zu Glas benötigten Öfen stoßen beträchtliche Mengen Kohlendioxid und andere Gase wie Schwefeldioxid und Stickoxide aus. Das sind zwar keine Treibhausgase, aber sie können Smog erzeugen, und ihre Partikel schädigen die Lunge. Das Glas, das aus den Fabriken kommt, mag rein sein, doch die Luft drum herum ist es ganz sicher nicht.

Der Schwerpunkt der Glasindustrie liegt heute in China, dem inzwischen weltweit größten Glasproduzenten und -konsumenten; Chinas Anteil an der weltweiten Produktion und dem Verbrauch von Flachglas beträgt mehr als die Hälfte. Das Land dominiert heute die Glasherstellung so unangefochten, dass selbst die aufwendigen Scheiben, aus denen die Wände des Glaspavillons im Kunstmuseum von Toledo bestehen, 2006 aus China importiert wurden. Als in den 1970er-Jahren die Türme des World Trade

Center in New York gebaut wurden, kam das dort verwendete Glas noch ausschließlich aus den USA. Heute ist der Sockel des Nachfolgebaus, des One World Trade Center, mit Glas aus China verkleidet.

Die boomenden Städte in den Entwicklungsländern benötigen Sand nicht nur für Beton, sondern auch für Glas. All die neuen Gebäude brauchen Fenster. Die neuen Autos auf den neuen Schnellstraßen brauchen Windschutzscheiben. Die neuen Mittelschichten brauchen Tischgeschirr, Flaschen und Screens für ihre Smartphones. Die Nachfrage nach Glas nimmt ständig zu. Laut Freedonia verbrauchte China 2003 Flachglas im Wert von 1,9 Milliarden Dollar; zehn Jahre später stieg die Summe auf fast 22 Milliarden Dollar.[42] Der Quarzsand ist selbst zu einem Multimilliardengeschäft geworden.

Im 20. Jahrhundert haben Beton, Asphalt und Glas die gestaltete Umwelt für Millionen Menschen in der westlichen Welt grundlegend verändert. Unmengen von Sand haben uns Wolkenkratzer, Vorstädte, Fensterscheiben und Flaschen für jedermann beschert und dazu die befestigten Straßen, auf die das Auto angewiesen ist. Im 21. Jahrhundert verbreitet sich der auf Sand gebaute Lebensstil mit atemberaubender Geschwindigkeit in der ganzen Welt.

In dieser neuen Ära übernimmt der Sand eine Aufgabe, die die Welt noch mehr verändern wird. Denn inzwischen wird mittels Sand völlig neuer Grund und Boden geschaffen, Öl aus bislang unerreichbaren Erd- und Gesteinsschichten gewonnen, und es werden digitale Geräte entwickelt, die unser Leben durchdringen. Vor eineinhalb Jahrhunderten war Sand noch ein nützliches Beiwerk, ein praktisches Mittel für eine Handvoll von Zwecken. Heute hängt unsere gesamte Zivilisation von ihm ab.

TEIL II

Wie Sand die globalisierte digitale Welt des 21. Jahrhunderts erschafft

Und wer diese meine Rede hört
und tut sie nicht,
der gleicht einem törichten Mann,
der sein Haus auf Sand baute.

Matthäus 7,26

Kapitel 5

Hightech und höchste Reinheit

An einem kühlen, bedeckten Sonntagvormittag in Spruce Pine, North Carolina schob sich Alex Glover gleich nach dem Kirchgang auf eine der Kunstlederbänke im McDonald's. Er kramt in seinem Rucksack und zog eine Plastiktüte mit weißem Pulver heraus. »Hoffentlich werden wir nicht verhaftet«, meint er. »Jemand könnte einen falschen Eindruck bekommen.«

Glover, ein seit Kurzem im Ruhestand lebender Geologe, hatte in den Bergen und Tälern der Appalachen rund um diesen winzigen Ort jahrzehntelang nach wertvollen Mineralen gesucht. Der kleine, rundliche Mann mit ordentlichem weißen Schnurrbart und ebensolchem Haar unter einer Jeep-Baseballkappe trug eine Brille mit kleinen ovalen Gläsern. Während er erklärte, warum diese abgelegene Gegend für den Rest der Welt so immens wichtig ist, zog er beim Sprechen die erste Silbe und ebenso manche Vokale in die Länge.

Spruce Pine ist nicht reich. Die Ortsmitte besteht aus einem verschlafenen Bahnhof und einigen doppelstöckigen Gebäuden auf der gegenüberliegenden Straßenseite, darunter ein seit Langem geschlossenes Kino und mehrere leer stehende Geschäfte.

Doch die bewaldeten Berge drum herum sind reich an allem möglichen begehrten Gestein, manches hoch geschätzt wegen seiner industriellen Einsatzmöglichkeiten, anderes allein für seine Schönheit. Aber es ist das Mineral in Glovers Tüte – schneeweiße

Körner, weich wie Puderzucker –, das heutzutage das bei Weitem bedeutendste ist. Es handelt sich um unseren alten Freund Quarz, allerdings nicht um irgendeinen x-beliebigen. Wie sich herausstellte, gibt es in Spruce Pine den reinsten natürlichen Quarz, der je auf Erden gefunden wurde. Diese Ultraelitetruppe von Siliziumdioxidpartikeln spielt eine Schlüsselrolle bei der Herstellung des Siliziums, das für die Fertigung von Computerchips gebraucht wird. Tatsächlich ist die Chance groß, dass der Prozessorchip in Ihrem Laptop oder Handy mit Quarz aus diesem unbekannten Nest in den Appalachen hergestellt wurde. »Das hier ist eine Milliarden-Dollar-Industrie.« Glover lachte laut auf. »Würde man beim Durchfahren nicht drauf kommen. Sie hätten's nicht vermutet, stimmt's?«

Im 21. Jahrhundert ist Sand wichtiger geworden denn je, und das in vielfältigster Weise. Wir leben im digitalen Zeitalter, und die Jobs, mit denen wir unser Geld verdienen, die Unterhaltungsmedien, mit denen wir uns ablenken, und die Formen, in denen wir miteinander kommunizieren, werden zunehmend durchs Internet definiert – und damit durch die Computer, Tablets und Mobiltelefone, die uns damit verbinden. Nichts davon wäre möglich ohne Sand. Hochreine Siliziumdioxidpartikel sind der entscheidende Rohstoff, aus dem wir Computerchips, Glasfaserkabel und andere Hightechprodukte herstellen – die Hardwarekomponenten, damit die virtuelle Welt sich dreht. Dabei ist die Menge des dafür benötigten Quarzes winzig, verglichen mit den Bergen, die man für Beton oder Landgewinnung braucht. Aber seine Wirkung ist unermesslich.

Spruce Pine verdankt seinen mineralogischen Reichtum der einzigartigen Geologie dieser Gegend. Vor etwa 380 Millionen Jahren lag das Gebiet südlich des Äquators. Die Plattentektonik schob den afrikanischen Kontinent in Richtung östliches Amerika und zwang dabei die schwerere ozeanische Kruste – die geologische Schicht unterhalb des Ozeanwassers – unter den leichteren nordamerikanischen Kontinent. Bei der Reibung dieser kolossalen Verschiebung entstand eine Hitze von bis zu 1100 Grad Celsius, sodass die Felsschicht schmolz, die 14 bis 24 Kilometer unter der Oberfläche verlief. Der Druck auf dieses schmelzende Gestein sprengte davon und aus dem umliegenden Muttergestein riesige Mengen ab und bildete Ablagerungen von sogenannten Pegmatiten.

Es dauerte etwa hundert Millionen Jahre, bis der geschmolzene Fels tief unten abkühlte und kristallisierte. Dank der Tiefe, in der er lag, und dem Wassermangel an der Stelle, wo dies geschah, bildeten sich Pegmatite fast ohne jede Unreinheit. Im Allgemeinen bestehen die Pegmatite zu etwa 65 Prozent aus Feldspat, zu 25 Prozent aus Quarz, zu acht Prozent aus Glimmer, den Rest bilden Spuren anderer Minerale. Seit nunmehr etwa 300 Millionen Jahren hat sich die Platte unter den Appalachen nach oben geschoben. Der freiliegende Fels war wetterbedingter Erosion ausgesetzt, und so befinden sich die harten Formationen der Pegmatite inzwischen knapp unter der Oberfläche.

Schon lange bevor Christopher Kolumbus aus Spanien lossegelte, haben die amerikanischen Ureinwohner den glänzenden, glitzernden Glimmer geschürft und ihn zur Grabdekoration und als Zahlungsmittel genutzt. Der erste europäische Besucher in dem Gebiet war 1567 ein spanischer Forscher, aber er entdeckte wenig, was von Interesse für ihn war. Nach 1800 ließen sich vereinzelt amerikanische Siedler in den Bergen nieder und schlugen sich mühsam als Bauern durch. Ein paar Erzschürfer wagten sich an den Abbau von Glimmer, aber wegen der schroffen Bergwelt ging es nicht recht voran. »Sie fanden keine Möglichkeit, ihre Ware auf den Markt zu bringen«, erzählte David Biddix, ein Amateurhistoriker mit wildem Haarschopf, der drei Bücher über das Mitchell County, in dem Spruce Pine liegt, geschrieben hat. Biddix' Familie ist hier seit 1802 ansässig. »Es gab keine Flüsse, keine Straßen, keine Eisenbahn. Sie mussten das Zeug auf Pferderücken transportieren.«

Für die Region verbesserten sich die Aussichten, als die South and Western Railroad Company 1903 beim Bau der Strecke von Kentucky nach South Carolina eine Trasse hinauf in die Berge legte, ein Wunderwerk an Serpentinen, die sich mehr als 30 Kilometer weit nach oben schlängeln, dabei aber nur etwa 300 Meter an Höhe überwinden.[1] Als diese Bahnlinie zur Außenwelt schließlich eröffnet war, kam der Mineralabbau in Schwung. Einheimische und Glücksritter hoben Hunderte von Schächten und offenen Gruben im später so benannten Spruce Pine Mining District aus, der sich auf einer Fläche von etwa 40 x 8 Kilometer über drei Countys erstreckt.

An einem überbordenden Schreibtisch im Wohnzimmer seines bescheidenen Hauses auf dem Gelände einer ehemaligen Mine zeigte mir Biddix die von ihm gesammelten alten Schwarz-Weiß-Aufnahmen der irregulären Minen dieser Zeit – etliche Meter tiefe, nur grob ausgehauene Gruben, in denen Männer in Overalls mit grimmiger Miene Schaufel und Spitzhacke schwingen. Biddix' Großvater war einer von ihnen. Seine Großmutter arbeitete in einer Werkstatt zur Glimmerverarbeitung, wo sie die transparenten, flachen, blättergleichen Schichten voneinander trennte. Man schätzte Glimmer als Sichtfenster in Holz- und Kohleöfen und zur Isolierung in Vakuumelektronenröhren. Heute wird es vorwiegend als spezieller Zusatz in Kosmetika, in Fugen- und Dichtungsmassen sowie im Trockenbau verwendet. Die Betriebe zur Glimmerverarbeitung gebe es immer noch, sagte Biddix, aber der Glimmer werde heutzutage aus Indien importiert.

Während des Zweiten Weltkriegs explodierte die Nachfrage nach Glimmer und Feldspat, die man in den Pegmatiten dieser Gegend im Überfluss vorfand. Wohlstand hielt Einzug in Spruce Pine. In den 1940er-Jahren wuchs die Stadt um das Vierfache. Zu seiner besten Zeit rühmte sich Spruce Pine dreier Kinos, zweier Billardhallen, einer Bowlingbahn und jeder Menge Restaurants.[2] Täglich verkehrten drei Personenzüge.

Gegen Ende des Jahrzehnts schickte die Tennessee Valley Authority (TVA) ein Team von Wissenschaftlern nach Spruce Pine, das die Mineralressourcen des Gebiets weiter erschließen sollte. Sie konzentrierten sich auf die Verkaufsschlager Glimmer und Feldspat.

Das Problem bestand darin, diese Minerale von den anderen zu trennen. Ein typischer Brocken Pegmatit aus Spruce Pine sieht aus wie ein seltsames, aber höchst verführerisches Bonbon: vorwiegend milchweißer oder roséfarbener Feldspat mit Intarsien aus glänzendem Glimmer, übersät mit durchsichtigem oder rauchigem Quarz und dazu hie und da Tupfen aus tief granatrotem oder andersfarbigem Mineral. Jahrelang gruben die Einheimischen die Pegmatite einfach aus, zermalmten sie mit Werkzeug oder primitiven Maschinen und klaubten Feldspat und Glimmer mit der Hand heraus. Der Quarz, der dabei übrig blieb, wurde als Abfall oder bestenfalls als Bausand betrachtet, meistens aber mit dem übrigen Abraum entsorgt.

In Zusammenarbeit mit den Wissenschaftlern des Minerals Research Laboratory an der North Carolina State University entwickelten die Experten der TVA eine viel schnellere und effizientere Methode, Minerale voneinander zu trennen: die Schaumflotation. »Das revolutionierte die Branche«, sagte Glover. »Aus den familienbetriebenen Kleinunternehmen wurde eine multinationale Industrie von Großkonzernen.«

Bei der Schaumflotation werden die Steine so lange mechanisch von Brechern zerstoßen, bis nur noch ein Haufen kleinster Körnchen aus den verschiedenen Mineralen übrig ist.[3] Diese Mischung kippt man in einen Behälter und fügt Wasser hinzu, bis ein dünner milchiger Brei entsteht, den man gut umrührt. Als Nächstes kommen Reagenzien hinein – Chemikalien, die sich an die Glimmerkörnchen binden und sie hydrophob, das heißt wasserabweisend machen. Nun wird eine Luftblasensäule durch den Brei gepumpt. Um dem Wasser um sich herum zu entgehen, klammern sich die Glimmerkörnchen an die Luftblasen und werden in dem Behälter nach oben gezogen, sodass sie an der Oberfläche eine Schaumschicht bilden. Ein Schaufelrad schöpft diese ab und befördert sie in einen anderen Behälter, in dem das Wasser abgeschieden wird. Voilà – fertig ist der reine Glimmer.

Die restliche Masse aus Feldspat, Quarz und Eisen wird vom Boden des Behälters abgelassen und über eine Kaskade gleichartiger Behälter geleitet, wo ein ähnlicher Prozess das Eisen von allem Übrigen trennt. Mehr oder weniger das Gleiche wird dann zur Herauslösung des Feldspats wiederholt.

Vor allem der Feldspat, den man bei der Glasherstellung benötigt, lockte die Ingenieure der Corning Glass Company in das Gebiet. Damals wurden die übrig gebliebenen Quarzkörnchen noch als unerwünschtes Nebenprodukt betrachtet. Doch den Ingenieuren von Corning, stets auf der Suche nach Rohstoffen für die Glasherstellung, fiel die dortige Reinheit des Quarzes auf. Sie fingen an, es zu kaufen, und schafften es per Eisenbahn nach Norden in die Corning-Fabrik von Ithaca, New York, wo daraus alles, von Fenstern bis zu Flaschen, gefertigt wurde.[4]

Einen der bedeutendsten Erfolge in der Welt des Glases konnte der Quarz aus Spruce Pine in den 1930er-Jahren verbuchen, als Corning den Auftrag ergatterte, für das Palomar-Observatorium in Südkalifornien den Spiegel des damals weltgrößten Teleskops zu fertigen. Für den 20 Tonnen schweren Spiegel mit einem Durchmesser von mehr als fünf Metern musste man Berge von Quarz in einem gigantischen Ofen bei fast 1500 Grad Celsius schmelzen, schreibt David O. Woodbury in *The Glass Giant of Palomar*.[5] Sobald der Ofen heiß genug war, »schippten Männer in drei Schichten, Tag und Nacht rund um die Uhr, Sand und Chemikalien an einem Ende durch eine Tür. Die Zutaten schmolzen so langsam, dass nur vier Tonnen am Tag nachgeschüttet werden konnten. Nach und nach breitete sich die kochend heiße Pfütze am Boden des Ofens aus und wurde ganz allmählich zu einem 15 Meter langen und viereinhalb Meter breiten weiß glühenden See.« Das Teleskop wurde 1947 im Observatorium installiert, und seine bis dahin unerreichte Lichtstärke ermöglichte wichtige Entdeckungen über die Zusammensetzung von Sternen und die Größe des Universums. Es ist heute noch in Gebrauch.

Doch so wichtig das Teleskop auch war, bald sollte der Quarz aus Spruce Pine eine noch bedeutendere Rolle spielen – das digitale Zeitalter kündigte sich an.

Mitte der 1950er-Jahre arbeitete mehrere Tausend Kilometer von North Carolina entfernt in Kalifornien eine Gruppe von Ingenieuren an einer Erfindung, die den Grundstein für die Computerindustrie legte. William Shockley, ein bahnbrechender Ingenieur, der in den Bell Laboratories an der Erfindung des Transistors beteiligt gewesen war, gründete im kalifornischen Mountain View eine eigene Firma. Er war in der Nähe des verschlafenen Städtchens etwa eine Stunde südlich von San Francisco aufgewachsen, die Stanford University war nicht weit, und sowohl General Electric als auch IBM hatten Niederlassungen in der Gegend, ebenso wie ein neues Unternehmen namens Hewlett-Packard. Allerdings war das Gebiet, das man damals als Santa Clara Valley kannte, noch hauptsächlich ein Tal voller Aprikosen-, Birnen- und Pflaumenplantagen. Bald jedoch sollte es unter einem neuen Spitznamen sehr viel bekannter werden: Silicon Valley.

Zu jener Zeit nahm der Transistorenmarkt gewaltig an Fahrt auf. Texas Instruments, Motorola und andere Unternehmen konkurrierten darum, immer kleinere und leistungsfähigere Transistoren, unter anderem für den Einsatz in Computern, zu bauen. Der erste amerikanische Computer, genannt ENIAC, wurde von der US-Armee im Zweiten Weltkrieg entwickelt; er war über 30 Meter lang und drei Meter hoch und bestand unter anderem aus knapp 18.000 Elektronenröhren. Die Transistoren – kleine elektronische Schalter, die elektrische Spannungen und Ströme steuern – ermöglichten es, die Röhren zu ersetzen und so nicht nur das monströse Gehäuse der neuen Maschinen zu minimieren, sondern sie auch leistungsfähiger zu machen. Halbleiter – chemische Elemente wie Silizium und Germanium, die bei bestimmten Temperaturen Elektrizität leiten und bei anderen nicht – sahen nach einem vielversprechenden Material für die Herstellung dieser Transistoren aus.

Als Shockleys Unternehmen den Betrieb aufnahm, begann der Tag einer ganzen Schar junger Doktoren jeden Morgen damit, dass sie Öfen auf Hunderte von Grad erhitzten, um Germanium und Silizium einzuschmelzen. Tom Wolfe beschrieb diese Szene einmal im *Esquire*-Magazin: »Sie trugen weiße Laborkittel, Schutzbrillen und Arbeitshandschuhe. Wenn sie die Ofentüren öffneten, zuckten seltsame orange-weiße Lichtstreifen über ihre Gesichter (...) sie tauchten eine kleine mechanische Säule in die glibberige Masse, woraufhin sich ein Kristall am Boden der Säule bildete; dann zogen sie den Kristall heraus und versuchten, ihn mit einer Pinzette zu fassen zu kriegen, legten ihn unter ein Mikroskop und zerteilten ihn unter anderem mit Diamantschneidern in winzige Scheiben, Kekse, Plättchen; man hatte in der Elektronik keine Namen für diese winzigen Formen.«

Shockley gelangte zu der Überzeugung, dass Silizium das effektivste Material war, und konzentrierte sich folgerichtig darauf. »Da er bereits das erste und berühmteste Unternehmen zur Halbleiterforschung und -herstellung besaß, wechselten alle, die bisher mit Germanium gearbeitet hatten, über zu Silizium«, schreibt Joel Shurkin in seiner Shockley-Biografie *Broken Genius*.[6] »Tatsächlich würden wir ohne seine Entscheidung wohl vom Germanium Valley sprechen.«

Shockley war zwar ein Genie, aber nach allem, was man so hört, ein miserabler Chef. Schon nach wenigen Jahren hatten einige seiner begabtesten Ingenieure fast überstürzt sein Unternehmen verlassen und ihre eigene Firma gegründet, die sie Fairchild Semiconductor nannten. Einer von ihnen war Robert Noyce, ein lässiger, jedoch brillanter Ingenieur, der bereits mit Mitte 20 für sein Expertenwissen über Transistoren berühmt war.

Der Durchbruch fand 1959 statt, als Noyce und seine Kollegen herausfanden, wie man mehrere Transistoren auf einen einzelnen, nur fingernagelgroßen Splitter hochreinen Siliziums packen konnte. Beinahe gleichzeitig entwickelte Texas Instruments eine ähnliche Apparatur aus Germanium. Doch die Erfindung von Noyce war leistungsfähiger und dominierte bald den Markt. Die NASA entschied sich bei ihrem Raumfahrtprogramm für Fairchilds Mikrochip, und schon bald schoss der Jahresumsatz von nahezu null auf 130 Millionen Dollar in die Höhe. 1968 schied Noyce bei Fairchild aus und gründete seine eigene Firma, die er Intel nannte und die binnen Kurzem die in der Entstehung begriffene Industrie programmierbarer Computerchips dominierte.

In Intels erstem Ein-Chip-Mikroprozessor, der 1971 auf den Markt kam, waren 2250 Transistoren verbaut. Bei heutigen Computerchips beläuft sich ihre Zahl auf Milliarden. Diese winzigen elektronischen Vier- und Rechtecke sind die Gehirne unserer Computer, des Internets, ja der gesamten digitalen Welt. Google, Amazon, Apple und Microsoft, die Computersysteme, die hinter jeglicher Arbeit stehen, ob im Pentagon oder unserer Hausbank – sie alle und noch viel mehr basieren auf Sand in Form von Siliziumchips.

Solche Chips herzustellen ist ein teuflisch komplizierter Prozess. Man braucht für sie unbedingt höchstreines Silizium. Schon die kleinste Verunreinigung kann ihr ganzes Miniatursystem aus dem Gleichgewicht bringen.

Silizium zu finden ist nicht schwer. Es ist eines der auf Erden am häufigsten vorkommenden Elemente. Doch es tritt praktisch überall mit Sauerstoff gebunden als Siliziumdioxid (SiO_2), also Quarz, in Erscheinung. Das Problem ist, dass es nirgends in seiner reinen, elementaren Form vorkommt.[7] Reines Silizium zu gewinnen erfordert erhebliche Anstrengungen.

Schritt eins: Man nehme hochreinen Quarzsand, wie man ihn bei der Glasherstellung einsetzt.[8] (Manchmal werden auch Quarzklumpen verwendet). Dann wird der Quarz druckvoll in einen leistungsfähigen elektrischen Ofen geblasen, was eine chemische Reaktion hervorruft, bei der ein Großteil des Sauerstoffs freigesetzt wird. Übrig bleibt metallurgisches Silizium, das bereits 99-prozentig reines Silizium ist, was für den Einsatz in der Hightechindustrie allerdings bei Weitem nicht genügt. Silizium für Solarzellen muss einen Reinheitsgrad von 99,999 999 aufweisen (sechs Stellen hinter dem Komma). Computerchips sind noch anspruchsvoller, dafür wird eine Reinheit von 99,999 999 999 99 Prozent (also elf Stellen hinter dem Komma) benötigt. »Wir sprechen hier von einem einzigen einsamen Atom, das kein Silizium ist, unter Milliarden von Siliziumatomen«, schreibt der Geologe Michael Welland in *Sand: The Never-Ending Story.*

Dafür muss das Siliziummetall eine Reihe komplexer chemischer Prozesse durchlaufen. Bei der ersten Runde wird das Siliziummetall in zwei Verbindungen verwandelt, in Siliziumtetrachlorid, Hauptbestandteil der Glaskerne in optischen Fasern, und Trichlorsilan, aus dem im Lauf des weiteren Prozesses Polysilizium wird – eine extrem reine Form von Silizium, das dann der entscheidende Bestandteil von Solarzellen und Computerchips ist.

Jeder dieser Schritte kann von mehr als einem Unternehmen ausgeführt werden, und der Preis des Materials steigert sich mit jeder Weiterverarbeitung beträchtlich. So kostet das in der ersten Phase gewonnene, zu 99 Prozent reine Siliziummetall etwa ein Dollar pro Pfund;[9] Polysilizium hat gut und gern den zehnfachen Preis.[10]

Beim nächsten Schritt muss das Polysilizium eingeschmolzen werden. Allerdings kann man dieses extrem verfeinerte Material nicht einfach in einen Kochtopf werfen. Wenn das schmelzende Silizium auch nur mit dem winzigsten Teilchen einer falschen Substanz in Kontakt kommt, setzt eine ruinöse chemische Reaktion ein. Man braucht Schmelztiegel aus diesem einen Material, das sowohl der erforderlichen Hitze standhält, die zum Schmelzen von Polysilizium erforderlich ist, als auch eine molekulare Zusammensetzung hat, die es nicht ungünstig beeinflusst. Dieses Material ist reiner Quarz.[11]

Hier kommt also der Quarz aus Spruce Pine ins Spiel, weltweit die Hauptquelle für das Rohmaterial, das man braucht, um die Quarzglastiegel herzustellen, in denen Polysilizium in Computerchipqualität geschmolzen wird. Als es 2008 in einer der wichtigsten Quarzfabriken von Spruce Pine brannte, war die Versorgung des Weltmarkts mit hochreinem Quarz eine Zeit lang fast lahmgelegt, was die Branche erbeben ließ.[12]

Heute dominiert ein Unternehmen die Herstellung von Quarz aus Spruce Pine: Unimin, eine 1970 gegründete Gruppe, hat nach und nach die Förderstätten im Gebiet von Spruce Pine und die Konkurrenz aufgekauft, sodass diese Anlage in North Carolina heutzutage die mit Abstand größte Menge an reinem und hochreinem Quarz liefert.[13] (Inzwischen ist Unimin eine Sparte des belgischen Bergbaukonzerns Sibelco.) In den letzten Jahren ist es allerdings einem anderen Unternehmen mit dem sprechenden Namen Quartz Corp. gelungen, sich einen kleinen Anteil am Spruce-Pine-Markt zu sichern. Auch gibt es noch ein paar, aber sehr wenige andere Orte auf der Welt, wo hochreiner Quarz hergestellt wird, und viele Stellen, an denen Firmen eifrig suchen.[14] Doch Unimin kontrolliert das Gros des Geschäfts.

Auch der Quarz für Schmelztiegel muss – wie für das Silizium, das durch das Schmelzen gewonnen werden soll – fast absolut rein sein, also so gründlich gereinigt und frei von anderen Elementen wie nur möglich. Der Quarz aus Spruce Pine ist von vornherein hochrein und noch reiner, wenn er mehrere Runden der Schaumflotation hinter sich hat. Doch bei ein paar Körnchen könnte es eine, wie Glover es nennt, interstitielle kristalline Kontaminierung gegeben haben – das heißt, Moleküle anderer Minerale könnten in die Quarzmoleküle eingebaut sein. Das ist frustrierend oft der Fall. »Ich habe Tausende Quarzproben aus aller Welt ausgewertet«, sagte John Schlanz, Chefingenieur der Mineralaufbereitung im Minerals Research Laboratory in Asheville, etwa eine Stunde von Spruce Pine entfernt. »Beinahe alle hatten eine in den Quarzkörnern eingeschlossene Kontaminierung, die man nicht entfernen konnte.«

Auch mancher Quarz aus Spruce Pine ist solchermaßen verunreinigt. Diese Körnchen, die nach dem superstrengen Ausleseverfahren als Ausschuss zurückbleiben, werden zu hochkarätigem Sand für Strände und Golfplatzbunker – von denen die schneeweißen Bunker des Augusta National Golf Club, wo das berühmte US-Masters ausgetragen wird, am berühmtesten sind.[15] Für einen Golfplatz in den öltrunkenen Vereinigten Arabischen Emiraten wurden im Jahr 2008 4000 Tonnen von diesem Sand importiert, um dessen Bunker ebenfalls auf Weltklasseniveau zu heben.

Doch der allerbeste Quarz aus Spruce Pine hat eine offene kristalline Struktur, was heißt, dass Flusssäure in die Kristallmoleküle eingebracht werden kann, die dort letzte vorhandene Spuren von Feldspat oder Eisen auflöst und somit die Reinheit noch einmal erhöht. Techniker gehen einen weiteren Schritt, indem sie den Quarz bei hohen Temperaturen mit Chlor oder Salzsäure reagieren lassen, bevor sie ihn dann in ein oder zwei weiteren Schritten, die dem Betriebsgeheimnis unterliegen, physikalische und chemische Prozesse durchlaufen lassen.[16]

Das Ergebnis ist, was Unimin als hochreinen IOTA-Quarz vermarktet – der Branchenstandard für Reinheit. Die Basisvariante davon ist zu 99,998 Prozent reines Siliziumdioxid und wird zur Herstellung von Halogenlampen und Solarzellen genutzt, ist aber nicht gut genug, um die Quarztiegel daraus zu fertigen, in denen Polysilizium geschmolzen wird. Dafür braucht man IOTA 6 oder das Spitzenprodukt IOTA 8, das einen Reinheitsgrad von mindestens 99,9992 Prozent aufweist – auf eine Milliarde Siliziumdioxidmoleküle kommen also nur acht verunreinigende Moleküle.[17] IOTA 8 wird für 10.000 Dollar pro Tonne verkauft. Normaler Bausand hingegen, am entgegengesetzten Ende der Skala, ist schon für ein paar Dollar pro Tonne erhältlich.

Bei sich zu Hause zeigte mir Glover eine IOTA-Probe unter dem Mikroskop. Durch das Instrument gesehen (mit einem aus sehr viel weniger reinem Quarz gefertigten Okular), waren die gezackten kleinen Splitter klar wie Glas und glänzten wie Diamanten.

Unimin verkauft diesen ultrareinen Quarzsand an Firmen wie General Electric, wo es geschmolzen, geschleudert und zu etwas geformt wird, das wie eine Salatschüssel aus Milchglas aussieht: der Schmelztiegel.[18] »Ich liege sicher nicht falsch, wenn ich sage, dass die große Mehrheit dieser Schmelztiegel aus Spruce-Pine-Quarz hergestellt ist«, sagte Schlanz.

Das Polysilizium wird in diesen Quarztiegeln eingeschmolzen und in rotierende Bewegung versetzt. Dann wird ein Impfkristall aus Silizium von der Größe eines Bleistifts hineingesenkt, der sich in die entgegengesetzte Richtung dreht. Wird der Impfkristall dann langsam herausgezogen, hängt an ihm ein einziger riesiger Siliziumkristall.[19] Diese dunklen, glänzenden Einkristalle mit einem Gewicht von etwa hundert Kilogramm nennt man »Ingots«.

Die Ingots werden nun in dünne Scheiben geschnitten. Einige gehen in die Herstellung von Solarzellen, doch die Ingots höchster Reinheit werden spiegelglatt poliert und an Chiphersteller wie Intel verkauft. Es handelt sich um einen florierenden Geschäftszweig; 2012 generierten die hauchdünnen Plättchen einen Umsatz von 292 Milliarden Dollar.[20]

Mittels der sogenannten Fotolithografie ätzt der Chiphersteller Transistorenmuster auf die Plättchen. Implantiertes Kupfer verbindet diese Milliarden von Transistoren miteinander, sodass integrierte Schaltkreise entstehen. Selbst ein winzigster Staubpartikel kann das komplizierte Schaltsystem des Chips beeinträchtigen. Deshalb geschieht all das in einem sogenannten Reinraum, wo Filter dafür sorgen, dass die Luft tausendmal reiner als im OP-Saal eines Krankenhauses ist. Die Techniker tragen weiße Ganzkörperschutzanzüge, die liebevoll als »Bunny Suits«, Häschenanzüge, bezeichnet werden.[21] Um sicherzustellen, dass die Plättchen nicht während der Herstellung verunreinigt werden, bestehen viele der Werkzeuge, die sie hin und her bewegen und bearbeiten, ebenso wie die Schmelztiegel aus hochreinem Quarz.[22]

Nun werden die Plättchen in winzige, unglaublich dünne viereckige Chips geschnitten: Computerchips – die Gehirne unserer Mobiltelefone und Notebooks. Der gesamte Prozess erfordert Hunderte präziser, sorgfältig kontrollierter Schritte. Es ist sehr wahrscheinlich, dass der Chip, der am Ende entsteht, eines der kompliziertesten menschengemachten Dinge auf Erden ist. Doch gefertigt wurde er aus dem gewöhnlichsten Erdenstoff: einfach nur Sand.

Die Gesamtmenge des weltweit pro Jahr hergestellten hochreinen Quarzes wird auf 30.000 Tonnen geschätzt – weniger als der in den USA *pro Stunde* produzierte Bausand.[23] Nur Unimin weiß genau, wie viel Quarzsand aus Spruce Pine stammt, denn das Unternehmen veröffentlicht keine Produktionszahlen. Sie machen insgesamt, dafür sind sie berüchtigt, ein großes Geheimnis um alles. »Einst gab es in Spruce Pine mehrere kleine Familienunternehmen«, erzählte Schlanz. »Als ich das erste Mal dort arbeitete, konnte man in jeden Betrieb einfach hineinspazieren. Und man musste nur einfach die Straße überqueren, um sich ein Stück Ausrüstung zu borgen.« Heute gestattet Unimin nicht einmal Mitarbeitern des Minerals Research Laboratory den Zutritt zu den Minen oder den Aufbereitungsanlagen. Jeder Dienstleister, der zu Reparaturarbeiten das Werk betritt, muss eine Vertraulichkeitserklärung unterzeichnen. Wann immer möglich, so erklärte Vizepräsident Richard Zielke kürzlich laut Gerichtsakten, splittet das Unternehmen die Arbeiten unter verschiedenen Dienstleistern auf, damit kein Einzelner zu viel erfährt. Aus demselben Grund kauft Unimin das nötige Equipment von verschiedenen Anbietern.[24] Glover hat auch schon von Auftragnehmern gehört, die mit Augenbinden durch die Aufbereitungsanlagen geführt wurden, bis sie ihren Arbeitsbereich erreicht hatten, und von einem Angestellten, dem fristlos gekündigt wurde, weil er jemanden ohne Genehmigung ins Werk mitgebracht hatte. Er sagte, das Unternehmen verbiete es seinen Angestellten sogar, Umgang mit Leuten zu pflegen, die bei der Konkurrenz arbeiten.

Es war schwierig, Glovers Geschichten zu überprüfen, da Unimin sich einem Gespräch mit mir verweigerte. Im Gegensatz zu den meisten Großunternehmen findet man auf der Firmenwebsite keine Kontaktadresse von einem Pressesprecher oder Zuständigen für die Öffentlichkeitsarbeit. Mehrere E-Mails an die Adresse für allgemeine Anfragen blieben unbeantwortet. Als ich die Unternehmenszentrale in Connecticut anrief, schien die Dame am anderen Ende der Leitung verwirrt von der Tatsache zu sein, dass ein Journalist Fragen stellen wollte. Sie legte mich ein paar Minuten in die Warteschleife, meldete sich dann wieder und erklärte mir, dass das Unternehmen keine Abteilung für Öffentlichkeitsarbeit habe, doch wenn ich ihr meine Fragen per Fax (ja, per Fax!) übermittele, werde mich wohl jemand kontaktieren. Schließlich gelang es mir, zu einer leitenden Angestellten durchzudringen, die mich bat, ihr meine Fragen per E-Mail zu schicken, was ich tat. Die Antwort lautete: »Leider sind wir nicht in der Lage, Ihnen zu diesem Zeitpunkt Auskunft zu geben.«

Also versuchte ich es auf dem direkten Weg. Wie alle Quarzabbau- und -verarbeitungswerke in dem Gebiet ist auch die Unimin's Schoolhouse Quartz Plant in einem Tal zwischen niedrigen, dicht bewaldeten Hügeln gelegen, von einem Stacheldrahtzaun umgeben. Der Sicherheitsstandard entspricht nicht gerade dem von Fort Knox, aber die Botschaft ist eindeutig.

Eines Samstagvormittags fuhr ich zusammen mit David Biddix los, um einen Blick auf die Anlage zu werfen. Wir parkten gegenüber von einem Firmentor. Ein Schild warnte, dass das Gebiet videoüberwacht werde und auf dem Betriebsgelände weder Waffen noch Tabak erlaubt seien. Kaum war ich aus dem Wagen gestiegen, um ein paar Schnappschüsse zu machen, schoss eine matronenhafte Frau in der Uniform eines Sicherheitsdienstes aus dem Pförtnerhaus. »Was machen Sie da?«, fragte sie im Plauderton. Mit meinem freundlichsten Lächeln erzählte ich ihr, dass ich Journalist sei und ein Buch über Sand schreibe, einschließlich darüber, wie wichtig der Quarzsand aus ebendieser Anlage sei. Sie hörte skeptisch zu und forderte mich dann auf, am Montag im örtlichen Büro von Unimin anzurufen und mir die Erlaubnis dazu geben zu lassen.

»Natürlich, das mache ich selbstverständlich«, antwortete ich. »Ich wollte lediglich einen Blick darauf werfen, solange ich noch hier bin.«

»Bitte keine Fotos«, sagte sie noch. Wobei es nicht viel zu sehen gab – ein paar weiße Sandhaufen, ein Stapel Metallbehälter, ein Backsteingebäude in der Nähe des Tors –, also nickte ich. Sie trottete zurück in ihr Häuschen, und ich legte meine Kamera weg und zog mein Notizbuch hervor. Woraufhin sie sofort wieder herauskam.

»Sie sehen zwar nicht aus wie ein Terrorist«, dabei lachte sie entschuldigend, »aber heutzutage kann man nie wissen. Ich muss Sie also bitten zu gehen, bevor ich ungemütlich werde.«

»Verstehe«, antwortete ich. »Aber ich möchte lediglich ein paar Notizen machen. Und das ist schließlich eine öffentliche Straße. Ich habe das Recht, mich hier aufzuhalten.«

Diese Erwiderung gefiel ihr ganz und gar nicht. »Ich mache hier meine Arbeit«, fuhr sie mich an.

»Und ich meine«, gab ich zurück.

»Also gut, dann mache ich jetzt auch Notizen«, erklärte sie. »Und falls irgendwas passiert …« Sie blieb vage, welche Konsequenzen das haben würde, stiefelte zu meinem Mietwagen und notierte sich übertrieben geschäftig das Kennzeichen, dann erkundigte sie sich nach dem Namen »meines Begleiters« auf dem Beifahrersitz. Da ich Biddix möglichen Ärger ersparen wollte, verweigerte ich ihr höflich eine Auskunft, stieg ein und fuhr davon. Es war für alle Beteiligten eine frustrierende Erfahrung, doch zumindest waren diesmal keine mit Schaufeln bewaffneten Schläger von der Partie.

Wenn Sie wirklich ein Gefühl dafür bekommen wollen, wie verbissen Unimin seine Betriebsgeheimnisse bewacht, fragen Sie Dr. Tom Gallo. Er hat für das Unternehmen gearbeitet, und dann hat es ihm jahrelang das Leben zur Hölle gemacht.

Gallo ist ein kleiner, schlanker Mann in den Fünfzigern und stammt aus New Jersey. Als er 1997 bei Unimin eine Stelle bekam, zog er nach North Carolina um. An seinem ersten Arbeitstag wurde ihm eine Vertraulichkeitserklärung vorgelegt; er war überrascht, wie restriktiv sie war, und fand das nicht fair. Doch nun war er schon einmal hier, in diesem abgelegenen Spruce Pine, mit all seinen Besitztümern im Umzugslaster, und hatte alle Brücken nach New Jersey bereits abgebrochen. Also unterschrieb er.

Gallo arbeitete zwölf Jahre für Unimin in Spruce Pine. Als er ging, unterschrieb er eine Wettbewerbsverbotserklärung, der zufolge ihm untersagt war, in den nächsten fünf Jahren für einen Konkurrenten des Unternehmens in der Hochreinquarzbranche zu arbeiten. Er zog mit seiner Frau nach Asheville, und sie eröffneten eine Pizzeria, die sie »Gallolea« nannten – eine Kombination aus seinem Nachnamen und dem eines Freundes, der ihn dazu ermutigt hatte. Es war eine ziemliche Plackerei. Im Pizzageschäft ließ sich noch nie das große Geld verdienen, und dann verklagte ihn auch noch die E. & J. Gallo Winery wegen des Namens. Gallo wehrte sich – immerhin ging es ja um seinen eigenen Namen –, was ihn Tausende Dollar kostete, doch letztlich kam er zu dem Schluss, dass es wohl klüger sei, aufzugeben und die Pizzeria umzubenennen. Inzwischen war auch die Fünf-Jahres-Wettbewerbsverbotsfrist abgelaufen, und so nahm er dankbar das Angebot des kleinen neu gegründeten Quarzbetriebs I-Minerals an, für sie nebenbei als Berater zu arbeiten. I-Minerals gab eine Presseerklärung heraus, in der sie stolz den neuen Mitarbeiter vorstellten und mit Gallos Erfahrung prahlten.

Das stellte sich als großer Fehler heraus. Prompt verklagte Unimin sowohl Gallo als auch I-Minerals und beschuldigte sie, Firmengeheimnisse stehlen zu wollen.

»Es gab keinen Anruf, keine Unterlassungsverfügung, keine Untersuchung«, berichtete Gallo. »Sie haben einen 150-seitigen Schriftsatz gegen mich auf Grundlage einer Presseerklärung verfasst.«

Im Lauf der nächsten Jahre kostete es Gallo Zehntausende von Dollar, gegen diese Klage zu kämpfen. »So halten milliardenschwere Unternehmen Leute in Schach«, sagte er. »Ich musste Geld aus meinem Rentensparplan entnehmen, um mich gegen diese völlig haltlose Anschuldigung zu wehren. Wir hatten Angst, unser Haus zu verlieren. Es war entsetzlich. Sie können sich nicht vorstellen, wie viele schlaflose Nächte meine Frau und ich hatten.« Seine Pizzeria ging pleite. »Wir hatten uns gerade so eben von der Gallo-Sache erholt, als Unimin mich verklagte. Das war der Tropfen, der das Fass zum Überlaufen brachte. Wir hatten fünf Jahre dafür geschuftet. Es war mehr, als wir emotional, psychisch und finanziell verkraften konnten.«

Letztlich verlor Unimin den Prozess, legte Berufung beim Bundesgericht ein und ließ die Sache schließlich fallen. I-Minerals und Gallo erhoben getrennt Gegenklage und beschuldigten Unimin des Prozessmissbrauchs mit dem Ziel, einen potenziellen Konkurrenten zu drangsalieren. Irgendwann stimmte Unimin der Zahlung einer geheim zu haltenden Summe zu, damit die Klagen zurückgezogen wurden. Wegen der Bedingungen der Vereinbarung kann Gallo keine Details nennen, aber er sagte verbittert: »Wenn man von einem großen Unternehmen verklagt wird, kann man nur verlieren.«

Trotz des vielen Reichtums, der aus dem Boden von Spruce Pine gefördert wird, bleibt nicht viel vor Ort hängen. Inzwischen gehören alle Minen ausländischen Konzernen und sind hochautomatisiert, sodass nur wenige Arbeitskräfte benötigt werden. »Eine Schicht besteht jetzt aus 25 oder 30 Leuten und nicht mehr aus 300«, sagte Biddix. Und auch die anderen Jobs sind aus der Gegend verschwunden. »Als ich ein Kind war, gab es hier sieben Möbelfabriken«, erzählte er. »Wir hatten Webereien und Strickereien, die Bluejeans und Nylons herstellten. Alles weg.«

Das durchschnittliche Haushaltseinkommen im Mitchell County, dem Bezirk von Spruce Pine, liegt knapp über 37.000 Dollar und damit weit unter dem landesweiten Durchschnitt von 51.579 Dollar. Zwanzig Prozent der 15.000 Menschen im Bezirk, fast alle Weiße, leben unterhalb der Armutsgrenze.[25] Nicht einmal einer von sieben Erwachsenen hat einen Collegeabschluss.

Die Leute finden Wege zurechtzukommen. So lässt Glover als Nebenerwerb Weihnachtsbäume auf seinem Grundstück wachsen. Biddix hält sich damit über Wasser, die Website eines nahen Community College zu pflegen.

Einige der wenigen neuen Arbeitsplätze bieten die riesigen Datenverarbeitungszentren, die sich in der Gegend angesiedelt haben. Von den niedrigen Bodenpreisen angelockt, haben Google, Amazon, Microsoft und andere Techfirmen im Umkreis von einer Autostunde rund um Spruce Pine Serverfarmen eröffnet.[26]

In gewisser Weise kehrt damit der Quarz aus Spruce Pine an seinen Ursprung zurück. »Wenn Sie mit Siri sprechen, dann sprechen Sie mit einem Gebäude hier auf dem Apple-Gelände«, sagte Biddix.

Ich holte mein iPhone heraus und fragte Siri, ob sie wisse, woher ihr Siliziumgehirn stammt.

»Wer, ich?«, antwortete sie das erste Mal.

Ich versuchte es erneut.

»Darüber habe ich nie nachgedacht«, erwiderte sie.

Das kann ich ihr nicht vorwerfen. Die meisten von uns haben sich noch nie überlegt, wie abhängig unsere Hightechindustrie von Sand ist. Noch weniger Menschen ist klar, dass dies im Amerika des 21. Jahrhunderts zunehmend auch für die Industrie der fossilen Brennstoffe gilt.

Kapitel 6
Frackingermöglicher

Auf einer Plattform mehrere Etagen über der Prärie North Dakotas ließ ein dröhnender, schlammbedeckter, 1500 PS starker Motor eine Stahlstange von der Dicke eines Softballschlägers in einer endlosen Pirouette rotieren. Die Stange verlief durch ein rund zehn Meter langes Metallgehäuse und grub sich dann in den Boden. Unter der Erde legte der Bohreinsatz eine Strecke von der doppelten Länge der Golden Gate Bridge zurück.

Im angrenzenden Kontrollraum lehnte sich ein korpulenter Schichtleiter, dessen Helmbeschriftung ihn als Chuck auswies, in seinem Sessel zurück, umgeben von sieben Monitoren an Gelenkarmen. Während er den Vortrieb des Bohrers beobachtete, wirkte er wie der König der Videospieler. Der Bohrer fraß sich gut drei Kilometer senkrecht nach unten und dann etwa eineinhalb Kilometer seitwärts. Mit einer Geschwindigkeit von 33 Metern pro Stunde durchdrang er waagrecht weitere eineinhalb Kilometer festes Gestein. Der Zweck dieser Aktion: das gesamte Erdreich zum hydraulischen Aufbrechen vorzubereiten, besser bekannt als Fracking.

Fracking ist in der Öffentlichkeit ungefähr so angesehen wie das Treten von Hundewelpen, aber es ist ein gigantisches Geschäft. Fast fünf Millionen Barrel Öl und riesige Mengen Erdgas werden täglich auf den Frackingfeldern von North Dakota, Texas, Ohio und Pennsylvania gefördert. Dank des Frackingbooms, der 2008 so richtig in Schwung kam, haben die Vereinigten Staaten Saudi-

Arabien und Russland überholt und sind zum größten Erdöl- und Erdgasproduzenten der Welt geworden.

Das wäre ohne Sand nicht möglich. Die Frackingfelder der USA sind die letzte Front, an die wir unsere Sandarmeen geschickt haben, damit wir unseren Lebensstil beibehalten können.

Energieunternehmen wissen seit Jahrzehnten, dass Schiefergesteinsformationen wie die Bakken-Formation in North Dakota riesige Mengen Kohlenwasserstoffe enthalten. Das Problem bestand darin, sie dort herauszuholen. Bei konventionellem öl- oder gashaltigen Gestein wandern die Kohlenwasserstoffmoleküle durch die Gesteinsporen nach oben und sammeln sich in sogenannten Erdölfallen an. Schiefergesteinsformationen sind jedoch aufgrund ihrer Dichte undurchdringlich für Öl oder Gas.

Die Lösung besteht darin, den Stein aufzubrechen, das heißt zu »fracken«. Indem man eine Mischung aus Wasser, Chemikalien und Sand unter hohem Druck in ein Bohrloch presst, bricht man den umliegenden Schiefer auf und fügt ihm winzige spinnennetzartige Risse zu, durch die die Kohlenwasserstoffe fließen können. Der Sand wird benötigt, um die Risse offen zu halten, er widersteht dem Druck des Umgebungsgesteins, der sie wieder zu schließen versucht. Der texanische Ölunternehmer George Mitchell verfeinerte im Jahr 2000 das Verfahren und kombinierte es mit der sich rasant weiterentwickelnden Technologie des horizontalen Bohrens, mit dem Ergebnis, dass ehemals unerreichbare Öl- und Gasvorkommen plötzlich zugänglich wurden.[1] Dieses Verfahren wurde bald von der gesamten Branche kopiert, und es kam zu einem Frackingboom.

Im Jahr 2000 belief sich die Schiefergasproduktion in den USA auf neun Milliarden Kubikmeter; 2016 waren es 447,4 Milliarden.[2] Die US-amerikanische Energiestatistikbehörde Energy Information Administration schätzt, dass Schiefergas allein den Erdgasbedarf der Vereinigten Staaten für die nächsten 40 Jahre decken könnte.

2006 hat die Firma EOG Resources – Sie kennen sie vielleicht unter ihrem früheren Namen Enron – begonnen, im Bakken-Gebiet zu fracken. Seitdem hat sich die jährliche Ölproduktion North Dakotas auf über eine halbe Million Barrel täglich fast verfünffacht. Die Zahl der Bohrlöcher ist von unter 100 auf rund 6.000 gestiegen.[3] Auch in Texas und weiteren Bundesstaaten werden Ölschiefervorkommen erschlossen, ebenso wie eine potenzielle Hauptader in Kalifornien, wo Frackingbohrungen aufgrund von Umweltbedenken – bisher – nur begrenzt erlaubt waren.

Jedes einzelne dieser Bohrlöcher benötigt Sand, viel Sand. Ein einziges Bohrloch kann bis zu 25.000 Tonnen verbrauchen – eine Menge, mit der man über 200 Eisenbahnwaggons füllen könnte. Aber wie die Mitglieder einer militärischen Spezialeinheit bestimmte körperliche Voraussetzungen mitbringen müssen, haben Frac-Sandkörner eine Reihe hochspezifischer physikalischer Anforderungen zu erfüllen. Sie müssen hart genug sein, um dem immensen Druck standzuhalten, also zu mindestens 95 Prozent aus Quarz bestehen.[4] Das schließt den Großteil des herkömmlichen Bausands aus und begrenzt den Kreis der Kandidaten auf die Quarzsande für die Glasherstellung. Aber Frac-Sand muss auch die richtige Form haben: klein genug, um gut in die Frackingrisse zu passen, und rund genug, um die Kohlenwasserstoffe problemlos vorbeigleiten zu lassen. Wie Sie sich erinnern werden, sind die meisten Quarzsande kantig; es gibt nur wenige Vorkommen mit Körnern, die hochrein und zugleich gerundet sind.

Die Quarzsande unter dem Boden von West- und Zentralwisconsin besitzen diese seltene Kombination von Eigenschaften.[5] Es sind uralte Körner, die abgetragen und wegtransportiert, begraben und erneut nach oben befördert wurden. Allgemein gesagt, je älter das Korn, desto runder ist es, da es viele zusätzliche Millionen Jahre Zeit hatte, seine Ecken und Kanten abzuschleifen. Wisconsin verfügt darüber hinaus über ein ausgezeichnetes Eisenbahnnetz und relativ laxe Umweltvorschriften. Und so hat der Frackingboom dort einen Frac-Sandboom ausgelöst. Tausende Hektar Ackerland und Wälder werden umgegraben, um an den kostbaren Quarzsand darunter heranzukommen.

Im Jahr 2010 gab es zehn Minen und Aufbereitungsanlagen für Frac-Sand in Wisconsin; vier Jahre später war die Zahl auf 135 gestiegen.[6] Der Bundesstaat produzierte 2014 rund 25 Millionen Tonnen Frac-Sand im Wert von fast zwei Milliarden Dollar. Als ich Wisconsin 2015 besuchte, hatten stark gesunkene Ölpreise das Fracking und damit den Sandbedarf gebremst, aber 2017, als ich dieses Buch verfasste, stieg er wieder sprunghaft an. Es ist zu erwarten, dass die Sandgewinnung kontinuierlich zunehmen wird, weil die Öl- und Gasproduzenten erkannt haben, dass die Öl- und Gasausbeute wächst, je mehr Sand sie in ein Bohrloch schießen. Wegen der Nähe zu den Ölfeldern werden auch in Texas neue Abbaustätten für Frac-Sand erschlossen. Und die Vorliebe der Trump-Regierung für fossile Brennstoffe aus heimischer Erzeugung kann die Aussichten dieser Industrie nur weiter verbessern.

Landesweit hat sich die Menge des für Fracking verwendeten Quarzsands seit 2003 verzehnfacht.[7] Sie übersteigt den Anteil, der für die Glasherstellung und sämtliche andere Zwecke einschließlich Siliziumchips eingesetzt wird, inzwischen bei Weitem. Im Jahr 2016 betrug die gesamte Quarzsandproduktion annähernd 92 Millionen Tonnen, von denen fast drei Viertel zu Frac-Sand verarbeitet wurden. Nur sieben Prozent flossen in die Glasindustrie.[8]

Viele Bewohner der ehemals ruhigen, sandreichen Countys Wisconsins haben vom Wachstum der Branche profitiert. Nicht wenige jedoch sind zutiefst beunruhigt darüber, wie sich all diese Minen und Verarbeitungsbetriebe, Trucks und weiteren industriellen Anlagen in deren Gefolge auf Luft, Wasser und Lebensqualität auswirken werden. Der Sandrausch hat tiefe Gräben zwischen Befürwortern und Gegnern aufgerissen. »In manchen Familien reden die Mitglieder nicht mehr miteinander«, sagte Donna Brogan, Vorsitzende des Stadtrats von Arcadia, einem 3000-Seelen-Städtchen in Westwisconsin. »Es hat viel böses Blut gegeben.«

Das Chippewa County in Westwisconsin gehört zu den schönsten landwirtschaftlichen Regionen, die man sich vorstellen kann. Kilometerweit erstrecken sich sanft wogende Hügel, die ein Schachbrettmuster aus Weizen- und Sojafeldern ziert. Auf üppigen, sattgrünen Wiesen dösen kleine Herden schwarz-weiß gefleckter Rinder, hie und da ragen rote Scheunen mit Mansarddach und gedrungene Silos auf.

Bei meinem Besuch war es Spätherbst, und die dicht wachsenden Bäume auf den Hügelspitzen leuchteten in den Rot- und Gelbtönen des sich verfärbenden Laubs. Ein ländliches Idyll, wie es schöner nicht sein konnte.

Wären da nicht die Sandminen gewesen. Gegenüber dem einstöckigen Haus, in dem Victoria Trinko wohnt, wurde eine riesige Fläche dieses idyllischen Ackerlands wegrasiert, und zurück blieb ein schroffer, brauner und gelber Streifen entblößter Erde. Weizenfelder und dichte Baumgruppen säumten das nun 71 Hektar große Industrieareal. Gigantische Berge weißen Sandes erhoben sich neben einem nackten Hügel, dessen Flanke aussah, als wäre er mit einem großen Kuchenmesser verstümmelt worden. Eine Sortier- und Waschanlage, ein Ungetüm aus miteinander verbundenen Förderbändern, Rohren und Metalltanks, verarbeitete laut klappernd den Sand, der auf die unentwegt aus- und einfahrenden, röhrenden Diesel-Lkw verladen wurde.

Trinkos Vater hatte die 32 Hektar große Farm, auf der sie lebt, 1936 gekauft. Sie verbrachte den Großteil ihrer 69 Lebensjahre hier, nur ein paar Jahre wohnte sie in einer nicht weit entfernten Stadt. Noch heute mäht sie selbst das Gras und mistet mit ihrem kleinen Frontlader den Kuhstall aus. Stolz erzählt sie, sie habe vor Kurzem sage und schreibe 17 Eichhörnchen geschossen, die über ihr Vogelhäuschen hergefallen waren. Die letzten Jahre seien jedoch sehr schwer gewesen. »Mein Vater wäre entsetzt, würde er sehen, wie man das Land zunichtemacht«, sagte sie. »Es sieht abscheulich aus, und es ist gesundheitsschädlich.«

Sie hasst alles an der Mine – den Lärm, den Lkw-Verkehr, die nächtliche Beleuchtung (das County hat der Mine den Betrieb rund um die Uhr erlaubt, sieben Tage die Woche) –, aber am meisten sorgt sie, was der Staub von der Mine bei ihr anrichtet. Als die Chippewa Sand Company die Mine 2011 eröffnete, spürte sie in den Monaten danach jedes Mal Sand zwischen den Zähnen, wenn sie nach draußen ging, und eine Staubschicht legte sich auf ihr Gesicht. Ihre Stimme wurde heiser, und sie bekam ständig Halsschmerzen. Ihr Arzt habe sie zu einem Lungenfacharzt geschickt, der bei ihr ein durch Umwelteinflüsse verursachtes Asthma diagnostizierte, erzählte sie. »Ich bin schon mein ganzes Leben lang hier, und innerhalb von zehn Monaten bekomme ich auf einmal Asthma?«

Jetzt trägt sie eine Atemmaske, wenn sie vor die Tür geht, und hat drei Luftreiniger im Haus. »Die Fenster habe ich seit Jahren nicht mehr geöffnet«, klagte sie. »Sie sagen immer: ›Auf meinem Land kann ich machen, was ich will.‹ Aber der Lärm, die Abgase, der Sand – das alles gelangt von ihrem Land auf mein Land.«

Die Chippewa Sand Company erlaubte mir nicht, den Betrieb ihrer Mine zu besichtigen. Als ich vor dem Tor der Mine parkte, um ein paar Fotos zu knipsen, kam sogar ein Arbeiter heraus und meinte, ich dürfe hier nicht anhalten. (Erinnern Sie sich noch an Unimin, das große Minenunternehmen, das mir in North Carolina einen ähnlichen Empfang bereitet hat? Das Unternehmen ist jetzt auch in Wisconsin groß vertreten. Tatsächlich ist Unimin der weltweit führende Produzent von Frac-Sand.)[9]

Dafür gewährte mir eine andere Sandmine mit dazugehöriger Aufbereitungsanlage, die im benachbarten Trempealeau County von dem Unternehmen Mississippi Sand betrieben wird, eine ausführliche Führung. Chad Losinski, der Manager der Anlage, schien nichts zu verbergen zu haben.

Losinski ist ein stämmig gebauter Mann in den Zwanzigern mit einem leichten polnischen Akzent, den er von seinen Großeltern übernommen hat. Ich lernte ihn im Oktober 2015 kennen, als die Ölpreise auf einen historischen Tiefstand gesunken waren. Das hatte die Frackingaktivitäten im ganzen Land erlahmen lassen, was wiederum dazu geführt hatte, dass in der Anlage von Mississippi Sand Stillstand herrschte. Die Mine war erst seit zwei Jahren im Vollbetrieb, als die nachlassende Nachfrage nach Frac-Sand das Unternehmen zwang, bis auf Losinski und einen weiteren Angestellten die gesamte Belegschaft zu entlassen – über 40 Mitarbeiter. Der Wechsel von Boom- und Pleitezeiten ist für die Energiebranche typisch. Zum Glück für mich bedeutete das auch, dass Losinski Zeit für mich hatte.

Wir kletterten über eine lange Metallleiter auf eines von mehreren 30 Meter hohen Speichersilos. Als wir wieder zu Atem gekommen waren, hatten wir einen ausgezeichneten Blick auf das gesamte 93 Hektar große Areal. Losinski deutete auf einen baumbestandenen Hügel, von dem ein Teil glatt abgeschnitten war, sodass eine zwölf Meter breite, in unterschiedlichen Farben marmorierte Felswand freilag. Das Unternehmen filetierte nach und nach den ganzen Hügel.

Der erste Schritt, erklärte er, bestehe darin, dass Bagger den »Aushub« über dem anvisierten Sandstein entfernten – also Pflanzen, Bäume, Mutterboden und unerwünschtes Gestein. Der Quarzsand von Wisconsin ist unter anderem auch deshalb so begehrt, weil er sehr nah an der Oberfläche liegt, man also relativ wenig graben muss, um ihn zu erreichen.[10] Der Mutterboden wird irgendwo abgeladen, wo er nicht stört; er wird später benötigt, um das Land wie gesetzlich vorgeschrieben zu rekultivieren, wenn die Mine erschöpft ist.

Mississippi Sand hat aus dem Mutterboden eine riesige Böschung aufgeschüttet, die auch dazu dient, den Nachbarn die Sicht auf die Mine zu versperren. Ist der Sand vollständig gefördert, sollen die Hügel wiederhergestellt werden; sie werden dann nur etwa um ein Drittel niedriger sein.

Sobald der Sandstein freiliegt, bohren Sprengmeister ein Gitter aus Löchern hinein, die sie mit Dynamit oder Ähnlichem bestücken, anschließend sprengen sie einen Teil der Hügelflanke ganz einfach ab. Der Sandstein bricht in Stücke und zerfällt zu einem Haufen (…) tja, Sand und Steine. Frontlader schaufeln den groben Sand auf Trucks. Ist das störende Material weggeräumt, entfernen die Bagger ein weiteres Stück Aushub, und das Ganze beginnt von vorne. So wird der Hügel scheibchenweise abgetragen.

Unten am Boden bringen Lkw den Sand einige hundert Meter weiter zu einem anderen Haufen, von dem er auf ein kompliziertes Maschinenungetüm geladen wird, ein zwölf Meter hohes Frankenstein-Monster aus Rohren, Tanks, Leitern, Stegen und Förderbändern. Über eine Förderanlage gelangt der Sand zu einem Sortiersieb in etwa zehn Meter Höhe, wo er sich, vermengt mit Wasser, in feinen Schlamm verwandelt.

Anschließend wird diese Wasser-Sand-Mischung auf eine Reihe vibrierender Metallsiebe gepumpt, die Steinchen und große Körner aussieben und die unerwünschten Bestandteile zu einem Abfallhaufen aufschütten. Ist alles aussortiert, was größer als 0,8 Millimeter ist, pumpt man den übrigen Schlamm über Wellrohre zum sogenannten Hydrosizer, der wie eine auf dem Kopf stehende Pyramide aussieht. Hundert Düsen schießen ihn in den Kegel, wodurch eine sorgfältig kontrollierte Aufwärtsströmung erzeugt wird, die die leichteren Körner nach oben in eine Rinne trägt, während die schwereren nach unten sinken. Über die Stärke des Düsenstrahls kann man die Größe der sinkenden Körner steuern. Was auf dem Boden landet, ist für die Weiterverwendung bestimmt.

Der Sand durchläuft nun nacheinander vier Attritionszellen – im Grunde riesige Waschmaschinen, die den Sandbrei rotieren lassen, sodass die Körner aneinanderreiben und sich Lehm und andere daran haftende Verunreinigungen lösen. Die letzte Station ist ein Entwässerungssieb, ein feinmaschiges Gewebe mit Löchern von 0,01 Millimeter Durchmesser, die durchlässig für Wasser, nicht aber für Sand sind.

Im halbtrockenen Zustand gelangt der Sand über drei nach oben führende Förderbänder auf eine riesige Düne aus hellbeigefarbenem Sand. Losinskis Schätzung nach bestand dieser Sandberg am Tag meines Besuchs aus etwa 120.000 Tonnen.

Später durfte ich mir verarbeitete Frac-Sandkörner unter dem Mikroskop ansehen. Sie waren durchsichtig wie Glas und unregelmäßig geformt, aber die Unterschiede in Form und Größe waren, wie bei Kartoffeln aus dem Supermarkt, nicht sehr groß.

Als Nächstes wandert der Sand in die Trocknungsanlage, ein riesiges lagerhallenartiges Gebäude einige hundert Meter entfernt. Lastwagen kippen den gewaschenen Sand in einen Metalltrichter, von wo er wiederum über mehrere nach oben führende Förderbänder zu einer Tür in etwa sechs Meter Höhe über dem Erdboden befördert wird. Dahinter verbirgt sich ein riesiger Raum mit diversen Maschinen, in den kein Tageslicht dringt. Der Sand wird erneut gesiebt, um Steinchen zu entfernen, die unterwegs womöglich hineingeraten sind, und durchläuft anschließend einen langen, zylinderförmigen Behälter. Eine Reihe von Rohren unter dem Tank blasen heiße Luft nach oben und trocknen so den Sand, während rauchfangartige Schlote den Quarzfeinstaub absaugen. »Das ist das üble Zeug«, sagte Losinski. »Das ist das Zeug, das man nicht einatmen will.«

Quarzfeinstaub besitzt eine scharfe, zerklüftete Form, insbesondere kurz nach seiner Entstehung – was bei dem Staub in Sandminen und -aufbereitungsanlagen der Fall ist –, und kann schwere Lungenschäden hervorrufen. Es ist seit Jahrzehnten bekannt, dass das Einatmen von Quarzfeinstaub Silikose verursachen kann, eine besonders schwere Lungenkrankheit. Losinski war gesetzlich verpflichtet, mir vor Beginn unseres Rundgangs etliche Warnhinweise vorzulesen, so zum Beispiel auch, dass »eine längere Exposition gegenüber Quarzstaub zu einer Quarzstaublunge führen kann«. Während des Betriebs der Trocknungsanlage ist das Tragen einer Atemschutzmaske vorgeschrieben.

Der gefährliche Staub wird in einen Behälter gesaugt und mit Wasser zu einer Paste vermischt, die später im Boden vergraben wird. Aber trotz all der Sicherheitsvorkehrungen finden sich auf dem Boden der Anlage immer wieder kleine Häufchen von Sand, der durch Ritzen und undichte Verbindungen gesickert ist.

»Nichts ist perfekt«, meinte Losinski achselzuckend.

Eine letzte Anordnung vibrierender Siebe sortiert den Sand nach drei Körnungen. Dieser wird dann mit Gurtbecherwerken, vertikalen Förderbändern, an denen Dutzende Fiberglasbecher befestigt sind, 30 Meter nach oben in eines der 3000-Tonnen-Silos transportiert, das ich zuvor mit Losinski erklommen habe. Lastwagen bringen den Sand aus den Silos zum nächstgelegenen Bahnhof in Winona, Minnesota. Von dort geht es weiter zu den Frackingfeldern. Der Sand, der einmal ein Hügel in Wisconsin war, wird Hunderte Kilometer entfernt in Texas oder North Dakota tief hinab in die Erde geschossen.

In Westwisconsin gab es schon seit Jahrzehnten kleinere Sandminen, die Glasfabriken und Gießereien belieferten und niemanden sonderlich störten. Ihre Auswirkungen auf die Region waren verkraftbar. Aber als die Minen plötzlich wie Pilze aus dem Boden schossen und sich ihre Zahl in wenigen Jahren von einer Handvoll auf über hundert erhöhte, waren die Einheimischen alarmiert.

Der starke Zustrom von Frac-Sandproduzenten »hat wirklich alle überrumpelt«, meinte Pat Popple, ein pensionierter Schuldirektor, der seit dem ersten Genehmigungsantrag für eine Mine 2008 an vorderster Front der Proteste gegen Frac-Sand im Chippewa County steht. Hier auf dem Land gibt es keine von Greenpeace geschulten Aktivisten oder idealistischen Studenten; die Gegner dieser Industrie sind eine zusammengewürfelte Truppe lokaler

Farmer und Hausbesitzer, die sich ihr Wissen zum Thema selbst angeeignet und untereinander weitergegeben haben.

»Ich dachte, sie wären wie die Kohleunternehmen und würden versuchen, uns hinters Licht zu führen«, sagte Popple. »Allmählich begriffen wir, dass wir Versuchskaninchen waren. Es waren keine Studien zu den Gefahren von Quarzstaub in der Luft oder den Auswirkungen von Flockungsmitteln [Chemikalien, die in den Minen eingesetzt werden] auf das Wasser durchgeführt worden. Es gab keine Studien, und keiner stellte Fragen. Die Kreis- und Stadträte wussten wirklich nichts über diese Thematik.«

»Als sie hier auftauchten, waren wir vollkommen ahnungslos«, bestätigte Dan Masterpole, Leiter des Amts für Landschaftsschutz und Forstwirtschaft von Chippewa County. »Wir haben mit der Zeit viel dazugelernt!«

Zum Beispiel, dass niemand genau sagen kann, wie sich die Sandminen auf die Umwelt und die Gesundheit der Menschen in dieser Region auswirken. Dafür sind sie noch zu neu. Aber es gibt eine Reihe potenziell ernster Risiken, über die man sich Sorgen machen sollte.

Zunächst einmal für das Wasser. Die Minen brauchen große Mengen davon, um ihren feinen Schlamm herzustellen und den Sand zu waschen; eine einzige Mine kann bis zu 7,5 Millionen Liter Wasser täglich verschlingen. Meist wird es aus Hochleistungsbrunnen gewonnen, die über 265 Liter pro Minute aus unterirdischen Grundwasserspeichern pumpen.[11] »Viele machen sich Sorgen, dass dadurch das Grundwasser und die Forellenbäche, die von diesen Quellen gespeist werden, beeinträchtigt werden«, sagte Ken Schmitt, Milchviehfarmer und Vater von vier Kindern aus dem Chippewa County. Er hat einen Stapel Fotos dabei, auf denen die von den Minen verursachten Schäden dokumentiert sind. Mehrere davon zeigen Bäche, die durch beigefarbenen Schlamm eingetrübt wurden. 2013 musste das Unternehmen Mississippi Sand ein Bußgeld von 60.000 Dollar bezahlen, weil es nicht verhindert hatte, dass bei Unwettern Sand und Erde in einen nahe gelegenen Bach gespült wurden.[12]

Schmitt ist ein stämmig gebauter Mann, dessen schwarzes, unter seiner roten Baseballkappe hervorlugendes Haar schon grau wird. Er trägt ein ausgefranstes Jeanshemd, das er in den Bund seiner Wrangler-Jeans gesteckt hat. Auf der Farm seiner Familie aufgewachsen, hat er fast sein gesamtes Leben in der Gegend verbracht. Normalerweise wählt er die Republikaner. Als die Minenunternehmen 2008 erstmals versuchten, sich hier anzusiedeln, besuchte Schmitt einige aus diesem Anlass anberaumte Gemeindeversammlungen. Was er dort hörte, versetzte ihn in Alarmbereitschaft.

»Jedes Mal, wenn sich die Minenbetreiber zu Wort meldeten, tischten sie uns eine andere Geschichte auf«, erzählte er. »Es hieß: ›Sie müssen sich keine Sorgen um das Wasser oder den Feinstaub in der Luft machen. Sie werden gar nicht merken, dass wir hier sind.‹ Im Grunde haben sie uns angelogen, sie sagten einfach das, was wir ihrer Meinung nach hören wollten, damit sie ihr Projekt durchboxen konnten. Das hat mich irgendwie geärgert. Ich dachte, wenn sie diese Scheiße abziehen, ist Schluss mit den Samthandschuhen. Wir werden versuchen, sie aufzuhalten.« Er ist auf Gemeindeversammlungen und gegenüber den Medien zu einem lautstarken Gegner der Branche geworden.

Bisher gebe es keine Hinweise darauf, dass die Minen den Grundwasservorrat erschöpfen, sagte Masterpole. Andererseits gab Schmitt zu bedenken: »Viele dieser Probleme werden sich vielleicht erst zeigen, wenn die Firmen wieder weg sind.«

Und dann wäre da noch die Frage, was mit dem Abwasser geschehen soll, das beim Waschen und Aufbereiten des Sands anfällt. Normalerweise sammelt man es in Absetzbecken; hier werden die Flockungsmittel, über die sich Pat Popple solche Sorgen macht, eingeleitet. Flockungsmittel helfen, im Wasser schwebende Partikel zu entfernen, was an sich gut ist. Aber sie enthalten Acrylamid, ein Nervengift und Kanzerogen, was schlecht ist. Diese chemische Verbindung könnte von den Teichen in das Grund- oder Oberflächenwasser gelangen, heißt es warnend in einem 2014 vom Civil Society Institute und der in Madison, Wisconsin, ansässigen Umweltgruppe Midwest Environmental Advocates veröffentlichten Bericht.[13] Staatliche Aufsichtsbehörden gaben 2016 eine Untersuchung des Problems in Auftrag.

Kimberlee Wright, die geschäftsführende Direktorin von Midwest Environmental Advocates, beklagt auch die ökonomischen Folgen des immensen Verlusts von landwirtschaftlichen Flächen. »La Crosse ist zu einem weltweiten Mekka für Radfahrer geworden. Es gibt dort viele Bed and Breakfasts und Unternehmen, die Fahrradtrekking anbieten«, sagte sie. »Wenn die Minen irgendwann boomen, werden alle 30 Sekunden Lkw vorbeifahren.« Wer will dann noch eine Fahrradtour machen?

»Von hier sind es 145 Kilometer nach Minneapolis«, meint Willem Gebben, ein Töpfer aus dem Chippewa County, dessen Haus nur knapp eineinhalb Kilometer von einer geplanten 485 Hektar großen Mine entfernt liegt. »Viele Menschen kommen zum Radfahren und Angeln hierher. Keiner sagt doch: ›Lass uns ins Auto springen und eine Tagebaumine besichtigen!‹ Es stellt eine Bedrohung für die gesamte Tourismusindustrie dar.«

Die schlimmsten Bedenken gelten allerdings der Frage, was die Minen in der Luft hinterlassen. Die Aufbereitungsanlagen, Schwermaschinen und Lkw wirbeln eine Menge Staub auf, darunter auch mikroskopisch kleine Feinstaubteilchen mit einem Durchmesser unter 2,5 Mikrometer, auch PM 2,5 genannt. Beim Einatmen geraten Partikel dieser Größe tief in die Lunge, wo sie Asthma, Lungenkrankheiten und eine Reihe anderer Leiden verursachen oder verschlimmern können. Laut dem von der American Medical Association herausgegebenen Fachjournal *JAMA* soll die Verschmutzung durch PM schätzungsweise für 22.000 bis 52.000 Sterbefälle pro Jahr allein in den Vereinigten Staaten verantwortlich sein.[14]

Die Partikel des Quarzstaubs, jene winzigen Teilchen des Frac-Sands, die in die Luft aufsteigen, sind eine besonders problematische Art von Feinstaub. Jedes Jahr sterben Hunderte US-amerikanischer Arbeiter an Lungenkrankheiten, die von Quarzstaub verursacht wurden. Daher sind die Ängste der Minenarbeiter und anderer, die in den Anlagen arbeiten oder in ihrer Nähe wohnen, durchaus berechtigt. Eine 2012 vom National Institute for Occupational Safety and Health (Bundesbehörde für arbeitsmedizinische Forschung) durchgeführte Untersuchung von Frackingstandorten ergab in fast der Hälfte der Proben, die an elf unterschiedlichen Stellen in fünf Bundesstaaten entnommen wurden, potenziell gefährliche Konzentrationen von Quarzstaub in der Luft – in manchen Fällen der zehnfache Wert dessen, was als unbedenklich gilt.[15] Als ich an diesem Buch schrieb, war die Occupational Safety and Health Administration (Bundesbehörde für Arbeitsschutz) gerade dabei, neue Vorschriften für eine verbesserte Sicherheit in Quarzsandminen zu erlassen.

Der Quarzstaub ist auch für Victoria Trinko und alle anderen – besonders Kinder und alte Menschen –, die in Windrichtung von Minen wohnen, problematisch. Nach Karten, die die gemeinnützige Forschungseinrichtung Environmental Working Group erstellt hat, leben in Wisconsin über 25.000 Menschen weniger als 800 Meter entfernt von bestehenden oder geplanten Sandminen und ähnlichen Anlagen, und im benachbarten Minnesota und Iowa sehen die Zahlen ähnlich aus. In den betreffenden Gebieten liegen auch 20 Schulen und zwei Krankenhäuser.[16] »Es gibt massenhaft Studien über Feinstaub am Arbeitsplatz, aber keine über Feinstaub in Privathaushalten«, meinte Kimberlee Wright.

Die vorliegenden Erkenntnisse liefern ein gemischtes Bild. Im Jahr 2013 sammelten Forscher aus Wisconsin 16 Luftproben vom Zaunbereich einer großen Sandmine und -aufbereitungsanlage in Chippewa Falls. Der Quarzstaubgehalt in den Proben war weitaus höher als der in Kalifornien, Minnesota und Texas festgesetzte

Grenzwert für eine Langzeitexposition.[17] (Wisconsin muss noch einen eigenen Standard für die Quarzstaubbelastung der Luft festlegen.) Nach einer neueren, in der Fachzeitschrift *Atmosphere* veröffentlichten Studie hingegen lag die Konzentration von Quarzfeinstaub in der Nähe von drei Frac-Sandminen und -aufbereitungsanlagen unter den als gefährlich erachteten Werten.[18] Wir werden womöglich lange warten müssen, ehe wir wissen, wer recht hat. Es kann zehn bis 15 Jahre dauern, bis bei einer Silikose Symptome auftreten.

Natürlich gibt es Kontrollorgane auf kommunaler, einzel- und bundesstaatlicher Ebene, deren Aufgabe es ist, einen sicheren Betrieb von Frac-Sandminen zu gewährleisten. Aber weil die Branche so schnell gewachsen ist, »besteht das System, um sie zu genehmigen und zu regulieren, bestenfalls aus einem Flickenteppich unterschiedlicher Behörden und kann von Staat zu Staat und von Standort zu Standort erheblich abweichen«, wie im Bericht von Midwest Environmental Advocates zu lesen ist.[19]

In mehreren Fällen haben Minenbetreiber, denen die Vorschriften in einem bestimmten County zu streng waren, Städte mit einer laxeren Umweltpolitik überredet, das von ihnen benötigte Land kurzerhand einzugemeinden, damit sie weniger Auflagen zu erfüllen hatten.[20] Der Stadtrat von Arcadia im Trempealeau County in Wisconsin führte 2012 ein solches Manöver durch.[21] Inzwischen hat der benachbarte *Verwaltungsbezirk* Arcadia in wenigen Jahren Genehmigungen für über ein Dutzend Minen erteilt. Ortsansässige waren so empört, dass sie 2015 den gesamten Stadtrat abwählten und durch Kandidaten ersetzten, die ausgesprochene Gegner der Sandminen waren, darunter auch Donna Brogan.

Das wichtigste für die Überwachung der Luft- und Wasserqualität zuständige Kontrollorgan in Wisconsin ist das Department of Natural Resources, das Ministerium für natürliche Ressourcen. Im Jahr 2014 veröffentlichte das Ministerium die Namen von 20 Sandminenbetreibern, die gegen verschiedene Vorschriften verstoßen hatten.[22] Zahlreiche Kritiker des Ministeriums bemängeln jedoch, es gewähre Unternehmen allzu oft den Vertrauensbonus. Zweifellos übt die Wirtschaftslobby Druck aus: In seinem Wahlkampf von 2010 verurteilte Gouverneur Scott Walker das Ministerium für seine »ausufernden« Umweltvorschriften, die ein Beschäftigungswachstum verhinderten. Walker strich Dutzende Stellen im Ministerium, darunter mindestens 18 von hochrangigen Wissenschaftlern.[23]

Die Behörden im benachbarten Minnesota, wo es ebenfalls riesige Frac-Sandvorkommen gibt, sind sehr viel zurückhaltender vorgegangen und haben bisher nur eine Handvoll Minen genehmigt.[24] Im dortigen Winona County, das jenseits des Mississippi an das Trempealeau County grenzt, wurden 2013 Dutzende Demonstranten verhaftet, weil sie Sandtrucks den Weg versperrt hatten; vor Kurzem hat das County den Abbau und die Verarbeitung von Frac-Sand komplett verboten.[25]

Es ist leicht, die typische Sichtweise einzunehmen: einfache Bauern gegen das Land ausbeutende Firmen, Umweltschützer gegen die Handlanger der Ölkonzerne. So beurteilten sicherlich viele Sandminengegner im Chippewa County die Situation. »Man tut sich schwer, eine Sandmine nicht als Obszönität zu betrachten – eine große Wunde in der Landschaft«, meinte Gebben, der Töpfer. »Sie fällen die Bäume und Wälder, um an das letzte bisschen Öl heranzukommen. Es ist ein Verbrechen an künftigen Generationen.«

Doch am Küchentisch von Dennis und Darlene Rossa sah die Sache ganz anders aus. Die Rossas leben seit fünf Generationen auf ihrer Farm im Chippewa County und bewirtschaften ihre 283 Hektar Hügelland, bauen Feldfrüchte an und jagen in den Wäldern. Die Glasschiebetür auf der Rückseite des Hauses bietet einen Blick auf wogende Weizenfelder, die in dichten Wald übergehen. Die drei Kinder und vier Enkel von Dennis und Darlene bewohnen angrenzende Farmen auf ihrem Besitz. Sie alle lieben ihr

Land. Und dennoch haben Dennis und Darlene 2013 56 Hektar davon an eine Sandabbaufirma verpachtet.

»Wir haben es für unsere Kinder getan«, sagte Darlene, eine gestandene Frau mit kräftiger Stimme und Statur und selbstbewusstem Auftreten, bei einem Stück selbstgebackenem Kürbiskuchen. »Es geht um ihre Zukunft.«

»Mit der Landwirtschaft lässt sich kein Geld mehr verdienen, außer man ist richtig groß«, erklärte Dennis, der sein ergrautes Haar ordentlich über den Oberkopf gekämmt hat. Die Preise für landwirtschaftliche Erzeugnisse sind niedrig, und die Konkurrenz ist hart; daher gibt es im ganzen Land immer weniger Familienbetriebe. Die Rossas haben auch deshalb stets die Pleite verhindert, weil sie experimentierfreudig sind. Sie haben es mit Rindern und Schweinen versucht und vor ein paar Jahren eine Hühnerzucht aufgebaut, die inzwischen etwa eine Million Tiere pro Jahr produziert.

»Letzten Endes ist Sand einfach nur eine Handelsware wie Weizen oder Bohnen oder Vieh«, meinte Dennis. Er erwartete sogar, dass die Minenbetreiber das Land in besserem Zustand hinterlassen, als sie es vorgefunden haben. »Das Land, das sie haben, ist zum Teil nur ein Hügel mit Bäumen drauf. Sie werden es abtragen, und danach werden wir flachere, ebenere Äcker zur Bewirtschaftung haben.«

Dennis und Darlene sind keine von Gier verblendeten Einfaltspinsel, die den Unternehmen auf den Leim gegangen sind. Sie sind nach Prüfung der Fakten und ihrer eigenen Situation nur zu einem anderen Schluss gekommen als Trinko und Schmitt. »Es wurden so viele Studien durchgeführt«, sagt Darlene. »Nicht ein einziger dokumentierter Fall belegt, dass jemand von der Arbeit in diesen Minen eine Staublunge bekommen hat.« (Das stimmt zwar, aber wie es unter Wissenschaftlern so schön heißt, ist die Abwesenheit von Evidenz nicht gleich die Evidenz für Abwesenheit.)

»Wir sind sämtlichen Gesundheitsfragen nachgegangen«, fuhr Darlene fort. »Es werden immer Sicherheitsvorkehrungen getroffen. Wenn man das tut, ist alles gut.« Sie schleppte einen weißen Aktenordner voller Pläne, Dokumente und Erklärungen herbei – sämtliche Unterlagen, die für die Genehmigung der Mine erforderlich waren. »Hier ist ein Staubkontrollplan, hier ein Hochleistungsbrunnenplan«, erklärte sie, während sie den Ordner durchblätterte. »Diese Firmen machen sich genauso viel Gedanken über das Wasser und den Staub wie wir.«

»Wenn es tatsächlich Anlass zur Sorge gäbe, würden wir das nicht machen, wo doch unsere Enkel hier leben«, warf Dennis dazwischen.

Chad Losinski von Mississippi Sand sieht es ähnlich. Er hat sein ganzes Leben in Arcadia verbracht, bis auf die vier Jahre, die er in La Crosse auf dem College war. 2012 hat einer von Losinskis Freunden sein Land an einen anderen Minenbetreiber verpachtet und Chad geraten, sich dort um einen Job zu bewerben; die Bezahlung sei besser als auf dem Bau, wo er zuvor gearbeitet hatte.

Losinski hatte keine Ahnung vom Bergbau, aber er wurde trotzdem eingestellt. »Wir fangen bei 17 Dollar die Stunde an, keine Vorkenntnisse erforderlich, und von da geht es nach oben«, sagte er. Die Bezahlung ist um einiges besser als bei der hiesigen Möbelfabrik, dem zweiten großen Arbeitgeber im Trempealeau County. Und was die Landwirtschaft betrifft: »Von ein paar Milchkühen kann man nicht leben, heute muss man ein Großbetrieb sein. Landwirtschaftliche Erzeugnisse sind nichts wert, und die Preise von Boden und allem anderen steigen. Besonders hier bei uns – das ist eine tolle Gegend zum Jagen. Wenn ein Stück Land veräußert wird, kauft es oft irgendein reicher Arzt aus Green Bay oder Milwaukee für die Jagd.« Losinski ist auf einem Milchbetrieb aufgewachsen und musste im Sommer Heuballen stapeln. Vor ein paar Jahren hat sein Vater die Herde verkauft und bei der Mine angefangen. »Keiner war fleißiger als er«, erzählte Losinksi. »Schon allein wegen der gesparten Krankenversicherungsbeiträge hat es sich für ihn gelohnt hierherzukommen.«

Und was die Umweltprobleme angeht: »Wenn es in meinen Augen wirklich Grund zur Besorgnis gäbe, würde ich nicht in dieser Branche arbeiten«, behauptete Losinski. »Dann stünde ich wahrscheinlich auf der anderen Seite. Aber ich weiß, dass wir hier streng reguliert werden, das DNR überwacht die Wasser- und Luftqualität und die OSHA den Sandabbau. Sie sind zweimal pro Jahr hier wegen der Arbeitnehmersicherheit, um sich zu vergewissern, dass alles richtig gemacht wird. Ich glaube, es ist absolut sicher.« Und was ist mit seinen Nachbarn, die das Gegenteil behaupten? »Mit denen kann man einfach nicht reden. Sie wollen diese Industrie hier nicht haben, und fertig.«

Tatsächlich ist es genauso leicht, die Sandminengegner lächerlich zu machen (was manche der Sandminenbefürworter auch tun) als verabscheuenswürdiges Bündnis paranoider, elitärer Sankt-Florians-Jünger und örtlicher Farmer, die neidisch sind, weil sie selbst kein Land mit Frac-Sand besitzen.

Bei vielen Beschwerden über Sandminen geht es darum, dass sie eine Belästigung darstellen: Sie sind hässlich, sie sind laut, sie verderben die Aussicht, sie stören den Frieden und das ländliche Idyll. (Eine Frau, die in einem entzückenden Haus auf einem bewaldeten Hügel wohnt, regte sich fürchterlich auf, weil eine mehrere Kilometer entfernte Sandmine ihre ansonsten perfekte Aussicht auf die Landschaft verdarb. »Wir haben den ganzen Sommer keine Gäste auf unsere Veranda eingeladen«, jammerte sie.) Und das stimmt auch alles. Aber es stimmt eben auch, dass so ziemlich jede neue wirtschaftliche Aktivität solche Beeinträchtigungen der Lebensqualität zur Folge hat. Jede Fabrik, jede Asphaltstraße, jede Stadt, die jemals gebaut wurde, ging mit Staub und Lärm und dem Umkrempeln gewohnter Lebensmuster einher und hat die Landschaft, in die sie hineingesetzt wurde, von Grund auf verändert. Übrigens, auch die hübschen Farmen im Chippewa County und im Trempealeau County gibt es erst seit etwas mehr als einem Jahrhundert. Der Boden, auf dem sie stehen, war früher bewaldet. Die riesigen

Areale mit Weymouth-Kiefern, die einst einen Großteil des Bundesstaats bedeckten, wurden für Bauholz und zur Schaffung landwirtschaftlicher Flächen gerodet.[26]

Das ist der Lauf der Welt. Für Städte, Highways, Fabriken, die moderne Zivilisation müssen wir den Erdboden aufreißen und Menschen und andere Lebewesen umsiedeln. Es ist unmöglich, an die Ressourcen, die wir für unseren Lebensstil brauchen, heranzukommen, ohne zumindest ein paar Menschen zu stören und die Umwelt ein wenig zu schädigen – oder jedenfalls zu verändern. Die Zivilisation beeinträchtigt die Natur. *Wir* beeinträchtigen die Natur. Aber wir werden nicht wieder in Höhlen leben. Wir werden nicht aufhören, Bäume zu fällen, Flüsse aufzustauen und vor allem nicht Sand auszugraben. Die Herausforderung besteht darin, Wege zu finden, wie man diese Dinge auf verantwortungsvolle, nachhaltige und begrenzte Art und Weise tun kann. Wir müssen dabei möglichst schonend vorgehen.

Im speziellen Fall von Frac-Sand allerdings gibt es ein berechtigtes Argument, warum wir es ganz sein lassen sollten, denn Fracking ist mit schweren Umweltrisiken verbunden. Es gibt zahlreiche Berichte darüber, dass Fracking das Grundwasser verseucht und sogar Erdbeben verursacht, dass es bei Menschen, die in der Nähe von Frackingfeldern wohnen, möglicherweise das Krebsrisiko und das Risiko einer Staublunge erhöht.[27] Dazu kommt, dass wir das so erzeugte Gas und Öl gar nicht unbedingt brauchen. In einer idealen Welt ließe es sich durch Solar- und Windkraft ersetzen.

Das ist bei anderen Ressourcen keine Option, insbesondere bei Sand. Für seine wichtigsten Einsatzbereiche – die Beton- und Glasherstellung – gibt es keine brauchbare Alternative (wie ich später erläutern werde).

Aber Fracking ist nun einmal in der Welt und wird nicht wieder verschwinden, ebenso wenig wie die Nachfrage nach dem Sand aus Wisconsin. Auch wenn die Beschwerden von Hausbesitzern aus dem Chippewa County zum Teil lächerlich klingen und die

Einschätzung der Sandminenbetreiber allzu positiv ausfällt, gibt es doch berechtigte Gründe, sich darüber Sorgen zu machen, dass Fracking womöglich zu viel Grundwasser verbraucht, das Oberflächenwasser verunreinigt und Silikose verursacht.

Diese Problematik beschränkt sich nicht auf Wisconsin. Bereits jetzt werden kleinere Mengen Frac-Sand in Kanada, Texas und etlichen weiteren US-Bundesstaaten abgebaut, und in anderen gibt es große Vorkommen. In mehreren Ländern wird derzeit die Möglichkeit geprüft, mittels Fracking Schieferöl und Schiefergas zu gewinnen.[28] China wird aller Erwartung nach in den kommenden Jahren mit der Ausbeutung seiner riesigen Reserven sowie dem Abbau von Frac-Sand beginnen.

Dan Masterpole, der von behördlicher Seite dafür sorgen muss, dass die Vorschriften der Regierung eingehalten werden, äußert sich zu dieser Kontroverse fast schon quälend diplomatisch. Er ist ein Meister darin, sich auf Fragen zu den Gefahren des Sandabbaus für Flüsse und das Grundwasser mit »einerseits – andererseits« herauszuwinden. Schließlich bitte ich ihn, mir klipp und klar zu antworten: »Sollten sich die Menschen Sorgen machen oder nicht?

»Die Menschen sollten sich Sorgen machen, weil wir nur unzureichende Kenntnisse über die möglichen Probleme besitzen«, bekennt Masterpole. »Unsere Erfahrung ist wirklich sehr begrenzt. Und manche der Minenbetreiber haben ebenfalls sehr begrenzte Erfahrung. Wir stehen am Anfang einer sehr langen Reise.«

ZWISCHENSPIEL

Eine unvollständige Liste überraschend praktischer Anwendungen von Sand

Als Gesichtsbehandlung: Haben Sie Ihre Stirnfalten und Krähenfüße satt? Hier ein einfaches Gegenmittel: Sandstrahlen Sie Ihr Gesicht. Nichts anderes geschieht im Grunde bei der Mikrodermabrasion, einer beliebten Kosmetikbehandlung. Dabei werden extrem feine Quarzsandkristalle auf die Haut gestrahlt, um die oberste Schicht abgestorbener Hautzellen zu entfernen.

Als kriminaltechnisches Beweismittel: Form, Größe und Farbe von Sandkörnern sind je nach ihrem geografischen Herkunftsort einzigartig. Schon seit mehr als einem Jahrhundert macht man sich dies bei polizeilichen Ermittlungen zunutze. Im Jahr 1908 löste ein bayerischer Chemiker einen Mordfall, indem er herausfand, woher der Sand im Schuh eines Verdächtigen stammte. In Virginia brachten Polizeiermittler 2002 einen Mordverdächtigen zum Geständnis, als sie ihm zeigten, dass der Sand auf seinem Lkw genau derselbe war wie der, den man an einem Tatort fand.

Als Wasserersatz: Der Koran schreibt Muslimen vor, fünfmal am Tag zu beten und davor eine rituelle Waschung vorzunehmen, *wudū'* genannt. Allerdings war es in den Wüstengebieten, wo der Islam seinen Ursprung hat, oft schwierig, Wasser zu finden – Sand hingeben gab es genug. Steht kein sauberes Wasser zur Verfügung, dürfen Muslime als Ersatz dafür die rituelle Waschung mit Erde oder Sand vornehmen. Diese rituelle Trockenreinigung heißt *tayammum*.

Als riesiges Kunstwerk: Beim alljährlichen Sandskulpturenfestival im türkischen Antalya erschaffen Künstler aus aller Welt aus über 10.000 Tonnen Sand gigantische Nachbildungen von allem Möglichen, die Motive reichen von der Sphinx bis hin zu Shrek.

Erlaubt sind nur Wasser und Sand, aber da die Sandkörner vom örtlichen Strand teilweise schwer zu verarbeiten sind, stellen die Organisatoren auch weicheren Sand aus Flüssen und Bergbächen zur Verfügung. Das Festival in Antalya ist nur eines von etlichen auf der ganzen Welt, ein weiteres Beispiel ist die US Sculpting Challenge in San Diego. Mehrere Hotels in Florida bieten für bis zu 3.000 Dollar das Stück nach Kundenwünschen angefertigte Sandskulpturen als Hochzeitsdekorationen an. Weil es ja kein besseres Sinnbild für die ewige Liebe gibt als ein Objekt aus Sand.

Kapitel 7
Miami Beach ohne Strand

Sand mag das Skelett von Gebäuden bilden und ein Hilfsmittel für die Erdöl- und Erdgasindustrie sein, aber fällt im Gespräch das Wort »Sand«, ist das Erste, woran die meisten von uns denken, ein Strand. Wem gefallen nicht jene idyllischen Küstenstreifen, an denen Land und Meer aufeinandertreffen? Dort entstehen die Urlaubserinnerungen und die Fotos, auf denen kleine Kinder Sandburgen bauen, Teenager einander heimlich beobachten, Liebespaare in der Brandung spazieren und behäbige Erwachsene Margaritas schlürfen. Strände sind die globale Metapher für das Paradies.

Gleichzeitig sind Strände eine Multimilliarden-Dollar-Industrie. An Küsten auf der ganzen Welt, in reichen Ländern wie in armen, stellen faul herumliegende Sandarmeen eine Touristenattraktion dar, die Millionen Menschen den Lebensunterhalt sichern.

Dazu gehören auch die meisten Einwohner von Fort Lauderdale in Florida. Die Stadt ist seit Jahrzehnten eines der Hauptreiseziele für Menschen, die in den USA einen Strandurlaub verbringen wollen, spätestens seit Fort Lauderdale durch den Film *Dazu gehören zwei* zum Synonym für Spiel und Spaß in der Frühjahrssonne wurde. Doch für einen Ort, der von Touristen lebt, die nach Sonne und Sand gieren, hat Fort Lauderdale ein großes Problem: Seine Strände verschwinden.

Die Stadt greift seit vielen Jahren in den Ablauf der Natur ein. Der Sand entlang ihrer Küste wird unentwegt vom Wind, von den

Wellen und den Gezeiten aufs Meer hinausgetragen. Würde man der Natur ihren Lauf lassen, würde der fehlende Sand durch neuen Sand ersetzt werden, den küstennahe, südwärts verlaufende Atlantikströmungen herantransportieren. So war es zumindest früher. Doch inzwischen haben die Menschen diesen Nachschub an herbeiströmenden Sand abgeschnitten. In den letzten hundert Jahren sind entlang der Atlantikküste so viele Jachthäfen, Molen und Wellenbrecher entstanden, dass der Zufluss von Sand blockiert wurde. Die natürliche Erosion schreitet fort, der natürliche Nachschub ist jedoch blockiert.

Über Jahrzehnte hinweg löste das Broward County, in dem Fort Lauderdale liegt, sein Problem mit dem verschwindenden Strand dadurch, dass der fortgespülte Sand durch anderen ersetzt wurde, den man vom nahen Meeresboden holte. Aber inzwischen ist der erreichbare unterseeische Sand praktisch restlos erschöpft. Das Gleiche gilt für Miami Beach, Palm Beach und viele andere Städte in Florida, die ohne ihren Sandstrand nicht existieren könnten. Fast die Hälfte aller Strände in diesem Bundesstaat werden offiziell als »bedenklich erodierend« eingestuft.[1] Nicole Sharp, in der Kreisverwaltung des Broward County zuständig für natürliche Ressourcen, fasste es so zusammen: »Uns geht in Florida der Sand zur Neige.«

Florida ist kein Ausnahmefall. Überall in den USA und weltweit, von Südafrika über Japan bis hin zu Westeuropa, gehen Strände verloren. In einer Studie aus dem Jahr 2017 warnte der US Geological Survey, sofern nichts geschehe, würden bis 2100 zwei Drittel der Strände Südkaliforniens vollständig erodiert sein.[2]

Um zu verstehen, warum das so ist, muss man zuerst einmal wissen, wie der Sand überhaupt an den Strand gelangt. Dies kommt in der Regel durch ein Zusammenspiel verschiedener Faktoren zustande, die von der örtlichen Geografie abhängig sind. An Orten mit steilen Bergen in Küstennähe, wie dies oft an den Westküsten Nord- und Südamerikas der Fall ist, und in Deltas wie dem des Mekong in Vietnam schwemmen Flüsse den Sand direkt an den

Strand. An flachen Küstenebenen hingegen wie jenen im Osten der USA, in Brasilien und China stammt ein Teil des Sandes von urzeitlichen Mündungstrichtern.[3]

Ist die Küste von Steilufern oder Klippen gesäumt, werden diese von den Wellen ausgewaschen, wodurch sich Sand bildet. Viele Strände enthalten auch biogenen Sand – kleine Fragmente von Muscheln und Korallen sowie Skelette von Meerestieren.[4] Das verleiht manchen Stränden eine rosa Färbung oder lässt sie besonders weiß erscheinen. (Unter den vielen eigentümlich gefärbten Stränden Hawaiis gibt es auf der Insel Kauai einen besonders seltenen namens Glass Beach, Glasstrand. Ein Großteil seines Sandes besteht aus Millionen bunter und seit Langem erodierter Glasteilchen.) An manchen Orten werfen die Wellen Sand vom Meeresgrund an Land. Und sämtliche Strände werden zumindest teilweise von Strömungen entlang der Küste gespeist, die Sand aus anderen Gebieten herantragen.

Der Mensch greift praktisch in all diese Prozesse ein. Durch den massiven Ausbau der Küsten mit Marinas, Molen und Häfen wird der Zufluss des aus dem Meer stammenden Sandes verhindert. In vielen Ländern blockieren auch Staudämme an Flüssen den Nachschub von Sand, der früher die Strände auffüllte. Aufgrund solcher Dämme haben die südkalifornischen Strände inzwischen vier Fünftel des Sediments verloren, das ihnen einst die Flüsse herbeischafften.[5]

Durch menschliche Eingriffe in den natürlichen Sandtransfer schwinden auch weiter im Inland Flächen. Louisiana verliert jedes Jahr schätzungsweise 4200 Hektar Feuchtgebiete – ein wichtiger natürlicher Schutz gegen Hurrikane –, weil Deiche und Kanäle am Mississippi den Sedimentzufluss hemmen, durch den sie früher wiederaufgefüllt wurden.[6] In Ägypten hatte der Assuan-Staudamm ähnliche Folgen für die Küste des Nildeltas, und der gewaltige Drei-Schluchten-Staudamm in China wird voraussichtlich noch größere Auswirkungen haben.

Der Sandabbau verschärft das Problem noch zusätzlich. Durch das Zusammenspiel von Staudämmen und der Sandförderung im Oberlauf des Flusses erhält das Mekongdelta in Vietnam – Heimat von 20 Millionen Menschen, von wo die Hälfte der Nahrungsmittel des Landes stammen – immer weniger Nachschub an Sedimenten.[7] Forscher schätzen, dass in Südafrika der Sandabbau den Zulauf von Flusssand, der die Strände der Stadt Durban versorgt, um zwei Drittel reduziert hat. Die Förderung von küstennahem Sand für den Bau einer Eisenbahntrasse in Kenia droht einige der schönsten Strände des Landes zu zerstören. Auch in der Bucht von San Francisco könnte der massive Sandabbau zu einem Sterben der nahe gelegenen Strände führen; Umweltschützer versuchen seit Jahren, dies zu verhindern.

Und dann gibt es noch Orte, an denen der Strand selbst abtransportiert wird. Von überall auf der Welt wird über Sandraub an Stränden berichtet. In Marokko und Algerien haben Sanddiebe ganze Strände für Bauzwecke leer geräumt und felsige Mondlandschaften hinterlassen. In Ungarn machten sich 2007 Diebe mit Hunderten Tonnen Sand von einem künstlich angelegten Flussstrand davon. Auf der von Russland besetzten Krim wurde 2016 ein acht Kilometer langer Strand bis auf den Lehmboden abgetragen. Schmuggler in Malaysia, Indonesien und Kambodscha schaufeln nachts Sand von den Stränden in kleine Boote und verkaufen ihn in Singapur.[8] Auf der Suche nach seltenen Mineralen wie Zirkon und Monazit, die in winzigen Mengen im Quarzsand enthalten sind, zerstören Sandfirmen in Indien und andernorts ganze Strände. Sogar aus Schottland und Nordirland wurde schon berichtet, dass Farmer von Stränden Sand stehlen, um damit ihre Böden zu düngen.

Der vielleicht spektakulärste Raub fand in Jamaika unweit der Stadt Coral Springs statt, wo Diebe 2008 im Laufe einiger Wochen einen 400 Meter langen Strandabschnitt mit wunderbarem weißen Sand stahlen. Daraufhin musste der Bau einer Ferienanlage am

Strand eingestellt werden; die Behörden vermuteten, dass die mehr als 500 Lkw-Ladungen Sand an konkurrierende Bauunternehmer anderswo auf der Insel verkauft wurden, möglicherweise sogar im Zusammenspiel mit der örtlichen Polizei. Fünf Männer erhielten schließlich eine Strafanzeige, doch der Fall wurde zu den Akten gelegt, als einer der Hauptkläger, ein Manager des Bauunternehmens in Coral Springs, seine Klage zurückzog, nachdem er Morddrohungen erhalten hatte.

An manchen Orten ist der Sandabbau an Stränden völlig legal, wenngleich unvernünftig. Von den 1920er-Jahren an förderten sechs Unternehmen Sand entlang der kalifornischen Küste. Fünf davon wurden 1989 geschlossen, nachdem Befürchtungen aufkamen, die Küsten könnten erodieren. Das letzte Unternehmen, Teil des riesigen mexikanischen Baustoffherstellers Cemex, baute noch Mitte 2017 Sand an einem Strand nahe Monterey ab. Nach jahrelangem Druck durch Umweltgruppen und Aufsichtsbehörden willigte Cemex jedoch ein, die Förderung 2020 zu beenden.

In Puerto Rico mussten Regierungsbehörden den Sandabbau an Stränden einschränken, weil derart viel Sand für den Bau von Touristenhotels entnommen wurde, dass genau die Strände, derentwegen die Touristen kamen, allmählich verschwanden.[9] Auf vielen anderen Karibikinseln hat die Verwendung von Strandsand für die Zementherstellung eine lange Tradition. Und einige der ärmeren Inseln verkaufen ihren Strandsand an die reicheren Nachbarinseln, die ihn für die Auffüllung ihrer eigenen Strände benötigen.

Der Sand von Stränden und Dünen war jahrzehntelang eine der Haupteinnahmequellen für die 1.600 Einwohner der kleinen Karibikinsel Barbuda. Im Jahr 1997 verfügte ein Richter, den Abbau aufgrund der schweren Umweltschäden zu beenden, aber der Stopp dauerte nicht allzu lange.[10] »Würden Sie gern als Umweltschützer auftreten, wenn dadurch Ihre Leute hungern müssen?«, fragte der Vorsitzende des Inselrats einen örtlichen Reporter 2013.[11] Eine Frage, die sich in vielen Teilen der Welt stellt. Zurzeit ist die Zukunft dieser Einnahmequelle von Barbuda ungewiss; aufgrund eines gewaltigen Hurrikans im September 2017 musste die gesamte Bevölkerung evakuiert werden. Die Sturmschäden wären womöglich geringer ausgefallen, hätten die Inselbewohner nicht so viele ihrer schützenden Dünen zerstört.[12]

Inzwischen erhöht sich infolge des Klimawandels langsam der Meeresspiegel und setzt den Küstenlinien zu. Der steigende Pegel bei gleichzeitig schrumpfenden Stränden stellt weltweit ein gravierendes Problem dar. Wenn der Ozean immer näher an Gebäude und Straßen heranrückt, bedeutet das eine ständig größer werdende Bedrohung für Leben und Eigentum. Und es verschafft Bernie Eastman ein lukratives Geschäft.

Eastman ist professioneller Strandbauer. An einem sonnigen Tag im Januar 2016 in Fort Lauderdale nahm er mich auf eine Spritztour in einer Art geländegängigem Golfwagen mit, um mir das Projekt zu zeigen, an dem er gerade arbeitete: das 55 Millionen Dollar teure jüngste Vorhaben des Broward County, die Strände aufzustocken. »Strandauffüllung« ist der offiziell bevorzugte Begriff dafür.

Wir fuhren etwa eineinhalb Kilometer weit einen breiten cremefarbenen Strand entlang, der Atlantik auf der einen Seite, Villen und Hotels auf der anderen, bis der Sand abrupt an einer Art Stufe von etwa eineinhalb Meter Höhe endete. Von dort an verengte sich die Küstenlinie zu einem schmalen gelbbraunen Band.

Dieser gelbbraune Sand, versetzt mit Seetang, Muscheln und Korallenstücken, war jener, den die Natur hier abgeladen hatte. Der cremefarbene Sand hingegen, makellos rein ohne jeden Fremdkörper, stammte von Eastman. Er war erst vor wenigen Tagen aus einer fast 200 Kilometer weit entfernten Grube im Inland von Florida gebaggert worden. Eastman ließ Tausende Tonnen davon jeden Tag hier abladen, um den Strand aufzufüllen. »Als wir anfingen, sind bereits die Wellen an die Häuser geschwappt«, sagte Eastman.

Nachdem der Mensch die natürlichen Prozesse, die die Strände nähren, unterbrochen hat, ersetzt er sie nun durch künstliche. Die

Wiederauffüllung von Stränden ist zu einem großen Geschäft geworden. In den USA wurden landesweit in den letzten Jahrzehnten mehr als sieben Milliarden Dollar in die künstliche Wiederherstellung Hunderter Kilometer Strände investiert. Die Kosten trägt fast gänzlich der Steuerzahler, geleitet werden die Maßnahmen zumeist vom US Army Corps of Engineers. Studien der Western Carolina University zufolge entfiel allein auf Florida rund ein Viertel der Gesamtsumme. Auch in anderen Ländern weltweit werden Hunderte Strände regelmäßig mit Sand von weither wiederaufgefüllt.

Es ist eine lukrative Unternehmung. Eastman, ein Mann mittleren Alters mit gedrungener Statur, wettergegerbtem Gesicht und weißem Bart, pflegt als Markenzeichen einen Schutzhelm in Form eines Cowboyhuts zu tragen. Sein Vater hatte ein Bauunternehmen, und Eastman und seine drei Brüder mussten bereits in jungen Jahren mit anpacken und sich um die Wartung der Lkw kümmern. Er habe kaum die Highschool geschafft, sagt Eastman, aber später belegte er Abendkurse, um Dinge wie Projektkalkulation zu lernen, und 1994 gründete er sein eigenes Unternehmen.

Seine Firma übernahm Aufträge aller Art, darunter auch gelegentlich die Strandwiederauffüllung, bis es 2006 zum Crash auf dem Immobilienmarkt kam. Da erkannte Eastman, dass er sich besser auf die stetigen Kräfte der Erosion und die für den Kampf gegen die Erosion bereitstehenden staatlichen Budgets verlassen sollte, als sein Glück auf die Wechselhaftigkeit des Immobilienmarkts zu setzen. »Als der Markt zusammenbrach, haben wir uns neu erfunden«, sagt er. Heute betreibt Eastman Aggregate Enterprises ausschließlich die Wiederauffüllung von Stränden, in ganz Florida und den benachbarten Bundesstaaten. Eastman verfügt über fünf Lkw und mehr als 40 Mitarbeiter, sein Unternehmen erwirtschaftet jährlich einen Gewinn von rund 15 Millionen Dollar.

Im Laufe weniger Monate versorgte Eastman Aggregate die Strände des Broward County mit einer Million Tonnen neuen Sand. Das Material stammt aus einer Grube im Landesinneren einige Autostunden entfernt. Dort wird der Sand auf Lkw verladen, über den Highway zum Bestimmungsort gebracht und auf den Strand gekippt. Bagger verteilen das frisch angelieferte Material auf massige gelbe Kipplaster, die es an der Auffüllungszone wieder abladen. Schließlich wird der Sand mit kleinen Bulldozern planiert, wodurch bis zum Rand der Brandung ein gleichmäßig glatter Strand entsteht. »Wir schütten jeden Tag 10.000 Tonnen ins Meer«, erklärt Eastman mit nicht geringem Stolz.

Den Sand per Lkw von weit her zu holen und zu verteilen ist wesentlich zeitaufwendiger und viel teurer als die üblichere Methode, die darin besteht, den Sand vom Meeresboden zu baggern und ihn durch schwimmende Röhren direkt an die Küste zu pumpen. Das Problem dabei ist jedoch, dass in den letzten 40 Jahren, seit man intensiv mit der Wiederauffüllung begonnen hat, im Broward County aller Sand vom Meeresboden, der dort legal und technisch machbar abgebaut werden kann, aufgebraucht wurde. An die neun Millionen Kubikmeter Sand wurden vom Meeresboden geholt und an die Küsten des Broward Countys gepumpt.[13] Zwar sind im Meer noch einige Sandlager vorhanden, aber deren Ausbeutung ist verboten, weil sie die danebenliegenden Korallenriffe gefährden könnte. Das Gleiche gilt für das Miami-Dade County im Süden. Im Palm Beach County im Norden wurde der Großteil des wenigen Meeressands, der noch übrig ist, während meines Besuchs 2015 auf die schmaler gewordenen Strände verteilt.

In drei anderen, noch weiter nördlich gelegenen Countys in Florida gibt es jedoch nach wie vor große Mengen Sand im Meer. Dort wurden die Strände nicht so massiv ausgebaut wie in den Touristenmekkas im Süden, und der Festlandsockel dort reicht weiter hinaus, bevor er in den tiefen Ozean abfällt, sodass ein größeres Gebiet zum Ausbaggern vorhanden ist. Das Miami-Dade County hat die nördlichen Countys um Hilfe gebeten, aber diese lehnen es bisher ab, ihren Sand zu teilen. Sie wollen nicht in 30 Jahren in die gleiche Lage geraten, in der Miami schon heute steckt. »Ich werde das Army Corps davonjagen, wenn es auch nur ein Sandkorn von unseren Stränden wegnimmt«, wetterte 2015 ein Senator Floridas, der aus dieser Region stammt.[14]

Die verzweifelten Vertreter des Miami-Dade County überlegen nun, Sand von den Bahamas zu importieren. Der Inselstaat, rund 300 Kilometer von Florida entfernt, verfügt über wunderbaren Sand und hat kürzlich dessen Export zugelassen. Der Knackpunkt ist ein US-Gesetz, verabschiedet auf Druck der Baggerindustrie, das die Finanzierung der Wiederauffüllung von Stränden durch staatliche Gelder untersagt, wenn der dafür verwendete Sand aus dem Ausland stammt. Und da die Bundesregierung üblicherweise mehr als die Hälfte der Kosten solcher Projekte trägt, lohnt sich der Import von Bahamas-Sand praktisch nicht. Vor einigen Jahren wurde im Broward County sogar erwogen, künstlichen, aus recyceltem Glas gewonnenen Sand zu verwenden; es stellte sich heraus, dass dies technisch zwar möglich, aber absurd teuer wäre.

So bleibt vielen Städten im Süden Floridas keine andere Wahl, als ihren Sand aus Sand- und Steinbrüchen im Inland mit umweltverschmutzenden Lastwagen an die Küste zu transportieren. Touristen und Einwohnern missfallen der dadurch entstehende Lärm und Verkehr, und Vertretern des Countys missfallen die höheren Kosten, die leicht doppelt so hoch ausfallen wie die für vor Ort gebaggerten Sand. Aber es hat auch einige Vorteile. Die Gruben im Inland mit ihren komplexen Sortier- und Waschanlagen können Sand von präziser Spezifikation liefern – von genau der Korngröße, Form und Farbe, die die County-Vertreter als passend für ihren Strand erachten.

Einwohner von Küstenstädten und Touristen gleichermaßen sind sehr eigen, was ihre Vorstellung von Farbe und Konsistenz ihrer Strände angeht. Der zuckrige weißsandige Strand ist zum weltweiten Standard für Perfektion geworden, und jeder Ferienort, der nicht über einen solchen verfügt, verliert Punkte. Das ist aber nichts im Vergleich mit der Pingeligkeit von Beachvolleyball-

Spielern bei den Olympischen Spielen. Damit ihre bloßen Füße nur mit Sandkörnern von genau der richtigen Größe und Form in Kontakt kommen, wurde für die Spiele 2008 in Peking Sand von der Insel Hainan herbeigeschafft und 2004 für die Spiele in Athen aus einer Kiesgrube in Belgien.[15]

»Pumpt man Sand vom Meeresboden hoch, weiß man nicht, was man bekommen wird«, sagte Eastman. Das stimmt nicht ganz; Meersand wird genau untersucht, um sicherzustellen, dass er für einen bestimmten Strand geeignet ist, bevor die zuständige Behörde die Genehmigung für dessen Verwendung bei einer Wiederauffüllung erteilt. Doch an Land gewonnener Sand kann sortiert, gesiebt und gereinigt werden, um einen gleichbleibenden Standard zu erhalten. Die Sandkörner, die Eastman aufschütten ließ, hatten alle etwa die Größe eines Salzkorns, waren silbergrau und ohne Verunreinigung durch Steine oder Muschelscherben. Ihre Farbe wurde anhand des Munsell-Farbsystems überprüft, einer 1915 eingeführten Farbtontabelle. Der Sand wird in der Mine nach jeweils 3000 Tonnen kontrolliert und zudem alle 500 Meter, sobald er auf dem Strand aufgebracht ist, um sicherzustellen, dass er der Spezifikation entspricht. Nach und nach werden die Wellen ihn mit Muscheln und anderen organischen Stoffen vermischen, sodass er in einigen Monaten nicht mehr so offensichtlich künstlich aussieht wie jetzt.

Was immer man von diesem Verfahren halten mag – der von Eastman gebaute Strand ist umwerfend: kilometerweit weicher, üppiger, ebener Sand. Auf einem erst vor ein paar Tagen fertiggestellten Abschnitt liegen Rentner entspannt in Sonnenstühlen, bauen Kinder aufwendige Burgen und spazieren Paare barfuß umher. Man würde nicht vermuten, dass der Sand aus einer riesigen Grube viele Kilometer entfernt stammt und der Strand noch vor ein paar Wochen offenes Wasser war.

Allerdings ist die Wiederauffüllung eine wahre Sisyphusarbeit. Allen Erwartungen nach wird dieser Strand nur etwa sechs Jahre Bestand haben, bevor er erneut aufgefrischt werden muss.

Die meisten Leute halten Strände für einen selbstverständlichen Teil der Natur, wo man in Kontakt mit Meer, Himmel und Erde treten kann. Tatsächlich sind jedoch viele Strände – darunter einige der weltberühmtesten – künstliche Gebilde, technisch konstruierte Räume zur Profiterzielung. An solchen Orten wurde die ursprüngliche Küstenlinie, also die wilde, vom Menschen unberührte Küste, ausgelöscht und unter importiertem Sand begraben. Im Broward County machen sie daraus keinen Hehl. »Strände sind eine Form der Infrastruktur«, sagte Sharp. »Ihr füllt eure Schlaglöcher mit Asphalt, und wir füllen unsere Strände mit Sand auf.«

Den größten Teil der Menschheitsgeschichte waren Strände keine Stätten der Entspannung, sondern Arbeitsplätze. An den Sandstränden brachten die Fischer ihre Boote zu Wasser und säuberten ihren Fang, luden Kleinhändler ihre Fracht ab. Die Küstenbewohner bauten ihre Häuser in sicherer Entfernung zu den unberechenbaren Wellen und als zusätzlicher Schutz oft vom Meer abgewandt.[16] »Als die Europäer und Amerikaner erstmals die Küsten besiedelten, ließen sie jene Abschnitte, die heute zu den begehrtesten gehören, weitgehend außer Acht, mieden sie sogar«, schreibt der Historiker John R. Gillis in *The Human Shore,* einer Abhandlung über unser verändertes Verhältnis zu den Küsten. »Der Strand wurde zum Anlanden, aber nicht zum Siedeln benutzt. Seine konturlose Kargheit war nicht nur ungastlich, sondern abstoßend.«

Zu Beginn des 18. Jahrhunderts begann sich das zu ändern, als es unter kränkelnden Angehörigen der englischen Elite Mode wurde, Erholungsorte an der Küste aufzusuchen, um sich dort mit der vermuteten heilsamen Kraft kalten Meerwassers behandeln zu lassen. »Sie kamen nicht, um zu schwimmen, sondern um zu baden, und dabei wurden sie von sogenannten Bademaschinen unterstützt, Kabinen auf Rädern, in denen sie mithilfe angeworbener Diener über den Strand ins Wasser transportiert wurden, wo Männer wie Frauen gleichermaßen ins Meer tauchten, als Teil ihrer geistigen und körperlichen Kur, zu der auch gehörte, Meerwasser zu trinken, das man damals als medizinisch wirksam ansah«, schreibt Gillis. Zur damaligen Zeit konnten nur wenige Menschen schwimmen, und mit Stränden »verband man eher gebrechliche als athletische Menschen, eher kranke als gesunde Körper«.[17]

Das Salzwasser verlor allmählich seinen Ruf als Allheilmittel, aber der Strandtourismus entwickelte sich zu einer eigenen Geschäftsbranche. »Die 1820er-Jahre in England stellen einen Wendepunkt in der Geschichte der Seebäder dar, denn zu dieser Zeit entstanden die ersten großen Badeeinrichtungen eigens zu dem Zweck, zu baden, sich zu entspannen und zu spielen«, schreibt die an der University of Florida tätige Wissenschaftlerin Tatyana Ressetar in ihrer Masterarbeit über die Geschichte dieser Orte.[18] Ende des 19. Jahrhunderts wurden die Strände bei der wachsenden Mittelschicht mit ihrer neuerdings verfügbaren Freizeit immer beliebter, und nachdem die Strände dank der Eisenbahn bequem erreichbar wurden, ebenso bei der städtischen Unterschicht, die zuvor keine Möglichkeit gehabt hatte, dorthin zu gelangen.[19] »Als die Bahnverbindungen zum Strand vorhanden und billige Ausflugs- und Eintagestickets erhältlich waren, nutzte [die urbane Unterschicht] immer mehr diese neue Möglichkeit und begann dadurch die Freizeitindustrie für immer zu verändern«, schreibt Ressetar.

Schwimmen als Zeitvertreib wurde stetig beliebter. Die Schwimmkleidung bestand in der Regel aus Unterwäsche – oder man ging nackt ins Wasser. In Australien führte dies dazu, dass die um die guten Sitten besorgten Behörden das Schwimmen bei Tageslicht verboten. Derartige Bedenken wurden durch die Einführung angemessen züchtiger Badekleidung sowohl für Männer als auch für Frauen beschwichtigt – üblicherweise ein Badeanzug aus Baumwolle oder Wolle, der vom Hals bis zu den Knien reichte. Los Angeles und seine benachbarten Städte erließen Verordnungen über das Tragen solcher vollständig verhüllender Kleidung für beiderlei Geschlecht; noch 1929 wurden Männer mit nacktem Oberkörper verhaftet.[20]

Aber nach wie vor betrachtete man den Strand selbst mit Argwohn. Städte am Meer wie Atlantic City an der Küste von New Jersey oder Nizza an der Riviera ließen Promenaden und Seebrücken anlegen, sodass die Touristen die Aussicht auf den Strand genießen konnten, ohne den Fuß auf den muffig riechenden, von Tang übersäten Sand zu setzen.

Im Laufe der Zeit jedoch machten sich die Betreiber der Ferienunterkünfte daran, das unansehnliche Strand- und Treibgut zu beseitigen, und verbannten die Fischer in weniger beliebte Strandabschnitte; fortan konnten die Besucher auch über den Sand spazieren. Hotels und Villen schossen aus dem Boden, als die wachsende urbane Arbeiterklasse den Ferienaufenthalt am Meer zu schätzen lernte. Die Reichen begannen sich private Villen mit Meerblick zu bauen, und die Mittelschicht kopierte dies in kleinerem Umfang, bis in den 1930er-Jahren überall in Europa und Nordamerika Küstenstädte entstanden. Der Siegeszug des Automobils und der Wohlstand nach dem Zweiten Weltkrieg führten dazu, dass eine nie da gewesene Zahl von Menschen an die Strände pilgerte und immer mehr Leute beschlossen, dort auch den Lebensabend zu verbringen.

Der Strand entwickelte sich zum Symbol der Flucht vor dem hektischen Tempo der modernen Welt, zu einer Stätte reinen Vergnügens. Bei einem Urlaub am Meer muss man keine Ruinen oder Kirchen besichtigen, nicht an Fahrgeschäften Schlange stehen oder überhaupt irgendetwas unternehmen. Andererseits bieten sich reichlich Aktivitäten an, wenn man Lust dazu hat. Man kann laufen oder schwimmen, surfen oder Muscheln sammeln, Löcher buddeln – aber man ist zu nichts gezwungen und kann einfach nur dasitzen, bequem und entspannt. Der Sandstrand ist wie eine leere Leinwand. »Der Strand wurde aus dem Nichts heraus erschaffen, mit ihm verbindet sich weder ein bestimmtes Gefühl für einen Ort noch ein Gefühl für Geschichte, wie das bei anderen Ferienzielen der Fall ist, etwa beim Bauerndorf. Der Strand begann also als ein

Nichtort, als Leere, und ist dies seither geblieben. Von Beginn an war seine Leere, seine künstliche Ödnis Teil seines Reizes«, schreibt Gillis. »Der Reiz des Strandes liegt in der Tatsache, dass er alles ausschließt, was mit ›Arbeit‹ assoziiert wird. Sein wahres Verhältnis zur Natur und zur Geschichte muss stets verschleiert werden, denn in der modernen Kultur funktioniert er als primärer Ort des Entfliehens und Vergessens.«[21]

Florida hat seinen Aufstieg in hohem Maße der wachsenden Anziehungskraft von Küstenregionen in sonnigen Breiten zu verdanken. Ursprünglich eine sumpfige, von Krankheiten heimgesuchte Ausbuchtung des Kernlandes der USA, wurde Florida von vernünftigen Menschen weitgehend gemieden, bis Immobilienentwickler begannen, es Bewohnern der übervölkerten Städte im Nordosten als ein Ort schmackhaft zu machen, der Zuflucht vor der winterlichen Kälte bot. In den 1890er-Jahren beschloss der Mitgründer von Standard Oil, Henry Flagler, für die Elite aus dem Osten einen neuen Tummelplatz an der Küste Südfloridas anzulegen, in der Kleinstadt Palm Beach. Er sorgte für eine Eisenbahnverbindung, ließ die hier heimischen Mangroven herausreißen, um Platz zu schaffen für die importierten Kokospalmen, und baute Luxushotels (und in der neu erbauten Stadt West Palm Beach kamen seine Arbeiter unter). Bald darauf verlängerte er die Bahnlinie bis zu einem Stück Buschland an der Südspitze des Bundesstaats, wo es eine kleine Siedlung namens Miami gab. Dieser Ort, der im Jahr 1900 ganze 1.681 Seelen zählte, entwickelte sich bis 1930 zu einem urbanen Ballungsraum (natürlich aus Beton erbaut) von mehr als 200.000 Einwohnern.[22]

Flaglers Eisenbahn ließ auch andere Städte entlang der vormals kaum bewohnten Küstenlinie entstehen und bereits bestehende anwachsen, darunter Fort Lauderdale, eine Kleinstadt benannt nach dem Fort, von dem aus amerikanische Truppen einst gegen die Seminolen gekämpft hatten. Bevor es die Eisenbahn gab, heißt es in der offiziellen Geschichte des Countys, war das Gebiet zumeist

Sumpfland, zugänglich »nur einigen wenigen Abgehärteten«.[23] Mit steigender Einwohnerzahl wurde die Stadt Teil des neu geschaffenen Broward County, benannt nach dem ehemaligen Gouverneur Napoleon Bonaparte Broward, einem tatkräftigen Trockenleger von Sumpfland.

(Broward war außerdem ein waschechter Rassist, der forderte, alle Afroamerikaner aus Florida auszuweisen.[24] Er hat sich gewiss im Grab umgedreht, als Jahrzehnte später, während der Bürgerrechtsbewegung in den 1960er-Jahren, afroamerikanische Einwohner des Countys, das seinen Namen trägt, eine Reihe von Protesten auf den nur Weißen vorbehaltenen Stränden abhielten. Trotz gerichtlicher Bemühungen der Behörden von Fort Lauderdale und der aufgebrachten Proteste von Weißen gelang es der Bewegung, per Gesetz die Rassentrennung an den Stränden aufzuheben.[25])

Der Immobilienboom auf einem derart weiträumigen Gelände und die Aussicht, maßgeschneiderte Städte bauen und damit enorm viel Geld verdienen zu können, lockte Investoren, betuchte Visionäre und Profitmacher aus dem ganzen Land an – darunter auch unser alter Freund Carl Fisher, der Erbauer des Lincoln Highway.

Im Jahr 1916 eröffnete Fisher eine weitere den Kontinent überspannende Straße, den Dixie Highway, der den Mittleren Westen mit Florida verband. Wie beabsichtigt, brachte dieser noch mehr Besucher in den Bundesstaat. 1919 eröffnete in Fort Lauderdale das erste Touristenhotel.[26] Doch Fisher hatte Größeres im Sinn. Er visierte die Region weiter im Süden an und kaufte Hunderte Hektar sandumsäumtes Sumpfland nahe Miami auf. »Fisher's Folly war ein mückenverseuchter Sumpf auf der Meeresseite der Biscayne Bay«, schreibt T. D. Allman in *Finding Florida*. »Diese morastige Wildnis, beschloss er, würde für Menschen mit Automobilen zu so etwas werden, was Palm Beach für jene war, die in privaten Eisenbahnwaggons reisten.«[27] Fisher ließ die Mangroven entfernen, Tausende Tonnen Sand und Schlamm aus der Bucht baggern und damit das Land auffüllen, bis es stabil genug war, um darauf bauen zu können, und taufte das Ganze Miami Beach.

Es war ein kühnes Megaprojekt der Landschaftsgestaltung, aber nicht das erste. Einige der berühmtesten Strände der Welt wurden mithilfe von massenhaft herbeigeschafftem Sand auf ähnliche Weise erschaffen oder erweitert. Noch vor hundert Jahren war Waikiki Beach auf Hawaii nur ein schmaler, von Moor gesäumter Sandstreifen; seine jetzige imposante Größe verdankt er vielen Schiffsladungen Sand von anderen hawaiianischen Inseln, und in den 1930er-Jahren wurde sogar einmal Sand aus Kalifornien importiert.[28] Heute muss der Strand nach wie vor regelmäßig wieder aufgefüllt werden. Viele Strände der Kanarischen Inseln waren einfach nur Felsküsten, bis Landschaftsentwickler Tonnen von Sand aus der Karibik und Marokko dort abluden.[29] Ein halbes Dutzend der Strände in Barcelona wurde für die Olympischen Spiele 1992 künstlich aufgeschüttet. Dies ist eine derart etablierte Praxis, dass man sogar mitten in Paris jeden Sommer für einige Wochen an der Seine einen Strand anlegt.[30] (An der Südwestküste Frankreichs protestieren Anwohner seit Jahren gegen die Entnahme von Sand an ihren Stränden.)

Fisher putzte sein vorgefertigtes Paradies mit einem schicken Hotel- und Casinokomplex heraus, getoppt von einer Kuhherde zur Versorgung der Gäste mit frischer Milch und einem Elefantenbaby, mit dem sich die Urlauber fotografieren lassen konnten. Er baute einen Jachthafen, legte Polofelder an und organisierte Schnellbootrennen. Das Geschäft brummte. 1925 wurden Fishers Unternehmen in Florida auf einen Wert von mehr als 100 Millionen Dollar taxiert – was einem heutigen Wert von mehr als 1,3 Milliarden Dollar entspricht.

Doch im Jahr darauf suchte ein Hurrikan mit Windgeschwindigkeiten von 200 Stundenkilometern den Süden Floridas heim. Der Sturm und die hereinbrechenden Wellen zerschlugen die Mauern von Fishers Hotel, fluteten die unteren Stockwerke und zerstörten kleinere Gebäude vollständig. Viele Menschen starben. All jene Leute aus dem Norden und andere, die nach Florida geströmt waren, überlegten es sich plötzlich anders, und der Immobilienmarkt brach zusammen. Drei Jahre danach kam es zum Börsenkrach, durch den Fisher sein gesamtes Vermögen verlor. Er starb zehn Jahre später als nahezu mittelloser Alkoholiker.

Miami Beach jedoch erlebte eine noch viel glanzvollere und lukrativere Zukunft, ebenso das Broward County nördlich davon. Fort Lauderdale galt in den USA jahrelang als die Hauptstadt der Frühjahrsferien, ein Titel, den loszuwerden die Stadt seit 1985 einige Anstrengungen gekostet hat, nachdem in jenem Jahr 350.000 Studierende – der absolute Rekord – Fort Lauderdale überrannt hatten. Inzwischen brüstet sich die Stadt lieber mit ihren Jachtclubs.

Heute stellt der auf Dauerurlaub am Strand ausgerichtete Lebensstil, den Fisher tatkräftig zu popularisieren half, den Mittelpunkt der Wirtschaft und Identität Floridas dar. Der Tourismus ist die wichtigste Industriebranche in dem Bundesstaat mit dem nicht sehr subtilen Spitznamen Sunshine State. Allein das Broward County lockt jedes Jahr 14 Millionen Gäste an seine Strände und erzielt dadurch an die sechs Milliarden Dollar Gewinn. Ganz Florida genommen, besuchen 71 Millionen Touristen alljährlich den Bundesstaat; rund 23 Millionen davon kommen hauptsächlich wegen eines Strandurlaubs und generieren laut einer Studie aus dem Jahr 2000 direkte und indirekte Einnahmen in Höhe von mehr als 41 Milliarden Dollar.[31]

Flagler und Fisher machten den Weg in den Süden Floridas frei, aber der Zustrom der Massen wurde erst durch die Interstate Highways möglich. Der I-95 beförderte die Menschen aus den Großstädten an der Ostküste direkt in den Süden, über den I-75 pilgerten sie aus dem Mittleren Westen herbei und über den I-10 aus allen Gegenden westlich von Florida.

Diese Entwicklungen griffen ineinander, wie Sandkörner ineinandergreifen, um sich zu Beton zu formen. Die Glorifizierung des

Sandstrands ließ Städte wie Miami Beach und Fort Lauderdale aufblühen. Aus Sand gebaute Straßen ermöglichten es, dorthin zu gelangen. Mit Beton wurden im einstigen Nirgendwo ganze Städte aus dem Boden gestampft, um diese Menschen zu beherbergen. Später folgten, ebenfalls aus Beton errichtet, riesige Themenparks – die Walt Disney World, die Universal Studios –, die noch mehr Menschen anlockten. Sand auf Sand auf Sand.

In jedem Badeort beruht die gesamte Tourismuswirtschaft auf Sand. Sonne und Meer sind großartig, aber ohne einen weichen Sandstrand erhält man bestenfalls eine dieser mäßig reizvollen Städte am Mittelmeer, wo man auf einem Felsen oder einem Wellenbrecher aus Beton sonnenbaden kann. Das lockt keine Millionen von Touristen an. Sand verwandelt einen Ort, der bloß heiß ist und am Meer liegt, in ein allgemein begehrtes Urlaubsziel. Gib Sand hinzu, und plötzlich ist selbst die sumpfige, malariaverseuchte Küste von Südflorida ein Vermögen wert.

Zahllose andere Orte auf der ganzen Welt, vom Schwarzen Meer bis zu den Bahamas, hängen von dem Geld der Touristen ab, die nach jener magischen Kombination von Sonne, Meer und Sand suchen. Ohne seine Strände wäre Hawaii nur eine große Ananasplantage. Die fantastischen Strände der Fidschiinseln ziehen Touristen an, die jährlich eine Milliarde Dollar im Land lassen – mehr als der Mikrostaat im Pazifik mit seinen fünf wichtigsten Exportgütern zusammengenommen erwirtschaftet.[32]

Doch Strände werden immer mehr nach etwas anderem taxiert, das sich vielleicht als sogar noch wichtiger herausstellen wird als die Einnahmen durch den Tourismus. Diese Unmengen Sand am Meer sind ein mächtiger Schutz für die Menschen, die küstennah wohnen. Strände sind Bollwerke, die in unserer klimatisch bedrohten Welt Leben und Eigentum vor Stürmen und dem Anstieg des Meeresspiegels bewahren können. Küstenschutz ist zu einem der Hauptgründe für die Wiederauffüllung von Stränden geworden, und das völlig zu Recht.

Während sich der Klimawandel weiterhin beschleunigt, siedeln immer mehr Menschen an den Küsten. Vor allem seit den 1960er-Jahren strömen die US-Bürger in die Küstenorte – nicht nur zum Urlaub, sondern um dort dauerhaft zu leben. Häfen, Fischerstädte und leere Räume entlang der Küsten wurden in meernahe Vorstädte und Seniorensiedlungen umgewandelt. Eine Analyse von Reuters ergab, dass zwischen 1990 und 2010 rund 2,2 Millionen neue Gebäudeeinheiten unweit der amerikanischen Küsten entstanden, viele davon in Gebieten, die aufgrund des Anstiegs des Meeresspiegels als höchst gefährdet gelten. Ein Drittel davon in Florida.[33]

Falls Sie das für ziemlich verrückt halten, sollten Sie Folgendes wissen: Die US-Regierung fördert diese Entwicklung.[34] Washington subventioniert Stadtverwaltungen und Hausbesitzer, die in gefährdeten Küstengebieten bauen, mit Milliarden Dollar in Form von Versicherungsgarantien, Hilfsprogrammen im Katastrophenfall und anderen Rettungsschirmen.[35] Die aus Steuermitteln finanzierte Wiederauffüllung von Stränden hat auch den perversen Effekt, dass sie die Immobilienwerte steigert, wie in einer neueren Studie festgestellt wurde.[36]

Allein die Düneninsel vor der Küste des Broward County verfügt über eine Infrastruktur – Hotels, Wohnhäuser und andere Einrichtungen –, die auf vier Milliarden Dollar taxiert wird. Insgesamt sind die US-Küsten von Immobilien im geschätzten Wert von 1,4 Billionen Dollar gesäumt. All dies – und ebenso der Immobilienbestand im Wert zahlloser weiterer Milliarden in den Küstenorten anderer Länder – ist durch den Anstieg des Meeresspiegels sowie häufiger auftretende Starkwinde und »Jahrhundertfluten« infolge des Klimawandels gefährdet.

Die dicht bevölkerte Ostküste der USA erlebt heute schon einen Anstieg der Überflutungen, ganz zu schweigen von der Zunahme schwerer Stürme.[37] Als der Hurrikan Sandy 2012 auf die Ostküste traf, verloren 159 Menschen ihr Leben, außerdem wurden mindestens 650.000 Häuser beschädigt oder zerstört, woraus sich ein Schaden von rund 65 Milliarden Dollar errechnete.

Der Wirbelsturm Sandy verursachte die schlimmsten Verwüstungen dort, wo die Strände erodiert waren, sodass es zwischen den Städten und den wütenden Winden und Wellen keine oder nur mehr eine sehr geringe Pufferzone gab. Andererseits verhinderten nach Schätzungen des US Army Corps of Engineers wiederaufgefüllte Strände in den Bundesstaaten New York und New Jersey Schäden in Höhe von 1,3 Milliarden Dollar, die Sandy andernfalls verursacht hätte.[38]

Wie sich herausgestellt hat, sind Sanddünen ebenfalls eine gute Sicherungsmaßnahme. Jahrzehntelang ließen Immobilienentwickler Sanddünen abtragen, um mehr nutzbaren Strand zu gewinnen und Hotelgästen wie Wohnungseigentümern einen freien Ausblick zu verschaffen. Aber im Lauf der Zeit zeigte sich, dass natürliche Dünen, wenn man sie an Ort und Stelle lässt, sehr wirksam Gebäude schützen können. »Nach Sandy haben alle Küstengemeinden ihre Haltung gegenüber Dünen geändert«, sagt Nicole Sharp. »Die Leute erkennen, dass sie einen Schutz vor Stürmen bieten.« Natürlich entstandene Sandgebilde verteidigen die durch Menschenhand erschaffenen.

Angesichts der Bedeutung von Stränden als Wirtschaftsfaktor und als Gefahrenabwehr ist ihr Schutz nicht nur für Florida von höchster Wichtigkeit, sondern auch für die vielen anderen Städte weltweit, die ihr Schicksal mit den unsteten Sandmassen an ihren Küsten verbunden haben. Vielerorts wurden Strände verstärkt, indem man sie mit Wellenbrechern aus Felsgestein oder Beton »nachrüstete«, massiven Gebilden, die vor dem Strand aus dem Meer ragen. Doch solche Hilfsmittel sind weitgehend in Ungnade gefallen, nachdem man herausgefunden hatte, dass sie oft im Lauf der Zeit die Erosion noch beschleunigen, indem sie Strömungen verstärken, Wellen zurück an den Strand werfen und den Zustrom von natürlichem Sand blockieren.

Was uns zur Wiederauffüllung von Stränden zurückführt. Strände wurden schon mindestens seit dem Coney-Island-Projekt im Jahr 1922 künstlich mit Sand von anderswo aufgefüllt. Mitte der 1960er-Jahre erfuhr diese Methode weite Verbreitung, nachdem ein besonders heftiger Sturm die Strände von New Jersey verwüstet hatte.[39] Im Broward County wird sie seit 1970 praktiziert.[40] Erinnern Sie sich noch an den »unerschöpflichen« Nachschub an Strandsand, der Bauherren auf Long Island in New York lockte? Auch diese Strände mussten wiederaufgefüllt werden. Inzwischen ist die Wiederauffüllung weltweit Standardpraxis. (Aber nicht immer einfach zu bewerkstelligen. In Mumbai musste 2016 ein derartiges Projekt eingestellt werden, weil die Stadtbehörden nicht genügend Sand beschaffen konnten.)

Die Wiederauffüllung bietet jedoch kein Heilmittel gegen die Stranderosion; es ist ein Verfahren, das regelmäßig wiederholt werden muss. Nur wenige wiederaufgefüllte Strände halten länger als fünf Jahre durch, bis sie wieder Nachschub brauchen. Dutzende Strände in Florida wurden inzwischen bereits mehrfach wiederaufgefüllt, manche bis zu 18 Mal. Dafür kamen fast 200 Millionen Kubikmeter Sand zum Einsatz. Am Strand von Ocean City in New Jersey fand schon 38-mal eine Wiederauffüllung statt und am Virginia Beach in Virginia sogar mehr als 50-mal.[41]

Außerdem verschlingt dieses Verfahren eine Menge Geld. Einen Strand wiederaufzufüllen kann bis zu zehn Millionen Dollar pro Meile (1,6 Kilometer) kosten.[42] In einem auf mehrere Jahre hin angelegten und 2015 begonnenen Projekt hat allein das Broward County für die Wiederauffüllung seiner 24 Meilen (38,6 Kilometer) langen Strände 100 Millionen Dollar aufgewendet. Nicht wenige andere Strände wie jener von Atlantic City haben allein mehr als 100 Millionen Dollar verschlungen.

Und die Kosten werden weiter steigen. Andy Coburn, Wissenschaftler beim Programm zur Untersuchung erschlossener Küsten an der Western Carolina University, schätzt, dass sich die Ausgaben für den Sand zur Wiederauffüllung seit den 1970er-Jahren verachtfacht haben. Ein Kubikmeter kostet inzwischen über 17 Dollar, und Coburns Meinung nach wird sich der Preis aufgrund steigender Nachfrage und der Tatsache, dass der am leichtesten zu fördernde Sand zur Neige geht, kontinuierlich erhöhen.

Natürlich sei die Wiederauffüllung teuer, ist es oft zu hören, aber sie zahle sich aus angesichts dessen, was der Tourismus der örtlichen, bundesstaatlichen und regionalen Wirtschaft einbringe. Unter rein finanziellen Gesichtspunkten ist dies unbestreitbar. Doch es entstehen noch andere Kosten, die nicht immer in Dollar zu berechnen sind.

Die künstliche Strandgestaltung kann die Umwelt tief greifend schädigen, wie Wissenschaftler und Umweltschützer dokumentiert haben. Die Geologen Harold Wanless von der University of Miami und Orrin Pilkey von der Duke University läuten neben anderen schon seit vielen Jahren die Alarmglocken, was die Folgen der Strandwiederauffüllung für die marinen Ökosysteme und Habitate betrifft. Doch kaum ein Kritiker geht so leidenschaftlich zu Werke wie Dan Clark.

Clark, ein rundlicher, rotgesichtiger Mann mit langem roten Pferdeschwanz, ist Gründer und Vorsitzender der Organisation Cry of the Water, die sich dem Schutz der örtlichen Korallenriffe verschrieben hat. Er wuchs im pferdebegeisterten Wisconsin auf, wo sein Urgroßvater einst Zebras und Pferde für den Zirkus der Ringling Brothers trainierte. Im Alter von etwa acht Jahren zog er mit seiner Mutter ins Broward County. Dort entdeckte er die Leidenschaft seines Lebens, das Sporttauchen.

»Die Riffe, wo ich in den Siebzigern das Tauchen gelernt habe, sind zerstört«, erklärte er. »Das letzte intakte ist genau hier bei uns.«

Clark und seine Frau Stefi bestreiten ihren bescheidenen Lebensunterhalt, indem sie sich um leer stehende Ferienwohnungen kümmern und andere Gelegenheitsarbeiten verrichten. »Wir reinigen Boote, Toiletten, egal, was kommt, Hauptsache, es lässt sich damit Geld verdienen«, sagte Clark. In den vergangenen 20 Jahren hat er so gut wie alles getan – außer sich vor einen Bulldozer zu werfen –, um die Strandwiederauffüllung im Broward County zu verhindern. Er reichte Klagen ein, sprach bei Regierungsvertretern vor, machte sich bei Bürgerversammlungen unbeliebt und sorgte dafür, dass die örtlichen Medien von ihm hören, sobald das Thema zur Sprache kommt. »Ich kämpfe jetzt schon seit 19 Jahren«, erklärte er stolz.

Zweifellos kann die Wiederauffüllung Fauna und Umwelt schädigen. In Florida ist man offenbar am meisten um die liebenswerten Meeresschildkröten besorgt, die von März bis Oktober aus dem Atlantik an die Strände krabbeln, um dort ihre Eier abzulegen. Um die Schildkröten während ihrer Brutzeit nicht zu stören, ist im Broward County die Wiederauffüllung nur außerhalb dieser Monate erlaubt.

Der neue Sand muss außerdem die Eigenheiten des natürlich vorkommenden Sandes aufweisen, andernfalls werden die Schildkröten abgeschreckt. Sind die Körner zu scharfkantig, meiden die Tiere den Sand; ist er zu dunkel, kann sich der Strand zu stark erhitzen und die Eier zerstören. Auch darf das Gefälle am Strand nicht zu groß sein, sonst schaffen es die Schildkröten nicht, ihn hinaufzuklettern. Eastmans Crew lockert den Sand nach dem Abladen und Verteilen mit großen Rechen auf, damit er für die Schildkröten nicht zu kompakt ist. Aber trotz all dieser Maßnahmen wurde 2015 eine Handvoll der gefährdeten Moschusschildkröten versehentlich von einem Trawler getötet, als er Sand für die Küste des Palm Beach County baggerte.

Sandstrände sind auch Lebensraum vieler weiterer Tiere auf dem und im Wasser. Neben den sichtbaren – Muscheln, Krabben, Vögeln, Pflanzen – beherbergen sie allerlei Faden- und Strudelwürmer, Bakterien und andere Organismen, die so klein sind, dass sie auf der Oberfläche einzelner Sandkörner leben. Trotz ihrer winzigen Größe spielen viele dieser Lebewesen eine wichtige

Rolle im Ökosystem, wandeln organische Materie um und bilden die Nahrung anderer Lebewesen, darunter die Fische.[43] Tausende Tonnen Sand auf diese Organismen abzuladen kann für sie tödlich enden. In einer Untersuchung der University of California wurde 2016 festgestellt, dass die Population von marinen Würmern und anderer Wirbelloser auf den Stränden von San Diego nach einer Strandwiederauffüllung um die Hälfte zurückging.[44] In einer anderen kürzlich durchgeführten Studie in South Carolina fand man heraus, dass die Population von Wanzen, Würmern und anderen Organismen, die auf dem Meeresboden leben, erheblich gesunken war, nachdem man dort Sand für die Wiederauffüllung gebaggert hatte.[45]

Die Korallenriffe vor der Südküste Floridas sind ebenfalls ein umstrittenes Thema. In der Vergangenheit wurden sie von Schwimmbaggern beschädigt, weshalb die Countys Miami-Dade und Broward dies nicht mehr erlauben. Aber das hartnäckigste Problem ist die Wassertrübung durch aufgewirbelten Sand. Im Wasser schwebender Sand kann verhindern, dass die Korallen genügend Licht erhalten, und wenn die Sandkörner zu Boden sinken, können sie die Riffe ersticken – mitsamt allen Lebewesen, die auf ihnen siedeln. Clark präsentierte mir einen Stapel laminierter Unterwasserfotos, die er im Laufe der Jahre gemacht hatte. Einige zeigten mit einer dicken Schlickschicht überzogene Korallen, als wären sie jahrelang auf einem Dachboden vor sich hin verstaubt. »Was nicht direkt kaputtgeht, wird unter Schlick und Sediment begraben«, sagte Clark. 2016 musste im benachbarten Palm Beach County ein weiteres bereits angelaufenes Programm zur Wiederauffüllung mehrmals kurzzeitig unterbrochen werden, weil die Wassertrübung zu stark geworden war.

Die Entnahme von Sand aus dem Meeresboden bewirkt die stärkste Trübung, aber selbst der per Lkw herantransportierte Sand verursacht eine solche Verunreinigung. Denn wie auch immer er auf den Strand gelangt – ein Teil des frisch abgeladenen Sandes, der lockerer aufliegt als auf einem Naturstrand, wird zwangsläufig ins Wasser geschwemmt. Im Jahr 2016 trieb in Südkalifornien Sand aus einem Wiederauffüllungsprojekt in die Mündung des Tijuana und verstopfte sie so sehr, dass sich dort nach Regenfällen das für Fische tödliche Abwasser konzentrierte.[46]

Bauunternehmer wie Bernie Eastman sind verpflichtet, unabhängige Gutachter zur regelmäßigen Prüfung des Trübungsgrads zu beauftragen. Das jedoch genügt Clark nicht. Er glaubt, die Gutachter würden die Proben manipulieren und Wasser vom Rand der Sedimentwolken entnehmen, aber nicht von ihrem Zentrum, wo sich der Sand am dichtesten konzentriert. »Man kann auch nachweisen, dass ein Footballfeld weiß ist, wenn man Proben nur von den Linien entnimmt«, erklärt er gern.

»Die Gutachter stehen unter großem Druck, das Projekt am Laufen zu halten«, fügte Ed Tichenor hinzu, ein Umweltaktivist, der im Palm Beach County mehr oder weniger das Gleiche tut wie Clark im Broward County. »Sie bekommen pro Tag 800 Dollar. Wenn sie das Projekt dichtmachen, haben sie keinen Job mehr.«

Das ist ein dauerhaftes Problem, vor dem jeder steht, der die Folgen eines in komplexer Weise auf die Umwelt einwirkenden Prozesses herauszufinden versucht. Immer stellt sich die Frage: Wie verlässlich sind die Daten? Wer hat sie erhoben? Was ist das Motiv der Datensammler? Reichlich Argwohn vorausgesetzt, kann man praktisch niemandem trauen, dass er die Ergebnisse nicht verfälscht.

Clark führt eigene Messungen durch. Mehr als einmal, sagt er, habe er sich mit orangefarbener Warnweste und Schutzhelm an einem Arbeitertrupp vorbeigemogelt und eine Probe von dem soeben abgeladenen Sand genommen, um zu prüfen, ob er die Spezifikationen des Countys erfüllt. Manchmal steigt er in sein Fischerboot und nimmt Proben vom Meerwasser, um dessen Eintrübung zu messen. Aber zumeist sammelt er Proben direkt vom Strand. Ich begleitete ihn und Stefi einmal, als sie sich mit einer Tasche leerer Plastikflaschen, Eddings zur Beschriftung und einem kleinen GPS-

Gerät, mit dem sie den genauen Ort der Wasserprobe festhielten, auf den Weg machten. Wir spazierten zu einem Abschnitt mit dem neu aufgebrachten Strand, den Eastmans Crew wenige Tage zuvor fertiggestellt hatte. Clark watete ins Wasser, ohne sich um Hose und Stiefel zu scheren, füllte eine der Flaschen und hielt sie mir entgegen. Das Wasser war derart stark mit Schlick versetzt, dass es wie Schokomilch aussah. »Sie waschen den Sand vorher nicht. Zumindest nicht genügend. Die Sache ist die, dass sie es könnten, aber das kostet halt«, erklärte mir Clark.

Etwa 800 Meter weiter südlich endete die wiederaufgefüllte Zone, und wir standen wieder auf heimischem Sand. Clark füllte dort eine weitere Flasche. Das Wasser in ihr war fast vollständig klar. Er schüttelte die Flasche, um mir zu zeigen, wie rasch sich der Sand wieder am Boden absetzte und das Wasser klar blieb. Die Proben aus den wiederaufgefüllten Zonen hingegen waren immer noch milchig trüb, und obendrauf bildeten sich Blasen wie Schaum auf einem Bier. »Es könnten Phosphate sein, die das verursachen«, sagte Clark. Ein weiterer potenzieller Schadstoff.

Die einzige Möglichkeit, die Tücken der Strandwiederauffüllung vollständig zu vermeiden und gleichzeitig die Küstenstädte zu erhalten, bestünde darin, diese Städte weiter ins Inland zu verlagern. Rückzug ist eine radikale Entscheidung, aber eine, für die etliche Forscher intensiv werben.

Doch es ist kaum vorstellbar, dass so etwas tatsächlich geschehen wird. Bisher haben wir die Verteidigung dem Rückzug vorgezogen. Miami Beach investiert 400 Millionen Dollar für den Bau von Wellenbrechern, das Höherlegen von Straßen und die Installation vom Pumpen, um für die erwartbare Zunahme von Überschwemmungen infolge des steigenden Meeresspiegels gerüstet zu sein. Überall auf der Welt geben Küstenstädte wie Jakarta oder Bangkok Milliarden für gigantische Wellenbrecher und andere Schutzmaßnahmen aus.

Rückblickend war es offensichtlich närrisch, so viel so nah an den Meeressaum zu bauen. Aber nun leben dort Millionen Menschen in Gebäuden, die Milliarden Dollar wert sind; wie könnten wir das alles zurückdrehen? Niemand weiß das, und nur wenige stellen diese Frage. Wodurch uns wohl nichts anderes übrig bleibt, als Strände wiederaufzufüllen, sowohl als Schutz vor dem Ozean als auch als Magneten für den Tourismus. Die Frage ist nur, wie lange wir dies noch weiterführen können, bis uns dafür entweder das Geld oder der Sand ausgeht.

Mike Jenkins, ein Ingenieur in den Vierzigern, arbeitet bei Applied Technology & Management, einer auf Küstenbauten wie Jachthäfen und künstliche Inseln spezialisierten Firma. Er hat bereits zahlreiche Projekte zur Wiederauffüllung von Stränden geleitet. Weit besser als die meisten kennt er die Probleme.

»Ab einem bestimmten Punkt ist es vorbei mit der Nachhaltigkeit«, erklärte er mir in einem Konferenzraum in der Zentrale seines Unternehmens in West Palm Beach. »Von heute aus gesehen, kann das vielleicht in hundert Jahren der Fall sein oder in zweihundert, aber irgendwann baggerst du alles aus, was dir in die Finger kommt.« Wir könnten diesen Zeitpunkt weiter hinausschieben, wenn wir manche der künstlichen Buchten und Wellenbrecher umgestalten, die den Fluss des Sandes hemmen, meinte er, aber auf lange Sicht stelle sich ein noch größeres Problem. »Die letztendliche Nachschubquelle sind die Flüsse. Wenn man die nächsten Jahrzehnte ins Auge fasst, bedeutet die Tatsache, dass sämtliche Flüsse gestaut werden, dass es diesen Nachschub an Sand nicht mehr geben wird. Aber es kann noch hundert Jahre dauern, bevor man anfängt, das zu merken. Die Demografie zeigt, dass die Leute an die Küsten ziehen. Die Infrastruktur entsteht an der Küste. Aber ist das schlau? Vermutlich nicht. Trotzdem tun wir es.«

Wir hören nicht auf, Sandburgen zu bauen, ohne uns darum zu kümmern, dass die Flut steigt.

ZWISCHENSPIEL

7.500.000.000.000.000.000

Das ist die Anzahl der Sandkörner, die es Schätzungen zufolge auf den Stränden dieser Welt gibt – 7500 Billiarden. Oder 7,5 Milliarden Milliarden, wenn Ihnen das lieber ist.

Diese beeindruckende Zahl verdanken wir Howard McAllister, einem Forscher der University of Hawaii. Er errechnete sie, indem er davon ausging, dass die Strände der Welt durchschnittlich 30 Meter tief und fünf Meter breit mit Sandkörnern eines durchschnittlichen Volumens von einem Kubikmillimeter bedeckt sind. Er könnte sich um eine oder zwei Billiarden vertan haben, aber wer will schon nachzählen?

Kapitel 8
Land aus Menschenhand

Josef Kleindienst, groß gewachsen, mondän und mit selbstsicherem Auftreten in einem cremefarbenen Anzug und kornblumenblauen Hemd, begrüßte mich freundlich in seinem eigenen privaten Deutschland. Ich folgte ihm, vorbei an seiner schnittigen kleinen Jacht, auf einen Strand, der mit einem Holzschild in den Farben der deutschen Nationalflagge gekennzeichnet war. Darauf, in deutscher Sprache: WILLKOMMEN IN DEUTSCHLAND.

Zur Zeit dieses Besuchs, Ende 2015, war schwer zu erkennen, was an diesem Ort speziell teutonisch war. Zum einen herrschte warmes, sonniges Wetter, obwohl Weihnachten nur mehr wenige Wochen entfernt lag. Und zum anderen handelt es sich um eine Insel. Genau genommen ist es keine richtige Insel, sondern eine enorme Masse Sand vom Meeresboden des Persischen Golfs, aufgeschüttet einige Kilometer vor der Küste von Dubai, einem der sieben Kleinkönigtümer, die zusammen die ölreichen Vereinigten Arabischen Emirate bilden.

Ein paar zierliche Olivenbäumchen und Palmen in Töpfen standen unweit eines kleinen Pavillons, in dem ein paar Golfwagen parkten. Zwei Arbeiter mit gelben Warnwesten und Helmen bummelten herum, während ein Dritter am Wassersaum entlangspazierte und nach nicht vorhandenem Unrat Ausschau hielt. Im Übrigen bestand dieses Deutschland einfach nur aus rund sechs Hektar flachen, bloßen Sandes.

Doch Kleindienst, ein in Österreich geborener Immobilienentwickler, strebt nach etwas weit Größerem. Er investiert etliche zehn Millionen Dollar, um aus dieser Sandaufschüttung und fünf weiteren, die durch kleine Brücken miteinander verbunden sind, einen luxuriösen Urlaubsort europäischen Zuschnitts zu erschaffen, der sich seiner Meinung nach für Scharen von Urlaubern und Ferienhauskäufern aus der ganzen Welt als unwiderstehlich erweisen wird. Jede der sechs Inseln orientiert sich an einem bestimmten realen Land oder einer Region – Deutschland, Monaco, Schweden, die Schweiz, Sankt Petersburg und »Haupteuropa«. Auf der Schweden-Insel wird es mit Saunen ausgestattete Privatvillen geben, deren Dach dem umgedrehten Rumpf eines Wikingerschiffs ähnelt. »Monaco« soll über ein Sieben-Sterne-Hotel und eine Marina verfügen, zusammen mit Objekten aus dem Leben der verstorbenen Prinzessin Grace Kelly. Das in Herzform angelegte »Sankt Petersburg« wird mit klassischem Ballett und Opernaufführungen aufwarten. Auf der unklar definierten Insel »Haupteuropa« soll es eine künstlich beregnete Straße wie in der Wiener Innenstadt geben. Das Sahnehäubchen der Hybris auf diesem gigantischen immobilen Zuckertörtchen wird die Schweiz-Insel bilden, mit einer nachgemachten Großstadtstraße, in der echter Schnee aus geschickt kaschierten Dachrohren auf die umherschlendernden Touristen herabrieseln wird.

»Auf der einen Seite kann man dann jeden Tag Schnee haben, auf der anderen einen tropischen Strand«, meinte Kleindienst begeistert in seinem an Schwarzenegger erinnernden Akzent. »Wir werden einen Ort hervorbringen, den es sonst nirgendwo gibt.«

Kleindienst setzte sich ans Steuer eines der Golfwagen, um mir die kleinen Inseln zu präsentieren, die bald als »Mitteleuropa« auferstehen sollen. »Was wir [2007] gekauft haben, war nichts als ein Sandhaufen«, sagte er. Auch 2015 war es immer noch kaum mehr als das. Die einzige Insel, auf der sich überhaupt etwas regte, war »Schweden«, das zur exklusivsten von Kleindiensts Eilanden auserkoren ist (auch wenn nicht klar wurde, warum er glaubte, dass ein skandinavisches Land, in dem das halbe Jahr lang Kälte und Dunkelheit herrschen, im Nahen Osten eine Riesenattraktion sein soll). Zwei Dutzend Arbeiter und ein paar Bulldozer, Schaufellader und Lkw tummelten sich um eine Handvoll Baustellen im Westentaschenformat. Die meisten waren einfach nur tiefe Löcher mit Pfützen aus eingedrungenem Meerwasser. Sie sollen, mit Beton gefüllt, das Fundament der zehn Privatvillen auf der Insel bilden. Die 1.800 Quadratmeter großen Vergnügungspaläste werden über sieben Schlafzimmer, eine Sauna, einen »Schneeraum«, ein Privattheater und ein Fitnessstudio verfügen; für einen Aufpreis kann man sich die Villa auch von Bentley, dem Hersteller von Luxusautos, ausstatten lassen. Verhandlungsbasis: 13 Millionen Dollar. In den Villen sind Aufzüge vorgesehen, was nicht unwichtig ist, denn sie werden vier Stockwerke hoch, jeweils mit einer privaten Disco ganz oben. »Wird vielleicht ein wenig laut«, meinte ich. »Das hoffen wir doch! Das hier ist eine Party-Location!«, erwiderte Kleindienst begeistert.

Bei Fertigstellung, so Kleindienst, werde das ganze Projekt mit dem Namen »Herz Europas« 4000 Wohneinheiten sowie zwölf Hotels (einschließlich des einzigen in den VAE, in das man seinen Hund mitbringen darf) und Dutzende Restaurants umfassen. Auf die Inseln führen keine Straßen, und sie selbst haben auch keine einzige; Besucher müssen per Boot, Hubschrauber oder Wasserflugzeug anreisen.

Ich habe eine Zeit lang in Las Vegas gelebt, weshalb mir vieles hier vertraut erschien. Kleindiensts Projekt erinnerte mich an die gewaltig dimensionierten Themenhotelcasinos, speziell an eines, das mir besonders gefällt: das Venetian mit seinen Kanälen im Innenbereich, auf denen Gondeln verkehren, und dem nachgebauten Markusplatz.

Kleindienst mochte diesen Vergleich nicht.

»Es ist nicht wie das Venetian«, erklärte er geringschätzig. »Dort orientiert man sich an Themenparks. Wir hier hingegen bauen eine Freizeitlocation mit Elementen verschiedener Länder. Jedes Restaurant wird über Personal aus dem betreffenden Land verfügen, und diese Leute werden sich wie in ihrem Heimatland verhalten. Wir möchten ein authentisches Erlebnis bieten.« Auf den Inseln soll auch mit Euro bezahlt werden und nicht mit der einheimischen Währung Dirham. Jene Bäume, die verstreut am Hafen der Deutschland-Insel herumstehen, sind jahrhundertealte, aus Spanien importierte Olivenbäume; sie sollen einmal der Monaco-Insel ein authentisch mediterranes Ambiente verschaffen. Es wird Straßenkünstler, Musiker und sogar einen Zirkus geben, alles aus Europa importiert.

»Europa besteht aus 51 Ländern«, fuhr Kleindienst fort. »Jede Woche werden wir ein Festival aus einem dieser Länder feiern. Wir werden aus jedem Land ein typisches Restaurant haben und Künstler aus jedem Land. Wir möchten, dass im finnischen Restaurant die Gäste auf Finnisch begrüßt werden. Man soll Europa hier im ›Herzen Europas‹ erleben können.«

Wenn man es sich finanziell leisten kann, nach Dubai zu reisen, aber Europa erleben will, fragte ich mich, warum dann nicht einfach nach Europa reisen? »Natürlich, man kann in das echte Land fahren«, entgegnete Kleindienst, dem offensichtlich diese Frage schon öfter gestellt worden war. »Aber in Finnland kann man nicht das ganze Jahr über an den Strand gehen. Hier hat man die Gelegenheit, Speisen zu genießen, Festivals, Straßenkünstler aus 51 Ländern zu erleben, alles an einem einzigen Ort.« Nicht zu vergessen die Unterwasservillen, Feuerwerke und Schnorchelangebote.

Er hatte vor, 2020 mit einer großen Feier zu eröffnen, sagte Kleindienst. Allerdings musste er das Datum der Fertigstellung schon mehr als einmal verschieben. Während ich dies schreibe, Ende 2017, war das Bauprojekt noch voll im Gang.

So brobdingnagisch Kleindiensts Pläne auch erscheinen, sind sie doch nur ein kleiner Teil eines weitaus größeren Projekts. Kleindiensts sechs Miniländer in Inselgröße stellen lediglich eine Region von »The World« dar: einem Archipel von rund 300 künstlichen Inseln, die zusammen in etwa eine Weltkarte bilden, erbaut auf Geheiß des Emirs von Dubai. Seit Mitte des ersten Jahrzehnts unseres Jahrhunderts wurden Hunderte Millionen Tonnen Sand aus dem Persischen Golf gebaggert, um sie, angetrieben von der Hoffnung auf Riesengewinne, zu einem wahnwitzigen Paradebeispiel für Landschaftsgestaltung umzuformen. Es ist vermutlich die größte Ansammlung von künstlichem Land, die je zustande kam.[1]

Die Hoffnung war, Immobilienentwickler und die Superreichen dieser Welt würden die Inseln erwerben und sie in die je eigene skurrile Version des Landes verwandeln, aus dem sie stammen. Doch als es 2008 zur globalen Finanz- und Wirtschaftskrise kam, wurden die Arbeiten an »The World« eingestellt. Bei meinem Besuch im Jahr 2015 war fast jede dieser Hunderte von »Inseln« nicht mehr als ein niedriger Hügel aus bloßem Sand, ein heller Tupfer im Persischen Golf wie ein Klümpchen Kuchenteig auf einem großen blauen Tablett.

Das ganze Projekt ist natürlich lächerlich. Dubai, einst ein kleines Fischerdorf, in dem heute das höchste Gebäude der Welt steht und das mit der weltgrößten Shoppingmall sowie einer Halle zum Skifahren lockt, hat jedoch schon viele Male bewiesen, dass etwas, nur weil es lächerlich ist, nicht bedeutet, dass es eine schlechte Geschäftsidee wäre. Und dazu zählen definitiv auch riesige, fantasiereich geformte künstliche Inseln. In Dubai wurde auch Palm Jumeirah erbaut, eine von Menschen gemachte Halbinsel in Form einer Palme, eine derart große Landmasse, dass man sie vom Weltraum aus erkennen kann. Sie beherbergt eine großspurige Palette an Luxusapartments, Villen und Urlaubseinrichtungen, in denen Zehntausende Menschen arbeiten, leben und sich vergnügen. Anders gesagt, wo noch vor 15 Jahren nichts als Wasser war, hat Dubai Immobilien im Wert von Milliarden Dollar aus schlichtem altem Sand erbaut.

Palm Jumeirah und The World sind nur die protzigsten Projekte vieler solcher »Landgewinnungsvorhaben« am Persischen Golf und in der ganzen Welt. Vom Südchinesischen Meer bis zur Bucht von Tokio, von Kalifornien bis Nigeria schütten Menschen beispiellose Mengen Sand zu einem der hochtrabendsten Zwecke auf: der gottgleichen Macht, neues Land hervorzubringen. Wir haben gigantische Mengen Bau- und Quarzsand aus dem Erdboden gegraben und sie auf eine Weise verwendet, die unsere Lebensform verändert hat; jetzt holen wir gigantische Mengen marinen Sand vom Meeresboden und verwenden ihn, um buchstäblich die Welt zu verändern, die Form von Ländern und Küstenlinien umzugestalten und Land zu modellieren, wo es zuvor keines gab.

So verwendet, wird mariner Sand in wertvolle Immobilien umgewandelt. An manchen Orten macht man aus ihm auch ein Instrument der Geopolitik, eine Waffe, mit der sich Staaten auf Kosten ihrer Nachbarn Dominanz verschaffen wollen.

»Kauft Land!«, lautet ein berühmter Spruch von Mark Twain, »Gott erschafft keines mehr!« Eine witzige Bemerkung, aber komplett falsch. Die Niederländer erschaffen seit dem 11. Jahrhundert künstliches Land, ein Großteil davon unterhalb des Meeresspiegels, indem sie Feuchtgebiete eindämmen und sie mit Pumpen trockenlegen.[2] Peter Stuyvesant, der erste Gouverneur des später als »Manhattan« bezeichneten Gebiets, begann die Insel bereits 1646 zu erweitern, hauptsächlich mit Erde, die beim Bau von Gebäuden und Kanälen als Aushub anfiel. Sand jedoch ist das Material, das am meisten bei der Gewinnung von Neuland genutzt wird. Mit Sand aus dem Wasser wurden lange Abschnitte des Seeufers von Chicago erbaut; das Gleiche geschah in Marseille, Hongkong und Mumbai.[3] In den 1850er-Jahren füllten Immobilienentwickler flache Bereiche der Bucht von San Francisco mit Sand aus den umliegenden Hügeln auf, um das zu formen, was heute der Finanzdistrikt der Stadt ist.[4] Anderswo in den USA wurde Sand für den Bau künstlicher Inseln verwendet, beispielsweise Treasure Island bei San Francisco, Balboa Island in Südkalifornien und Harbor Island bei Seattle.

Diese Objekte sind allerdings mickrig im Vergleich zum gewaltigen Umfang und der Kühnheit moderner Landgewinnungsprojekte. Was sie antreibt, ist eine altbekannte Kraft: der immer stärkere Zustrom von Menschen in die Großstädte.

Weil Städte Handel benötigen, um zu florieren, liegen sie meist an Seen, Flüssen und vor allem an Küsten. Die Großstädte ziehen Jahr für Jahr Millionen mehr Menschen an, und Hafenstädte sind dabei besonders attraktiv: Acht der zehn weltgrößten Metropolen liegen am Meer. Rund die Hälfte der Weltbevölkerung lebt nicht weiter als 100 Kilometer von einer Küste entfernt.[5] Diese Städte benötigen Raum für die Unterbringung all dieser Menschen, ganz zu schweigen von Fabriken, Häfen und anderen Einrichtungen, in denen die Menschen Arbeit finden. Viele der am Meer gelegenen Megacitys, von Tokio bis Lagos, sind bereits dicht bevölkert, aber von Bergen, Flüssen oder Wüsten umschlossen, was es schwierig macht, weiter ins Inland zu expandieren.

Aus Sand lassen sich nicht nur der Beton und das Glas für die Gebäude gewinnen, in denen diese Menschen wohnen, sondern auch das Fundament, auf denen die Gebäude stehen. Seit den 1970er-Jahren erleichtern und verbilligen die technologischen Fortschritte die künstliche Landgewinnung.[6] So wurden immer größere, mit enorm leistungsstarken Pumpen ausgestattete Schwimmbagger entwickelt, die aus immer größeren Tiefen Sand vom Meeresboden holen und ihn in immer größeren Mengen mit immer größerer Genauigkeit an die vorherbestimmten Orte bringen. Im Jahr 2017 war das größte in Betrieb befindliche Baggerschiff mehr als 200 Meter lang; würde man es hochkant stellen, würde es ein Wohngebäude mit 60 Stockwerken überragen. Es verfügt über eine Rohrleitung, mit der Sand aus einer Wassertiefe von 150 Metern gesaugt werden kann.

Für die Landgewinnung benötigt man im Allgemeinen Sand ähnlich dem, der für Beton verwendet wird: kantige, ineinandergreifende Quarzkörner mittlerer Größe. Laut der International Association of Dredging Companies lässt sich neues küstennahes Land, sofern Sand guter Qualität in vernünftiger Entfernung verfügbar ist, für weniger als 536 Dollar pro Quadratmeter aufschütten – ein Bruchteil des Preises für bereits existierendes küstennahes Land in Hotspots wie Hongkong, Singapur oder Dubai.[7]

Die neue Generation von Baggertechniken kam erstmals Anfang der 1970er-Jahre in großem Maßstab zum Einsatz, als der niederländische Hafen Rotterdam in die Nordsee hinaus erweitert wurde. 1975 folgte Singapur mit dem Bau eines neuen Flughafens auf 40 Millionen Kubikmeter Sand aus dem Meeresboden. Flughäfen in Australien, Japan, Hongkong und Katar wurden seither ebenfalls auf aufgeschüttetem Land errichtet.[8] In den Jahren danach entstand in der Bucht von Tokio mittels Sand aus 75 Meter Meerestiefe neues Terrain für Industrieansiedlungen. Auch die Küsten von Singapur, Taiwan, Hongkong und Amsterdam wurden mit Sand aus großer Meerestiefe verstärkt. China, das viertgrößte Land der Erde hinsichtlich seiner natürlichen Fläche, erweiterte seine Küsten um Hunderte Kilometer und erbaute ganze Inseln mit Luxusressorts.[9] Lagos, die Hauptstadt Nigerias, lässt an der Atlantikküste fast 1000 Hektar Neuland zur städtischen Besiedlung aufschütten. Selbst kleinere Staaten wie die Malediven, Malaysia und Panama haben bereits künstliche Inseln erbaut.

Auch Dubais Nachbarn beschlossen, ihr Gebiet direkt am Meer zu vergrößern. An der Küste vor Katars Hauptstadt Doha entstanden 400 Hektar Neuland aus Sand, in Bahrain ein Hafen und etliche künstliche Urlaubsinseln. Als Baustoff diente ausgebaggerter Sand; gigantische Röhren, ebenfalls mit Sand gefüllt, verhindern, dass er fortgeschwemmt wird.

Und dann ist da noch Singapur, weltweit führend bei der Landgewinnung. Singapur gehört zu den am dichtesten bevölkerten Ländern der Welt, ist extrem reich, aber flächenmäßig klein. Um mehr Raum für seine fast sechs Millionen Einwohner zu gewinnen, hat der brechend volle Stadtstaat im Laufe der letzten 40 Jahre sein Territorium um zusätzliche 130 Quadratkilometer vergrößert, fast ausschließlich mit Sandimporten aus anderen Ländern. Der dadurch entstandene kollaterale Umweltschaden ist derart extrem, dass die Nachbarstaaten Indonesien, Malaysia, Vietnam und Kambodscha den Sandexport nach Singapur einschränkten. Dennoch wird örtlichen Medien und ausländischen Organisationen zufolge nach wie vor Sand illegal aus diesen Ländern geliefert, vor allem aus Kambodscha.[10] Außerdem hat Singapur sein Netz noch weiter ausgeworfen und kauft nun Sand aus Myanmar, Bangladesch und den Philippinen. Singapur ist um den Nachschub so besorgt, dass es für Notfälle eine strategische Sandreserve hortet.[11]

Insgesamt entstanden nach Angaben einer niederländischen Forschergruppe seit 1985 an den Küsten der Welt 13.500 Quadratkilometer künstliches Land – ein Gebiet ungefähr so groß wie Connecticut.[12] Das meiste davon mittels Sand.

Doch selbst angesichts dieser Konkurrenz verdienen die künstlichen Inseln von Dubai den Preis für schiere Unverfrorenheit. Die International Association of Dredging Companies bezeichnet sie als »das ehrgeizigste Landgewinnungsprojekt aller Zeiten hinsichtlich Größe, Konzept und Technik«.[13]

Dass Dubai derart riesige, rekordsetzende Bauvorhaben betreibt, ist umso erstaunlicher, wenn man weiß, ein wie kleines und unbedeutendes Land es noch bis vor Kurzem war.

Seit Jahrtausenden leben arabische Hirten und Wüstennomaden in diesem verlassenen Winkel der Arabischen Halbinsel. Die Lebensbedingungen dort sind so hart, dass sich seit dem Aufkommen des Islam im Jahr 630 bis in die 1930er-Jahre die Bevölkerungszahl von rund 80.000 nicht verändert hatte.[14] So schreibt der frühere Journalist Jim Krane in *City of Gold*: »Jene, die sich [in den heutigen VAE] mühsam durchschlugen, zählten bis vor etwa 50 Jahren zu den am stärksten unterentwickelten Gesellschaften der Welt. Niemand beneidete sie um ihr von immerwährendem Hunger und Durst geprägtes Dasein oder um ihre Kost aus Datteln und Kamelmilch.«[15]

Eine der wenigen dauerhaften Siedlungen war ein kleines Fischerdorf namens Dubai an einer Einbuchtung des Persischen Golfs. Örtliche Stämme stritten sich um den mickrigen Ruhm der Herrschaft über diesen Flecken, bis Großbritannien, hauptsächlich darauf bedacht, seinen Seeweg nach Indien zu schützen, Anfang des 19. Jahrhunderts in Arabien seine Ansprüche geltend machte. Die in Dubai herrschenden Scheichs behielten aber ihre Stellung und ein gewisses Maß an Unabhängigkeit, indem sie mit den Briten Friedensverträge schlossen. Großbritannien erklärte diese Region zwar niemals formell zu seiner Kolonie, dominierte jedoch die Scheichtümer, die einmal zu den VAE werden sollten, die folgenden 150 Jahre.

1833 wurde Dubai von Stammeskriegern des Scheichs Maktum bin Buti überrannt. Die Briten erkannten die Maktums bald schon als die neuen Herrscher von Dubai an; sie sind es heute noch. In den folgenden 175 Jahren ging die Macht friedlich von einem Scheich auf den anderen über – nach nahöstlichen Maßstäben eine außergewöhnlich lange Periode der Stabilität.

In jenen Tagen vor dem Ölboom waren Perlen die bedeutendste Handelsware am Golf. Taucher holten von Booten aus die kostbaren Kügelchen säckeweise aus dem Meer, was die örtlichen Händler reich werden ließ. Während der Weltwirtschaftskrise in den 1930er-Jahren brach der Markt aber zusammen, und was davon noch übrig war, machte die Erfindung der billigeren »Zuchtperlen« aus Japan zunichte. In Dubai kam das Geschäftsleben zum Erliegen, die Händler verließen die Stadt, und die Wirtschaft erlebte einen derartigen Niedergang, dass Lebensmittel knapp wurden. »Während des Zweiten Weltkriegs«, schreibt Krane, »wurde die Hungersnot dramatisch. Da es keinen Reis, keinen Fisch und keine Datteln mehr gab, aßen die Menschen Blätter oder den allgegenwärtigen Dhub, eine dornige Eidechse, von der Dubai womöglich seinen Namen hat. Heuschreckenplagen galten als ein Segen. Die Menschen fingen die Heuschrecken mit Netzen, rösteten sie und stopften sich ganze Handvoll davon in den Mund. (...) Zwangsläufig verhungerten manche Einwohner Dubais.«[16]

Nach dem Weltkrieg verbesserte sich die Lage, dennoch blieb Dubai ein rückständiges Nest, von dem der Rest der Welt kaum Notiz nahm. Noch in den 1950er-Jahren lebten viele seiner 15.000 Einwohner in Barasti-Hütten mit Dächern aus Palmwedeln und Lehmhäusern, und Kamele trotteten über die sandigen Pfade der Stadt. Elektrizität und künstliches Eis – von vielleicht gleicher Bedeutung für die Einwohner eines Ortes, in dem die Temperaturen nicht selten 40 Grad Celsius übersteigen – hielten erst Anfang der 1960er-Jahre Einzug. Doch es standen radikale Veränderungen bevor, denn 1958 wurde im benachbarten Abu Dhabi Erdöl entdeckt.

Wie sich herausstellte, verfügt Abu Dhabi über riesige Ölvorkommen, mindestens 92 Milliarden Barrel im Wert von Billionen Dollar. Ende der 1960er-Jahre wurden auch in Dubai ansehnliche Mengen Offshore-Öl geortet, die aber nichts sind im Vergleich mit dem geologischen Hauptgewinn, den Abu Dhabi gezogen hat. Heute produziert Abu Dhabi etwa 2,5 Millionen Barrel Öl pro Tag, Dubai knapp 60.000. Das Emirat ist inzwischen sogar Nettoimporteur von Öl und Gas.

Was Dubai an fossilen Brennstoffen fehlt, macht es jedoch wett mit einem Gut, das im Nahen Osten sehr viel rarer ist: kompetente politische Führung. Schon vor mehr als einem Jahrhundert begannen die Maktums, ihren unbedeutenden Hafen zu einem Umschlagplatz für Gewerbe und Handel auszubauen. Anfang des 20. Jahrhunderts schafften sie die Zollgebühren ab und lockten arabische und persische Händler mit dem Angebot des kostenlosen

Landerwerbs und dem Versprechen an, ungehindert durch staatliche Behörden ihre Geschäfte tätigen zu können (was auch zur Entstehung eines regen Schmuggelhandels mit allem Möglichen, von Drogen bis Gold, beitrug, der nach wie vor floriert). Scharen von glücksuchenden Immigranten, hauptsächlich aus dem heutigen Iran, strömten nach Dubai, wodurch die Bevölkerungszahl wuchs und sich die Handelsbeziehungen mit dem Ausland intensivierten. Heute leben in Dubai dreimal so viele Iraner wie in Dubai Gebürtige.

Im Jahr 1958 nahm das Schicksal des Emirats dank einer frühen Form der Landgewinnung eine entscheidende Wende. Die Bucht, genannt Dubai Creek, versandete bereits seit Jahren, sodass ankommende Schiffe gezwungen waren, vor der Küste zu ankern. (Manchmal steht Sand einfach nur im Weg.) Scheich Raschid bin Said, Vater des heute herrschenden Scheichs Muhammad bin Raschid, ließ die Bucht tief ausbaggern, damit auch größere Schiffe anlanden konnten. Da ihm der Wert des Sandes sehr wohl bewusst war, nutzte er ihn, um am Ufer der Bucht Land aufzuschütten, das er an Händler verkaufte. Es war ein doppelter Gewinn.

»Von da an«, schreibt Krane, »erfuhr Dubai einen unglaublichen Wachstumsschub, der bis heute anhält. Das Ausbaggern des Dubai Creek war der Funke, der die ganze Sache in Gang setzte.«[17] Der Scheich verwendete die Gewinne aus dem Öl für den Bau von immer teureren Straßen, See- und Flughäfen sowie staatseigenen Unternehmen, darunter Jebel Ali, den weltgrößten künstlichen Hafen. Dubai mochte nach wie vor ein Kleinstaat sein, aber es verfolgte ehrgeizige Ziele. »1974 bauten sie das World Trade Center, inklusive eines Hilton-Hotels. Es war damals das höchste Gebäude im Nahen Osten – mitten im Nirgendwo!«, schrieb George Katodrytis amüsiert, Professor für Architektur an der American University in Schardscha, dem an Dubai angrenzenden Emirat.

Geld und Menschen strömten herbei. Im Jahr 1960 hatte die Stadt 60.000 Einwohner, deren größter Teil auf einem Gebiet von fünf Quadratkilometern lebte. Zwanzig Jahre später war die Stadt auf 276.000 Menschen und 83 Quadratkilometer angewachsen.

All diese Entwicklungen haben sich für die Herrscherfamilie ausgezahlt. Scheich Muhammad zählt mit einem Vermögen im zweistelligen Milliardenbereich zu den reichsten Menschen der Welt. Dubai boomte bereits, als er 2002 mit einem beispiellosen Schritt sein Land in den Schnellgang versetzte: Dubai, verfügte er, werde Ausländern Immobilienerwerb erlauben. Kein anderer Golfstaat ließ das zu. Es stellte sich als Geniestreich heraus, der einen wahren Immobilienrausch im Weltmaßstab auslöste und der schon bald zu der Notwendigkeit führte, noch mehr Immobilien anzubieten, in Form von Inseln.

Dubai ist für einen bestimmten Typus Weltbürger enorm attraktiv. Es hat ein ausgezeichnetes Bankensystem von einer Intransparenz wie in der Schweiz. Es erhebt keine Steuern und kennt nur wenige Beschränkungen für Importe und Exporte. Und es verfügt über gute Schulen, Kliniken und eine ausgezeichnete Infrastruktur.

Vor allem aber bietet Dubai Sicherheit. Es ist buchstäblich eine Oase der Sicherheit und politischen Stabilität inmitten der chaotischsten Weltregion. Es präsentiert sich als Zufluchtsort für jeden Handelstreibenden in Irak, Pakistan, Libyen und allen anderen Nachbarländern, der fürchtet, dass Krieg, wirtschaftliches Chaos oder eine korrupte Bürokratie seine Geschäfte ruinieren. Im sicheren Dubai können solche Leute ihre Firmen ansiedeln, ihr Geld parken und ihre Familien unterbringen.

Dubais Reichtum trägt zu seiner Stabilität bei, aber ebenso auch sein drakonisches Einschreiten gegen jede politisch abweichende Meinung. Human Rights Watch stellt hierzu fest: »Die Regierung lässt willkürlich jede Person inhaftieren und in manchen Fällen gewaltsam verschwinden, die die Behörden kritisiert, und die staatlichen Sicherheitskräfte sehen sich dem Vorwurf ausgesetzt, Inhaftierte zu foltern.« Dieses Vorgehen hat sich als sehr wirksam erwiesen. Dubai erlebte in den vergangenen mehr als 50 Jahren keinen Staatsstreich, Bürgerkrieg oder nennenswerten terroristischen Angriff.

Zugleich ist Dubai nach den am Golf herrschenden Maßstäben beispiellos offen und tolerant. Zwar sind die Einheimischen zumeist konservative Muslime, erkennbar an ihren makellosen weißen Gewändern und der typischen Kopfbedeckung (Scheich Muhammad selbst hat mehrere Ehefrauen und ist Vater von mindestens 24 Kindern), doch allen anderen steht es mehr oder weniger frei zu tun, was ihnen gefällt. Es gibt viele Hindus, Christen und sogar Juden, die in Dubai leben und arbeiten.

Darüber hinaus hat Dubai es entgegen allen Erwartungen geschafft, zu einem beliebten Touristenziel zu werden. Gewiss, das Land liegt in einer der unruhigsten und repressivsten Regionen der Welt. Aber es scheint dort fast das ganze Jahr über die Sonne, es locken prächtige Strände und ein warmes Meer. Und im Unterschied zu den benachbarten Staaten Saudi-Arabien und Kuwait darf man dort Alkohol trinken, in Nachtklubs tanzen und im Bikini sonnenbaden. Noch 1985 hatte Dubai nur 42 Hotels. Heute gibt es Hunderte, in denen jedes Jahr mehr als sieben Millionen Gäste logieren.

Aufgrund der Terroranschläge des 11. September erlebte die Tourismusbranche in Dubai einen unerwarteten Aufschwung. In dem hastigen Bemühen, die Finanzquellen des Terrorismus auszutrocknen, ließen die USA die Bankkonten von Arabern aus der Golfregion, die sie der Verbindung mit al-Qaida verdächtigten, einfrieren. Vor allem Geld aus dem Nahen Osten erweckte Argwohn. Viele reiche Araber und ihre Finanzverwalter beschlossen daraufhin, ihr Vermögen lieber näher an ihrem Zuhause zu deponieren. Und so flossen Milliarden Dollar aus den USA Richtung Osten auf der Suche nach einem sicheren Hafen. Dubai kam das gerade recht, es öffnete seine Tore weit, und herein floss der Mammon.

Das hatte zur Folge, dass in Dubai der Immobilienmarkt explodierte. Bürotürme, Shoppingmalls und Luxushotels schossen aus dem Boden.

Die Stadt, die daraus entstanden ist – und immer noch in atemberaubendem Tempo wächst –, gehört gewiss zu den sonderbarsten Orten, an denen ich je war. Sie wirkt wie ein Fantasiegebilde, das ein Dschinn in die Wüste gezaubert hat. Dubai stellt den Triumph des Geldes und der Übermacht des menschlichen Willens über die Natur dar; wie sonst ließe sich das Vorhandensein nicht eines, sondern vieler Golfplätze und künstlicher Seen inmitten der Wüste erklären? Oder die Existenz riesiger Inseln aus Sand, dort, wo einst nur Wasser war?

Die Fahrt mit der hochmodernen führerlosen Metro, deren Bau acht Milliarden Dollar gekostet hat, auf der oberirdischen Strecke ist wie eine ungläubiges Staunen erregende Tour durch das Zentrum einer von Pixar entworfenen Futuropolis aus einem Science-Fiction-Film. Als kilometerlanges Band urbaner Verdichtung zieht sie sich durch eine Stadt voller spiegelverglaster Wolkenkratzer und asphaltierter Straßen mit acht Fahrspuren, beidseits gesäumt von weiten Sandflächen – auf der einen Seite die Wüste, auf der anderen der Strand. Gebäude von 50 Stockwerken und mehr in allen erdenklichen Formen: das eine gedreht wie ein Korkenzieher, ein anderes in Gestalt eines Halbmonds, ein weiteres eine Kombination aus Halbkreisen. Und alle werden überragt von dem surrealen Dorn des Burj Khalifa, des höchsten Gebäudes der Welt, umgeben von einem dichten Wald aus Türmen, die so zwergwüchsig aussehen, dass sie in Ehrfurcht zu ihrem schimmernden, verglasten Führer aufzublicken scheinen.

An den Rändern der Stadt durchziehen hochliegende Schnellstraßen mit Kreuzungen in Kleeblattform die Wüste. Und an jedem offenbar noch unerschlossenen Grundstück sprießen Kräne wie Pusteblumen aus Stahl über Bauplätzen hervor, auf denen es vor Bulldozern und Baggern und Arbeitern in gelben Sicherheitswesten nur so wimmelt.

Man stelle sich vor, wie viel Sand benötigt wird, eine solche Stadt praktisch aus dem Nichts zu erbauen, den größten Teil davon in den letzten 20 Jahren. Deshalb beginnt nun Sand zu einem gewichtigen Thema zu werden. Wir haben diese Ressource noch nie auch nur annähernd in dem Tempo verbraucht wie heute.

Die vorherrschende Atmosphäre in Dubai ähnelt der einer Freiluftabflughalle. Alles ist sauber und modern, voller Gebäude aus Beton und Glas, mit bekannten Kettenläden und Fast-Food-Restaurants und Werbung für berühmte Marken. Auf den Straßen, in den Einkaufszentren und Hotellobbys könnte man sich in jeder beliebigen Stadt des 21. Jahrhunderts wähnen, an jedem Ort, der Menschen aus aller Herren Länder anlockt. Dubai ist eine Art postmoderne Stadt, ein Raum ohne jede Identität außer der Modernität selbst.

Die ganze Stadt wirkt erstaunlich deplatziert in einer Region, die so sehr von Geschichte, Tradition und Kultur durchdrungen ist, wo die Verbundenheit mit altem Glauben und Traditionen so hoch geschätzt wird. Aber sie hat sich als phänomenal erfolgreiches Modell erwiesen. Dubai ist der führende Finanzplatz im Nahen Osten, verfügt über den größten Hafen der Region und den nach Passagieraufkommen weltgrößten Flughafen. Die Fünf-Sterne-Hotels sind stets voll belegt, und die Luxusvillen müssen nicht lange nach Käufern suchen.

Dubai verkauft vor allem Raum, einen begehrten physischen Ort. Aber als das Geschäft damit richtig zu boomen begann, stellte sich ein Problem: Die Stadt verfügt nicht über so viel Raum. Zumindest nicht über die bei Touristen und betuchten Immobilienerwerbern begehrteste Art von Raum, mit dem natürlich Grundstücke am Strand gemeint sind. Dubai hat sich zum Ziel gesetzt, stolze 20 Millionen Touristen zu beherbergen. Dabei verfügt das Emirat nur über 65 Kilometer natürliche Küstenlinie, und diese wurden rasch verbaut. Die Lösung war so offensichtlich wie absurd: noch mehr bauen.

Als das Projekt der Inselbildung Mitte der 1990er-Jahre in Gang kam, gab es noch den Plan, ein wie üblich aussehendes rundes Eiland zu erschaffen. Aber das hätte nur einen Zugewinn von wenigen Kilometern Strand bedeutet. Scheich Muhammad – so lautet jedenfalls die offizielle Version der Geschichte – kam auf die Idee, der Insel eine Gestalt zu geben, die sowohl die Kultur des Emirats anklingen lassen als auch deutlich mehr Strandkilometer ermöglichen würde: eine Palme, deren einzelne Wedel jeweils eine eigene, strandgesäumte Landzunge bilden. Palm Jumeirah sollte das erste künstlich erschaffene Stück Land werden, dem gezielt eine Form gegeben und die man von der Luft aus erkennen würde. Mit dieser Insel würde sich die Küstenlinie des Emirats um 77 Kilometer verlängern und damit mehr als verdoppeln und die Strände um 61 Kilometer erweitern.

Für den Bau der Inseln gründete Scheich Muhammad ein staatliches Unternehmen namens Nakheel (arabisch für »Palmen«). Dessen Leitung übertrug er seinem Vertrauten Sultan Ahmed bin Sulajem. Mit den eigentlichen Arbeiten beauftragte Nakheel das renommierte niederländische Unternehmen Van Oord, eine der weltgrößten Firmen für Baggerarbeiten und Landgewinnung. (Schließlich haben die Niederländer jahrhundertelange Erfahrung in diesem Metier.)

Dubai liegt am Rand eines der weltweit größten Sandkonglomerate – die riesige Wüste der Arabischen Halbinsel Rub al-Chali, auch »Leeres Viertel« genannt. Wüstensand eignet sich jedoch für Landgewinnung keineswegs besser als für Beton: Die Körner sind zu sehr gerundet, um fest ineinanderzugreifen. Zum Glück gibt es reichlich verwendbaren Sand auf der anderen Seite von Dubai. Die einzige Schwierigkeit dabei ist, dass er auf dem Boden des Persischen Golfs liegt.

Für Van Oord war das kein Problem. Zur Suche nach Sand mit der geeigneten chemischen Struktur, der richtigen Menge an organischem Material und Druckfestigkeit setzte das Unternehmen selbststeuernde Vermessungsschiffe ein und ließ durch sie Kernproben entnehmen. Hatte ein Erkundungsschiff zehn Kilometer vor der Küste eine Lagerstätte mit geeignetem Sand entdeckt, wurde eine Flotte von Schwimmbaggern, ausgestattet mit GPS, zu den Entnahmestellen losgeschickt.[18] Die Schwimmbagger senkten gewaltige Röhren ins Meer, deren Siebe alles aussonderten, was größer als eine Faust war, und saugten den Sand in ihre Laderäume.

Dann fuhren die Schiffe zurück zu der Stelle, wo laut GPS The Palm entstehen sollte, öffneten die Laderäume und kippten den Sand einfach aus. Nach einigen Runden, wenn sich der abgeladene Sand so weit angehäuft hatte, dass kein Schiff mehr nahe genug herankam, hielten die Saugbagger einige Hundert Meter entfernt, richteten einen Schlauch mit dem Durchmesser einer Kanone in die Luft und bliesen einen Schwall von Schlamm an die vorgesehene Stelle. Diese Technik wird als Regenbogenverfahren bezeichnet, was zweifellos besser klingt als »fünf Tonnen Sand und Wasser pro Sekunde durch die Luft zu schießen«. Ebenfalls mittels GPS zeichneten die beweglichen Schlauchdüsen wie riesige sandsprühende Spraydosen die Gestalt der Palme ins Meer.

In mancher Hinsicht ist der Persische Golf für ein derartiges Projekt besonders gut geeignet. Er ist flach und erreicht an seiner tiefsten Stelle nur rund hundert Meter, was es verhältnismäßig einfach macht, genügend Sand bis über den Wasserspiegel aufzuschütten. Außerdem ist er relativ ruhig, ohne starken Wellengang, der die Aufschüttungen forttragen könnte.

Doch wie jeder weiß, der einmal eine Sandburg gebaut hat, reicht es nicht, den Sand einfach aufzuhäufen, wenn eine feste Struktur entstehen soll. Und schon gar nicht reicht es, wenn geplant ist, Gebäude mit einem Gewicht von Tausenden Tonnen daraufzusetzen. Zur Stabilisierung und Festigung des neu gewonnenen Landes wandte Van Oord ein spezielles Rüttelverfahren an, bei dem mittels Kränen dicke Metalllanzen tief in den Sand gesenkt und in Vibration versetzt werden. Dadurch geraten die Sandkörner in Schwingung, die Leerräume zwischen ihnen verringern sich, sie greifen stärker ineinander, und die ganze Struktur wird stabiler und fester. Aber auch das Volumen des aufgeschütteten Sandes verringert sich, sodass nach dem Rüttelverfahren weiterer Sand hinzugegeben werden muss.[19] Für diesen Prozess wurden im Zeitraum von acht Monaten mehr als 200.000 Löcher gebohrt.

Bis zur Fertigstellung von Palm Jumeirah 2005 waren rund 120 Millionen Kubikmeter Sand verbaut worden. Die Insel ist ringförmig umsäumt von Wellenbrechern aus Felsgestein, die ebenfalls auf aufgeschüttetem Sand ruhen. Insgesamt besteht The Palm aus so viel Sand und Fels, dass man damit um die ganze Erde eine Mauer von zwei Meter Höhe errichten könnte.

Und noch etwas anderes ist an Palm Jumeirah erstaunlich: Nakheel hatte bereits sämtliche Grundstücke auf der Insel verkauft, noch bevor sie existierte. Im Mai 2001, als an der Stelle, wo The Palm entstehen sollte, noch nichts als Wasser zu sehen war, erklärte Nakheel den Verkauf für eröffnet. Angeboten wurden 2500 Strandapartments entlang des Stamms der Palme und 2500 Privatvillen auf den Wedeln. Der Einstiegspreis für eine »Gartenvilla« mit vier Wohnräumen lag bei 1,2 Millionen Dollar, »Exklusivvillen« mit sechs Räumen kosteten entsprechend mehr. Sämtliche Häuser waren natürlich mit zwei Parkplätzen und einem Zimmer für das Dienstpersonal ausgestattet und verfügten über einen kleinen Sandstrand auf der Rückseite. Zumindest sah dies auf den Plänen der Architekten so aus; es war ja noch gar nichts real vorhanden. »Erschien ein potenzieller Käufer, ließ bin Sulayem, ein eleganter Mann mit perfekt getrimmtem Schnurrbart und von ausgesuchter Höflichkeit, sein Schnellboot startklar machen«, schreibt Krane. »Mit den Investoren fuhr er rund zwei Kilometer aufs Meer hinaus. (…) Dann schaltete er den Motor ab. ›Dort drüben wird Ihre Villa stehen‹, erklärte bin Sulayem seinem Kunden, während sich ihr Boot in den Wellen wiegte. ›Jetzt geben Sie mir die Anzahlung.‹«[20] Jede einzelne Villa war innerhalb von 72 Stunden verkauft.

Erst Jahre später begann der Bau. Dafür bewegten 40.000 Arbeiter Millionen Tonnen weiteren Sand in Form von Glas und Beton.

Die Erwerber – manche davon Privatleute, manche Wiederverkäufer – stammten aus rund 30 verschiedenen Ländern. Rund ein Drittel waren Einwohner von Golfstaaten und ein Viertel Briten (darunter David Beckham) und zumindest ein Österreicher: Josef Kleindienst.

Kleindienst kam erstmals 2002 nach Dubai. Mit seinem ausgeprägten Geschäftssinn erkannte er sofort die Möglichkeiten, die mit der Öffnung des Immobilienmarkts von Dubai für Ausländer entstanden. Er hatte 18 Jahre lang bei der Wiener Polizei gearbeitet und war dort bis zum Chefinspektor aufgestiegen. Auch in der Politik versuchte er sich, er trat der rechtsextremen Freiheitlichen Partei Österreichs bei und war Vorsitzender einer der FPÖ nahestehenden Polizeigewerkschaft. Im Jahr 2000 brach er auf spektakuläre Weise mit der FPÖ, indem er in seinem Buch *Ich gestehe* die Parteiführung beschuldigte, die Polizei dafür bestochen zu haben, dass sie ihr geheime Informationen beschaffte, ein Vorwurf, den die Partei keineswegs bestritt.

Daneben beschäftigte sich Kleindienst kontinuierlich mit dem Immobilienhandel. Seit seiner Kindheit hatte er verfolgt, wie sein Vater und sein Großvater Grundstücke kauften und wieder veräußerten. Als Anfang der 1990er-Jahre die sozialistischen Staaten Europas kollabierten und Österreichs östliche Nachbarn mit einem Mal offen für Geschäfte aller Art waren, sah Kleindienst seine große Chance gekommen. Zusammen mit Freunden aus der ungarischen Polizei riss sich Kleindienst eine Reihe von Grundstücken in Budapest unter den Nagel. »Wir haben sehr gutes Geld gemacht«, sagte er. 1999 quittierte er schließlich den Polizeidienst, um sich ganz dem Immobilienhandel zu widmen, und gründete das Unternehmen, das heute als Kleindienst Group bekannt ist. Seine Firma investiert inzwischen in Immobilien in ganz Mitteleuropa ebenso wie in Pakistan, auf den Seychellen und in Südafrika. Aber erst in Dubai fand Kleindienst ein Spielfeld, das seinem Ehrgeiz angemessen schien. Dort begann er 2003 zu operieren, und seither hat sein Unternehmen etliche Apartmentanlagen, Bürokomplexe und Hotels im Emirat hochgezogen.

»Wir haben 50 Villen auf Palm Jumeirah gekauft«, sagte er. »Damals war da nur Sand und sonst nichts. Wir hätten noch mehr gekauft, aber es war nicht mehr verfügbar! Wir waren ein paar Tage zu spät dran.«

Palm Jumeirah wurde ein solcher Verkaufsschlager, dass schon bald Pläne für zwei weitere Inseln in Palmenform angekündigt wurden, die noch größer werden sollten – Palm Jebel Ali und Palm Deira. Doch bis dahin war bereits so viel Sand vom Meeresboden des Golfs gebaggert worden, dass die Qualität des noch vorhandenen Materials abnahm und deshalb der Zeitaufwand und die Kosten für das Rüttelverfahren stiegen.[21] Aber das spielte keine Rolle. In dem aufgeheizten Finanzklima Mitte der Nullerjahre schien es für die Schaffung von Neuland und dessen Verkauf keine Grenzen mehr zu geben. Also nahm Nakheel sein bisher kühnstes Projekt in Angriff: The World. Wen interessiert schon eine Villa, wenn er ein ganzes Land kaufen kann.

Die Bauarbeiten begannen 2003. The World sollte aus mehr als 6.000 Hektar Neuland bestehen, erschaffen aus 320 Millionen Kubikmeter Sand, und die Küstenlinie von Dubai um 230 Kilometer verlängern. Die Planer gingen davon aus, auf den Inseln 300.000 Menschen zu beherbergen. Im Unterschied zu The Palm, wo Nakheel viele der Gebäude und die Infrastruktur selbst erstellte, sollten die Inseln von The World leer verkauft werden, als jungfräuliches Terrain für die Träume von Immobilienentwicklern. Die Investitionskosten wurden auf 14 Milliarden Dollar geschätzt.

»Für The World brauchte man Sand in Markenqualität im Wert von Millionen Dollar«, sagte Adnan Dawood. Er muss es wissen. Während des Baus von The World war Dawood mehrere Jahre lang für Marketing und Öffentlichkeitsarbeit zuständig – beauftragt, der realen Welt die Vorstellung von The World zu verkaufen. 2003 hatte er die California State University in Fullerton mit einem Diplom in Marketing abgeschlossen und einen langweiligen Job bei einer örtlichen Fliesenfabrik angetreten, gerade als in Dubai das spektakulärste Projekt des Emirats seinen Anfang nahm. Daran beteiligt zu sein erschien Dawood aufregender, als in Südkalifornien Bodenfliesen zu verkaufen. Er überzeugte Nakheel, ihn einzustellen, und machte Karriere.

Dawood, Ende dreißig, ist ein gepflegt auftretender, in den USA ausgebildeter Muslim indischer Abstammung. Seine Familie kam nach Dubai, als er zwei Jahre alt war. Er verließ Nakheel 2009, spricht aber gern über seine Zeit dort – das große Geld, die Promis, der Glamour.

Dawoods Tätigkeit bei Nakheel begann 2005, als der Sand noch gebaggert wurde. Die Inseln, zwischen rund einem und vier Hektar groß, wurden zu Preisen von 15 bis 50 Millionen Dollar angeboten. Doch die Verkäufe liefen zäh. »Wir hatten ein Logo, wir wussten, wie wir die Sache nennen würden, aber das war's auch schon«, sagte Dawood. »Es gab keine Strategie.« Dawood beschloss, ein fettes Ziel ins Visier zu nehmen: die Eitelkeit der Reichen und Mächtigen. »Wir begannen den Leuten zu sagen, dass sie nichts kaufen könnten«, erzählte er. Nakheel ließ verlauten, pro Jahr würden nur 50 Personen, ausgewählt auf der Basis ihrer »Leistung«, dazu eingeladen, eine Insel zu erwerben. »Das war 2006/07, als Ego und Cash eine tödliche Mixtur eingingen. In dem Moment, als wir sagten: ›Das kriegst du nicht‹, wollte es jeder haben.«

Dawood und sein Team priesen die Inseln als das ultimative Luxusdomizil für das eine Prozent an, das bereits alles besaß außer einer Inselnation wie die eines Bösewichts aus einem James-Bond-Film. Sie spielten die Illusion einer elitären Exklusivität hoch, indem sie auf Glamour setzten. Es gelang ihnen, Annie Leibovitz für ein Fotoshooting mit Roger Federer auf den Inseln zu gewinnen. Sie unternahmen aufwendig publizierte Werbetouren zu Berühmtheiten, von Michael Jackson über Malcolm Gladwell und Donna Karan bis hin zu Donald Trumps Sohn Eric. Ein listiger

Zug legte sich in Dawoods Blick, als er die Einzelheiten seiner Taktik schilderte. Die Presse habe gern darüber spekuliert, wer welches »Land« kaufen würde, vor allem »Großbritannien«. Als Dawood erfuhr, dass der publicitysüchtige Milliardär Richard Branson nach Dubai kommen würde, um für seine Fluggesellschaft zu werben, machte er ihm ein Doppelangebot. Dawood lud eine Gruppe ausländischer Journalisten zu einer Bootsfahrt zu The World ein. Als sie sich der Spitze »Europas« näherten, trat plötzlich aus einer klassischen englischen Telefonzelle, die mitten auf dem Strand platziert war, Branson heraus. Er trug einen Anzug in den Farben des Union Jack und schwenkte obendrein eine britische Flagge. Dieses Bild verschaffte sowohl The World als auch Virgin Sun Airlines enorme Publicity. »Das Lustigste dabei war, dass er in Wirklichkeit auf der Dänemark-Insel stand«, sagte Dawood. »Die Großbritannien-Insel war damals noch gar nicht gebaut!«

Die Verbreitung von Gerüchten mithilfe von Prominenten war ein derart durchschlagender Aufmerksamkeitserreger, dass Dawood einmal gegenüber einer örtlichen Nachrichtenwebsite durchsickern ließ, Brad Pitt und Angelina Jolie würden die Äthiopien-Insel kaufen. Dann rief er bei einigen größeren Medien an, damit sie auf den Artikel auf der Website, dessen Quelle anonym gehalten wurde, aufmerksam wurden. Bald darauf berichteten Medien von CNN bis zur Zeitschrift *People* aufgeregt über den jüngsten Ausflug des Paares nach »Afrika«. Am Ende spielte es für niemanden eine Rolle, dass die ganze Story frei erfunden war.

Was hingegen für Nakheel eine Rolle spielte, war, dass der Verkauf der Inseln anlief. 2007 waren bereits rund 70 Prozent davon verkauft. Lauren MacDonald, eine kanadische Marketingmanagerin, arbeitete 2008 in London für Pepsico, als sie ein Stellenangebot erhielt, das fantastisch klang. Nakheel wollte sie für die Vermarktung von The World engagieren. Man bot ihr die Verdreifachung ihres bisherigen Gehalts an, das in Dubai noch dazu steuerfrei war. Ein Angebot, das sie nicht ausschlagen konnte.

Aber dann kam 2008 der Crash. »Ich habe bei Nakheel drei Wochen vor dem Zusammenbruch von Lehman Brothers unterschrieben«, erzählte sie. »Ständig habe ich mit Nakheel telefoniert und gesagt: ›Wie es scheint, ist die Lage schrecklich!‹. Aber die Antwort war: ›Ach was, kein Problem.‹ Tja, innerhalb von drei Monaten ging die Mitarbeiterzahl unseres Unternehmens von 4000 auf 600 zurück. Ich habe dort eineinhalb Jahre gearbeitet, und die ganze Zeit über wusste ich nicht, ob ich am nächsten Tag den Job noch haben würde.«

Es gelang ihr, zwei Inseln zu verkaufen, jeweils für zehn Millionen Dollar, sagte sie – »Taiwan« an einen italienischen Hotelier und »Island« an einen Deutschen. »Das waren Superreiche, die meinten, wenn sie jetzt kaufen, würden sie ein Schnäppchen machen.«

Gerade als The World auf Touren kam, trocknete der Geldfluss, der zu seiner Entstehung geführt hatte, plötzlich aus. In der wirklichen Welt vernichtete die Finanz- und Wirtschaftskrise von 2008 Millionen Dollar Investitionskapital. Ein bloßer Haufen Sand inmitten des Persischen Golfs schien auf einmal keine großartige Investition mehr zu sein. Dubais gesamter Immobilienmarkt brach spektakulär ein. Das Emirat war derart pleite, dass es sich zehn Milliarden Dollar bei seinem reichen Nachbarn Abu Dhabi leihen musste. Nakheel entließ Hunderte Mitarbeiter, darunter auch Dawood. Mehrere Manager wurden aufgrund von Korruptionsvorwürfen festgenommen, mindestens zwei von ihnen zu Gefängnisstrafen verurteilt.

Die Arbeiten an den künstlichen Inseln kamen fast vollständig zum Erliegen. Für Palm Jebel Ali lag bereits sämtlicher Sand bereit, aber mehr wurde aus dem Projekt auch nicht. Die Insel blieb ein leerer, künstlicher Berg Sand ohne eine einzige Straße oder ein einziges Gebäude. Auch die Planungen für die Insel Palm Deira wurden bis auf Weiteres eingestellt. Und für The World war es das Aus.

Immobilienentwickler gingen in Konkurs. Einige wanderten wegen Millionenbetrugs ins Gefängnis. Investoren reichten Klagen wegen Hotels und Villen ein, die nie gebaut worden waren. Mindestens einer beging Suizid.[22] Auch Kleindiensts Firma stand kurz vor dem Ruin. »Es war sehr stressig. Ich musste Leute entlassen, die enge Freunde waren. Ich musste ihnen sagen: ›Hört zu, ihr müsst euch einen anderen Job suchen‹, aber sie wussten, dass es keinen anderen Job gab«, erklärte Kleindienst 2010 gegenüber der britischen *Daily Mail*. »Für viele Menschen war der Traum von Dubai ausgeträumt.«

Für Menschen hingegen, die sich für den Schutz der Umwelt engagierten, war es eher das Ende eines Albtraums. Neuland im Meer zu schaffen mag ein gutes Geschäft sein, aber für das Ökosystem ist es ein brutaler Eingriff. »Die Landgewinnung ist eine der drei Hauptursachen für die Schädigung des Persischen Golfs«, erklärte John Burt, Meeresbiologe am Abu-Dhabi-Campus der New York University, der seit Jahren das Ökosystem am Golf erforscht.

Zunächst einmal zerstört die massive Entnahme von Sand aus dem Meeresboden das Habitat aller dortigen Lebewesen. »Die Ingenieure bezeichnen sie als ›borrow areas‹, als Entleihzonen‹, aber sie geben nie etwas dorthin zurück«, sagte Burt. »Sie haben eine Menge beschönigende Umschreibungen für Umweltzerstörung.« Die Entnahmegebiete sind in der Regel einfach sandige Böden mit wenig augenscheinlichem Leben. Dennoch ist sich Burt sicher, dass es auch dort Organismen gibt, die nur noch nicht dokumentiert seien.

Das Sediment, das durch diese Entnahmeoperationen aufgewirbelt wird, trübt für manchmal lange Zeit das umgebende Wasser ein. Es ist dasselbe Problem wie bei der Wiederauffüllung der Strände in Florida, nur in noch größerem Maßstab. Die verstärkte Trübung, der im Wasser schwebende Sand und Schlick, kann Fische, Schalentiere und andere Meeresbewohner ersticken. Außerdem verhindert sie, dass Sonnenlicht zu den Pflanzen dringt, die tief unter der Wasseroberfläche wachsen.[23] Das ist eine Sorge, die nicht nur Wissenschaftler wie Burt beschäftigt: Ein Inselbauprojekt in Ostindonesien wurde Anfang 2017 nach einer Reihe von Protesten örtlicher Fischer eingestellt, die fürchteten, dass die Baggerarbeiten die lokalen Fischbestände auslöschen würden.

Problematisch ist außerdem, worauf all der Sand gehäuft wird. Palm Jumeirah wurde auf flachem, sandigem Untergrund errichtet. Die Millionen Tonnen Sand jedoch, aus denen Palm Jebel Ali besteht, wurden auf acht Quadratkilometer Korallenriff abgeladen.[24] Zwar genoss das Riff bis dahin einen Schutzstatus, aber solche Regelungen sind gegenüber Bauprojekten am Golf nicht viel wert. Im benachbarten Bahrain wurden noch viel größere Korallenriffe fast vollständig zerstört, hauptsächlich infolge der Landgewinnung.[25] Auch Austernbänke und Seegrasfelder fielen Projekten am Golf zum Opfer.[26]

Die menschengemachten Landmassen beeinflussen zudem die Strömungsverhältnisse im Golf dergestalt, dass kein Sand mehr an die bestehenden Strände gelangt. Als Folge davon musste Dubai in den letzten Jahren Millionen aufwenden, um einige seiner Festlandstrände mit Sand aus Baustellen wiederaufzufüllen.

»Die Menschen werden weiterhin Küstenlinien erschließen, aber es gibt Möglichkeiten, dies nachhaltiger zu tun«, sagte Burt. »In ein oder zwei Generationen werden wir die meisten Ökosysteme entlang der Küste verloren haben. Ich bin kein Bürger der VAE. Aber wäre ich einer, wäre ich ziemlich erschrocken darüber, was ich meinen Kindern und Enkelkindern hinterlasse.«

Brendan Jack, Sprecher von Nakheel, war sehr darum bemüht, mir das Engagement des Unternehmens für die Umwelt zu verdeutlichen. Nakheel habe manche der Korallenbestände aus dem Riff, das jetzt unter Palm Jebel Ali begraben liegt, umgesiedelt, es habe unabhängige Gutachter beauftragt, Gebiete ausfindig zu machen, wo man Sand mit geringstmöglichem Schaden entnehmen könne, und Van Oord angewiesen, Unterwasservorhänge zu verwenden, um die Ausbreitung von Schlick während des Baggerns zu begrenzen, erklärte mir Jack. Außerdem hätten sich an den Wellenbrechern aus Felsgestein, die die Inseln umsäumen, allerlei Arten von Meeresflora und -fauna angesiedelt.

»Natürlich, es hat Auswirkungen, und es ist nicht mehr so wie zuvor«, sagte er. »Aber das gilt für jedes Bauvorhaben. Bei jeder menschlichen Aktivität ist das überall auf dem Planeten so. Es gibt eben Pro und Kontra. Wir versuchen die negativen Folgen zu minimieren und die Vorteile zu maximieren.«

Jack wird dafür bezahlt, das Vorgehen seines Arbeitgebers zu erklären oder zu entschuldigen, aber in einem Punkt hat er recht. Jedes Bauprojekt beeinträchtigt die Umwelt. Die Welt kann den Verlust eines Korallenriffs hier oder eines Fischhabitats dort verkraften, so tragisch es im Einzelfall auch sein mag. Aber sich nur auf solch örtliche Auswirkungen zu konzentrieren, heißt, den Wald vor lauter Bäumen nicht zu sehen. Die eigentliche Frage lautet doch: Verkraftet die Erde den Lebensstil, den Dubai sowohl repräsentiert als auch praktiziert – das von Klimaanlagen erleichterte, vom Auto abhängige, Energie und Ressourcen intensiv nutzende »gute Leben«? Hinsichtlich dieser Frage sollte man wissen, dass die Einwohner der VAE weltweit führend sind, was den Pro-Kopf-Verbrauch von Wasser und Strom sowie die Erzeugung von Müll angeht. Diese Wüstenbewohner verbrauchen pro Kopf 660 Liter Wasser am Tag – ein Weltrekord.[27]

Inzwischen hat die globale wirtschaftliche Erholung den Geldfluss wieder in Gang gesetzt. Kleindiensts Investoren kehrten zurück, und die Bauarbeiten wurden 2013 wieder aufgenommen. Auch auf den anderen Inseln regt sich Leben. Ende 2015 befand sich zwar Palm Jebel Ali immer noch im Wartezustand, aber auf Palm Deira, nun zu Deira Islands umgetauft, wurden die Bauarbeiten für einen Jachthafen, Hotels, Apartments und hektargroße Einkaufszentren wieder aufgenommen, wenngleich in kleinerem, konventioneller wirkendem Maßstab. Anfang 2017 verkündete eine

Investorengruppe, zwei neue künstliche Inseln bauen zu wollen, die Dubais Küste um zwei Kilometer verlängern würden.

Auf der Jacht während der Rückfahrt von The World machten wir es uns auf dem Oberdeck auf butterfarbenen Ledercouchen bequem und genossen die Sonne und die warme Brise. Eine ernste junge Frau in weißer Uniform kredenzte uns Moët in Champagnerflöten. Schalen mit Obst, Nüssen, Oliven und – unerklärlicherweise – US-amerikanische Tortillachips standen überall griffbereit. (Ich gönnte mir ein paar der Chips, denn wann hätte ich wieder die Gelegenheit gehabt, diese mit Champagner zu genießen?)

Ich hatte eine letzte Frage an Kleindienst. »In einem Großteil der internationalen Presse und sogar bei vielen Leuten hier in Dubai lacht man über The World«, sagte ich. »Es heißt, sie sei ein Fehler, ein schlechter Witz. Stört Sie das? Was denken Sie darüber?«

Kleindienst schwieg kurz, dann antwortete er mit einem Exkurs zur Geschichte des modernen Dubai. »Der Vater von Scheich Muhammad, Scheich Raschid, war es, der den Bau des Hafens von Jebel Ali beschlossen hat«, sagte er. »Als er das tat, fragten ihn seine Leute, ob er verrückt geworden sei. Warum nur wollte er da draußen diesen riesigen Hafen bauen? Heute ist das einer der größten und umsatzstärksten Häfen der Welt. Angeschlossen eine Freizone mit mehr als 2000 Unternehmen. Und das ist ein Eckstein von Dubais Erfolg. Heute lacht niemand mehr über ihn. Und wenn sie [das ›Herz Europas‹] im Fertigzustand sehen, wird auch keiner mehr lachen.«

Am darauffolgenden Tag machte ich mich auf den Weg zu Palm Jumeirah, damals der einzigen vollständigen Version von Dubais künstlichen Gärten Eden mitten im Meer. Die Insel wurde immer aufwendiger und verschwenderischer ausgestaltet. Nach einem Blick auf die protzigen Hotels besuchte ich Carrie Hart, eine aus Minnesota stammende elegante Unternehmerin, Eventveranstalterin und eifrige Besucherin des Burning-Man-Festivals. Vor einigen

Jahren siedelte sie zusammen mit ihrem Mann, einem Erdölhändler, und ihren beiden kleinen Kindern nach Dubai um.

Wir tranken Minztee und naschten delikates kleines Gebäck auf der Poolveranda ihrer mit Marmorböden ausgestatteten Villa auf Wedel F von Palm Jumeirah. Vor uns neigte sich der künstlich angelegte Strand mit seinem goldfarbenen Sand sachte in das türkisfarbene Wasser des Golfs. Einige Hundert Meter entfernt war Wedel E zu erkennen, umsäumt von einem ähnlichen Strand und durchzogen von einer ähnlich luxuriösen Ansammlung von Anwesen. Dahinter, auf dem Festland, ragten die Wolkenkratzer von Dubai auf.

Hart und ihr Mann waren aus London, wo sie zuvor gelebt hatten, aufgrund des warmen Wetters, der sicheren Straßen und allgemein der hohen Lebensqualität hierhergelockt worden. »Wir beschlossen, auf The Palm zu leben, denn warum sollte man in der Wüste leben, wenn es auch am Meer möglich ist«, sagte sie. Ihre Kinder besuchen eine Privatschule und spielen Eishockey auf der Indoor-Schlittschuhbahn in der Dubai Mall. Es ist sehr sicher hier; jeder Wedel hat ein mit einem Wächter besetztes Tor. Ihre größte Sorge ist, dass ihre Kinder von einem der Ferraris oder Lamborghinis erfasst werden könnten, mit denen ihre wilderen Nachbarn gern die einzige Straße auf dem Wedel entlangrasen.

Es ist leicht, ein solches Xanadu zu erschaffen, wenn man den ganzen Ort einschließlich des Terrains, auf dem er liegt, aus dem Nichts erschafft. Auf The Palm ist alles künstlich außer der Luft. Der Boden, auf dem man geht, das entsalzte Meerwasser, das man trinkt, das importierte Essen, das man zu sich nimmt – alles wurde hierhergebracht und von Menschenhand gefertigt. Ebenso der Sand: Sand bildet den Boden unter den Füßen, aus Sand bestehen die Wände ringsum, Sand steckt in den Glasscheiben der Panoramaschiebetüren, durch die man auf den Sandstrand hinausblickt.

»Ich liebe es einfach«, sagte Hart. »Es gibt schlicht nichts Besseres als das hier.«

In Dubai macht die Umwandlung von Meeressand zu Neuland Immobilienentwickler reich und wohlhabende Käufer glücklich. Aber einige Tausend Kilometer entfernt hat der gleiche Prozess zu einer außerordentlich gefährlichen Konfrontation zwischen den beiden mächtigsten Nationen der Welt geführt.

Achthundert Kilometer vor der Südküste Chinas liegt ein höchst umstrittenes Gebiet im Südchinesischen Meer. Rund zehn Prozent aller Fische weltweit stammen von dort, und was vielleicht noch entscheidender ist, es lagern Milliarden Barrel Erdöl und Billionen Kubikmeter Erdgas unter dem Meeresboden.[28] Außerdem zählt es zu den weltweit wichtigsten Schifffahrtsrouten. Deshalb überrascht es nicht, dass praktisch jedes Land in der Region – China, Taiwan, Vietnam, Brunei, Malaysia und die Philippinen – Anspruch auf eine Ansammlung von Felsen und Riffs namens Spratly-Inseln erhebt, die strategisch günstig in diesem Gebiet liegen.

Seit den 1970er-Jahren haben die meisten dieser Länder in dem Bestreben, ihren Besitzanspruch zu unterstreichen, mit Sand aus dem Meeresboden die eine oder andere dieser kleinen Inseln auf eine Größe erweitert, die für einen Flugplatz ausreichen würde. Doch das waren noch verhältnismäßig kleine Erweiterungen; die größte vor 2014 war die Expansion des vietnamesischen Stützpunkts um 24 Hektar Neuland.[29]

Dann aber beschloss China, das sieben der Spratly-Inseln besetzt hält (wovon es eine 1988 im Zuge einer militärischen Auseinandersetzung, bei der Dutzende Soldaten starben, Vietnam abgenommen hat), sich Geltung zu verschaffen. In den vergangenen Jahren hat sich China neben dem riesigen, staatlich gelenkten Ausbau seines Straßen- und Eisenbahnnetzes, der städtischen Infrastruktur und praktisch jedes anderen Elements seiner Wirtschaft auch eine Armada von ozeantauglichen Schwimmbaggern angeschafft, darunter die weltweit größten und technisch am höchsten entwickelten. China kauft derartige Schiffe zwar auch im Ausland, stellt aber immer mehr selbst her. Die jährliche Baggerkapazität des

Landes – die Menge an Sand und Schlick, das es aus dem Meer holen kann – hat sich seit dem Jahr 2000 mehr als verdreifacht und beträgt heute mehr als eine Milliarde Kubikmeter. Darin übertrifft es jede andere Nation.[30]

Der Stolz dieser Flotte sind gewaltige, technologisch hoch entwickelte Schneidkopfsaugbagger mit Selbstantrieb. Ein Auslegerarm mit einem Schneidkopf an der Spitze – eine große, mit Zähnen besetzte Stahlkugel – wird vom Schiff aus auf den Meeresboden gesenkt. Die Kugel dreht sich, ihre Zähne wühlen Sand, Gestein und was sich sonst noch dort befindet, auf, während eine Saugpumpe den Sand in das Schiff befördert. Das Material wird dann durch eine schwimmende Pipeline, die kilometerlang sein kann, zu einem Riff oder Felsen geschossen, wo es sich zu neuem, trockenem Land anhäuft. Chinas mächtigster Schwimmbagger, der größte in Asien, wurde 2017 in Betrieb genommen. Der »magische Inselmacher«, wie er genannt wird, kann an die 6000 Kubikmeter Sand und anderes Material pro Stunde aus Tiefen von bis zu 30 Metern aus dem Meer holen.[31]

China machte die Verarbeitung und Beförderung von Sand zu einem mächtigen Werkzeug seiner Politik. Ende 2013 schickte Peking eine Flotte los, um das chinesische Territorium auf den Spratly-Inseln zu erweitern. Auf Satellitenfotos wirken die Schiffe wie eine Schar konfuser Spermien, die sich von den Eizellen der heranwachsenden Inseln wegbewegen und dabei die Schwänze ihrer sich schlängelnden Pipelines hinter sich herziehen.[32] Innerhalb von 18 Monaten erzeugten diese Schiffe rund 1200 Hektar Neuland. Das ist siebzehnmal mehr, als alle anderen Anspruchsteller aus der Region zusammengenommen den Inseln in den letzten 40 Jahren hinzugefügt haben.[33]

Diese faktische territoriale Expansion ließ aus verschiedenen Gründen von Manila über Hanoi bis nach Washington die Alarmglocken schrillen. Zum einen weil sie für die Umwelt katastrophal war. Die meisten der Korallen und anderen Lebensformen auf den sieben Riffen wurden durch die auf ihnen abgeladenen Berge von Sand zerstört. Die Baggerarbeiten wirbelten zudem Sand und Gestein auf, die das Wasser im Umkreis kilometerweit eintrübten und dadurch benachbarte Riffe schädigten, die das Habitat zahlloser Fische, gefährdeter Riesenmuscheln, Seeschweine und verschiedener Schildkrötenarten bildeten. 2016 legte ein auf die Klagen der Philippinen über Chinas Aktivitäten im Südchinesischen Meer hin einberufenes internationales Tribunal einen Untersuchungsbericht vor, dessen Schlussfolgerung lautete: »Chinas Aktivitäten zur Schaffung künstlicher Inseln (…) haben der Meeresumwelt verheerende und lang anhaltende Schäden zugefügt.«[34] Ein US-amerikanischer Meeresbiologe bezeichnete das als »den schnellsten dauerhaften Verlust von Korallenriffen in der Menschheitsgeschichte«.[35]

Aber noch beunruhigender als die Umweltschäden durch die neuen Inseln sind ihre geopolitischen Auswirkungen. Kaum war der Sand trocken, begann China auf den Spratly-Inseln Militärbasen zu errichten. Die Streitkräfte installierten dort Raketenabwehranlagen, bauten für Militärflugzeuge taugliche Landebahnen und Einrichtungen, die nach Ansicht von US-Vertretern dazu gedacht sind, Langstrecken-Boden-Luft-Raketen zu stationieren, sowie Hafenanlagen, die geeignet sein könnten, Atom-U-Boote aufzunehmen. »Dies ist für die benachbarten Länder äußerst besorgniserregend«, erklärte Gregory Poling, Experte für das Südchinesische Meer beim Center for Strategic and International Studies. »Sie haben jetzt chinesische Luftwaffen- und Marinebasen direkt vor der Nase. China sichert sich de facto die Oberhoheit, sodass es dem Land egal sein wird, was die internationale Gemeinschaft sagt.«

Peking gab sich jedoch mit den Spratly-Inseln keineswegs zufrieden. Auch auf einer weiteren kleinen Inselgruppe im Südchinesischen Meer, den Paracel-Inseln, schuf es neues Territorium, auf dem es Landebahnen anlegte und Raketenbatterien stationierte. Angeblich ist sogar geplant, dort ein schwimmendes Atomkraftwerk zur Energieerzeugung dauerhaft ankern zu lassen.[36] Als weiteres Zeichen für Pekings Ambitionen, seinen globalen Einfluss zu erweitern, eröffnete China 2017 seine erste Militärbasis im Ausland, in der afrikanischen Republik Dschibuti. Für diesen Stützpunkt war zwar keine Neulandgewinnung erforderlich, aber in Zukunft könnte es zu einer solchen kommen. Chinas neue Macht, die Geografie mittels Sand umzuformen, bedeutet, dass es nötigenfalls die Form von Küsten oder Inseln befreundeter Länder verändert, um seine Kriegsschiffe stationieren zu können.

Die Spratly-Inseln sind zu einem großen Streitfall zwischen China, den Vereinigten Staaten und dessen pazifischen Verbündeten geworden. »China baut mit Baggern und Bulldozern eine große Mauer aus Sand«, warnte Admiral Harry Harris, Kommandeur der US-Pazifikflotte 2015 in einer Rede.[37] Im gleichen Jahr lehnte China das Ersuchen der USA ab, die Bauarbeiten einzustellen, und erklärte stattdessen: »Das Südchinesische Meer gehört zum Territorium Chinas.«[38] Die Regierung Obama entsandte daraufhin Luft- und Seepatrouillen in das Gebiet.

Die Trump-Regierung verschärfte jedoch in ihrer Anfangszeit die Spannungen in beispiellosem Maße noch weiter. Bei der Anhörung zur Bestätigung seiner Amtsübernahme verglich Außenminister Rex Tillerson Chinas Expansion der Spratly-Inseln mit der russischen Invasion der Krim.[39] Und er fügte hinzu: »Wir werden China ein klares Signal senden müssen, dass erstens der Inselbau aufhört und zweitens der Zugang zu diesen Inseln nicht erlaubt ist.« Als Reaktion darauf warnten die staatlich kontrollierten Medien Chinas, falls Trump versuchen sollte, die Inseln mit einer Blockade zu belegen, »würde dies einen verheerenden Konfrontationskurs zwischen China und den USA bewirken«.

Stephen Bannon, damals noch einer von Trumps Hauptberatern und Mitglied des Nationalen Sicherheitsrats, schien diese Aussicht sehr zu gefallen. Einige Monate bevor er offiziell Trumps Wahlkampfteam beitrat, erklärte er den Zuhörern einer Radiosendung: China »nimmt ihnen die Sandbänke weg, macht aus ihnen im Grunde stationäre Flugzeugträger und setzt Raketen darauf«. Sein Fazit: »In fünf bis zehn Jahren werden wir im Südchinesischen Meer Krieg führen. Daran gibt es keinen Zweifel.«[40]

Die Sandarmeen bringen womöglich die menschlichen Armeen der beiden mächtigsten Staaten auf Konfrontationskurs. Sosehr uns Sand auf vielerlei Weise dient, kann er uns auch Gefahren aussetzen. Was uns in die Wüste zurückführt.

ZWISCHENSPIEL

Der kämpfende Arenophile

Abgesehen von Indiana Jones gab es nicht viele Wissenschaftler, die tollkühn gegen die Nazis kämpften – und noch viel weniger unter den Spezialisten für Sand. Im Grunde gab es vermutlich nur einen. Dieser Wissenschaftler in soldatischer Kampfuniform hieß Ralph Bagnold. Er war Erforscher der Sahara, Experte für die Physik des Sandes und die Geißel des »Dritten Reichs«.

Als Bagnold in den 1920er-Jahren als junger britischer Armeeoffizier in Ägypten stationiert war, erwachte seine Faszination für die Wüste. In seiner Freizeit baute er in bester Manier eines verschrobenen Engländers ein Model-T-Automobil von Ford um, stattete es mit übergroßen Kühlern, Niedrigdruckreifen und anderen Dingen aus, die ihm erlaubten, durch den Sand zu preschen und weiter in die Sahara vorzudringen als je ein Europäer vor ihm. So lernte er das wegelose Terrain bestens kennen.

Dann brach der Zweite Weltkrieg aus. Den britischen Streitkräften in Ägypten standen jenseits der Sahara, in Libyen, italienische und deutsche Truppen gegenüber. Mit einem Mal erwies sich Bagnolds exzentrisches Hobby als mächtige Waffe. Mit seinen beispiellosen Kenntnissen der Wüste wurde der inzwischen zum Major beförderte Bagnold beauftragt, eine Elitekommandoeinheit zusammenzustellen. Im September trat Bagnolds Long Range Desert Patrol Group (LRDP), bestehend aus einigen Hundert Freiwilligen aus England, Neuseeland, Rhodesien, Indien und anderen Teilen des britischen Empire, in Aktion. »Ich hatte vollkommen freie Hand erhalten (…) wo auch immer in Libyen Unruhe zu stiften«, schrieb er später.[41]

Bagnolds Männer stießen mit ihren Lkw tief in die unkartierte Wüste vor, ausgestattet mit ausreichend Nahrungsmitteln, Wasser und Munition für Wochen. Sie gaben sich das Aussehen von Wüstenpiraten, trugen arabische Kopfbedeckungen, wilde Bärte und hatten als Insigne den Skarabäus. Getarnt inmitten der Dünen, kilometerweit hinter den feindlichen Linien, beobachteten sie Truppenbewegungen und funkten ihre Informationen an die britischen Streitkräfte in Kairo. Sie unternahmen blitzartige Überraschungsangriffe auf Konvois und Flugplätze der Achsenmächte und tauchten danach wieder in den Weiten der Sahara unter. Sie geleiteten Truppen der Alliierten durch das als unpassierbar geltende Terrain und ermöglichten so einen Überraschungsangriff, der eine Schlüsselrolle beim Sieg über den »Wüstenfuchs«, den Nazi-Feldmarschall Erwin Rommel, spielte.[42]

Nach der Niederlage der Achsenmächte in Afrika im Jahr 1943 führte die LRDP Missionen in Griechenland, Italien und auf dem Balkan durch, bis sie bei Kriegsende aufgelöst wurde. Bagnolds Begeisterung für den Sand jedoch dauerte fort. Er wurde zu einem der weltweit führenden Experten für die Bewegung von Sand und verfasste das maßgebliche Werk über die Physik von windbewegtem Sand und Wüstendünen. Bagnold starb 1990, aber seine Forschungen haben immer noch Gültigkeit: Wissenschaftler der NASA nutzten sie bei den Planungen für die Mars-Missionen. Nicht einmal Indiana Jones kann das von sich behaupten.

Kapitel 9
Wüstenkrieg

Die Aussicht vom Gipfel eines bestimmten Berges im Kreis Duolun in der chinesischen Autonomen Region Innere Mongolei könnte man als äußerst anregend, aber auch als höchst befremdlich beschreiben. Im kilometerweiten Umkreis sieht das Terrain graubraun und trocken aus, eine Sandwüste mit gelben Grasstoppeln. Doch die Ansammlung von Hügeln, die dem meinen, auf dem ich im Frühjahr 2016 stand, am nächsten lag, zierten enorme, sorgfältig angelegte Muster aus grünen Bäumen, angeordnet in geometrischen Formen: ein Rechteck, ein Kreis, eine Reihe sich überlagernder Dreiecke. Und in der Ebene darunter exakt ausgerichtete Bänder junger Kiefern, alle gleich hoch, wie eine zur Schlacht aufgereihte Formation Soldaten.

Zuo Hongfei, der muntere stellvertretende Direktor des örtlichen »Begrünungsbüros« der staatlichen chinesischen Forstverwaltung, deutete geschäftig auf einen 250 Meter langen Abschnitt, um mir zu verdeutlichen, wie kahl dieser Teil des Duolun-Kreises noch vor 15 Jahren war, bevor hier im Rahmen einer massiven Begrünungsaktion Millionen Bäume gepflanzt wurden. Fotos und Satellitenaufnahmen lassen erkennen, dass ringsum weitgehend Wüste war, hier und da durchsetzt mit schütteren Bäumen und Sträuchern.

»Sehen Sie?«, sagte Zuo und zeigte mir ein Bild, darauf ein alter Mann und ein junges Mädchen vor einer niedrigen, halb von Dünen verschütteten Behausung. »Die Häuser waren fast unter dem Sand begraben!«

Auch wenn die Heerscharen von Sand unsere unverzichtbaren Verbündeten sind und unseren Lebensstil in vielfältiger Weise und an so vielen Orten unterstützen, können sie sich auch gegen uns wenden und zu einer unbarmherzigen feindlichen Macht werden. Die riesigen Mengen Sand in den Wüsten sind weitgehend nutzlos, was den Bau von Städten betrifft; mancherorts wurden sie – als wären sie wütend, dass man sie außer Acht lässt – sogar zu einer Bedrohung für die Städte.

Die sandigen Regionen, die rund 18 Prozent des chinesischen Territoriums bedecken, haben sich rapide ausgeweitet. Bis 2006 vernichteten sie nutzbares Land in einem Tempo von fast 2500 Quadratkilometer pro Jahr – nahezu die Größe des Yosemite-Nationalparks; in den 1950er-Jahren waren es noch 1500 Quadratkilometer jährlich.[1]

Das ist nicht nur für die in diesen Gebieten lebenden Menschen ein Problem, sondern auch für viele Millionen andere, die nahe genug an Wüsten leben, um von der Dynamik des Sandes betroffen zu sein. Wanderdünen bedrohen landwirtschaftliche Flächen und ganze Dörfer. Straßenabschnitte und Eisenbahntrassen werden immer wieder von verwehtem Sand verschüttet. Sandstürme tragen regelmäßig Tausende Tonnen Sand und Staub nach Peking und in andere Städte, behindern den Verkehr und verursachen Gesundheitsprobleme. Nach Schätzungen der Weltbank kostet die Wüstenbildung die chinesische Wirtschaft an die 31 Milliarden Dollar pro Jahr.[2]

Das ist ein weit über China hinausreichendes Problem. Laut den Vereinten Nationen betrifft die Desertifikation weltweit 250 Millionen Menschen, darunter auch in Teilen der Vereinigten Staaten.[3] Der Sand begräbt allmählich die einst florierende Stadt Araouane in Mali am Rand der Sahara. 2015 fegte ein gewaltiger Sandsturm über den Libanon und Syrien hinweg, wodurch zwölf Menschen ums Leben kamen und Hunderte mit Atemproblemen klinisch behandelt werden mussten. Und die Partikel von Staubstürmen in China haben sogar schon im weit entfernten Colorado den Himmel verdunkelt.

Wüsten dehnten sich im Laufe der Jahrhunderte immer wieder aus und zogen sich teilweise auch zurück, angetrieben von großflächigen Verschiebungen in der Atmosphäre und geologischen Bedingungen. Aber was heutzutage geschieht, ist etwas anderes. Nicht, dass sich die Wüsten wie eine aggressive Krankheit verbreiten; vielmehr trocknen das sie umliegende Land aus.

Schuld daran ist auch der Klimawandel, der die Temperaturen ansteigen lässt und die Bodenfeuchtigkeit vermindert. Aber in erster Linie verantwortlich sind die Menschen. Die Bevölkerung der Inneren Mongolei, wo sich der Großteil der chinesischen Wüsten befindet, hat sich in den letzten 50 Jahren auf mehr als 20 Millionen Menschen vervierfacht, hauptsächlich infolge des Zuzugs von Han-Chinesen. Die Menschen dort fällen Bäume für Feuerholz, bewässern mit Grundwasser die landwirtschaftlichen Flächen und betreiben Schwerindustrie. Auch der Viehbestand hat sich versechsfacht, und die Tiere verbrauchen viel Gras. Ist das Grundwasser aufgebraucht, trocknet der Boden aus. Ohne die Pflanzenwurzeln, die die Muttererde binden, und die Feuchtigkeit, die ihr Gewicht verleiht, wird sie vom Wind davongetragen, und zurück bleiben nur Kiesel und Sand. Während also der Sand, den wir benötigen, stetig knapper wird, erzeugen wir gleichzeitig immer mehr den Sand, der für uns nutzlos ist.

»Wir können vielleicht noch fünf Jahre so weitermachen oder womöglich auch zehn, aber danach ist es einfach nicht mehr hinnehmbar, noch mehr Land im bisherigen Tempo zu verlieren«, sagte Louise Baker, ranghohe Beraterin der UN Convention to Combat Desertification, gegenüber einer britischen Zeitung. »Jede Minute gehen 23 Hektar Land durch Dürre und Wüstenbildung verloren. Die Weltbevölkerung beträgt bereits sieben Milliarden, und bis 2050 werden wir vermutlich bei neun Milliarden liegen. Wir müssen demzufolge mehr Nahrungsmittel produzieren, aber die Fläche des fruchtbaren Bodens schrumpft Jahr um Jahr.«[4]

Der Kreis Duolun am Südrand der Wüste Gobi ist von jeher ein arider Landstrich. Doch während des letzten Jahrhunderts haben übermäßige landwirtschaftliche Nutzung und Überweidung riesige Flächen ausgetrocknet und sie in reine Wüste verwandelt. Bereits im Jahr 2000 waren 87 Prozent der gesamten Region versandet. Die Lage war derart schlimm, dass im Jahr 2000 Premier Zhu Rongji bei einem Besuch dort erklärte: »Wir müssen grüne Barrieren errichten, die den Sand fernhalten.«

Und so geschah es auch. In den ersten 15 Jahren dieses Jahrhunderts ließ die Regierung Millionen Kiefern im ganzen Kreis Duolon pflanzen. Jedes Frühjahr kommen weitere hinzu. Zhus »grüne Barrieren« halten nicht nur den Sand ab; sie zwingen ihn zum Rückzug. Inzwischen sind nach offizieller chinesischer Statistik 31 Prozent von Duolon bewaldet. Die Rate läge noch höher, wären in den Anfangsjahren des Projekts nicht Fehler gemacht worden, sagt Zuo, der für die Begrünung des Kreises Verantwortliche. Eine enorme Zahl von schnell wachsenden Pappeln wurde gepflanzt, aber die meisten gingen ein. »Damals fehlte es uns noch an den nötigen Kenntnissen«, sagt Zuo. »Wir haben festgestellt, dass sie zu viel Wasser brauchen.«

Das Aufforstungsprojekt in Duolun ist nur ein kleiner Teil eines ganz China umspannenden Projekts von gigantischem Umfang. China errichtet eine neue Große Mauer – diesmal nicht, um die Mongolen abzuhalten, sondern eine noch heimtückischere Bedrohung aus den Trockenregionen im Norden. Diese Mauer wird nicht aus Stein, sondern aus Bäumen errichtet – *Milliarden* Bäumen, genügend, um damit die gesamte Strecke zwischen San Francisco und Boston zu bepflanzen. Ihr Zweck: Chinas riesige Wüsten zurückzudrängen.

Das Projekt, offiziell als Grüne Mauer bezeichnet, wurde 1978 in Gang gesetzt und soll noch bis 2050 dauern. Ziel ist ein Schutzwald mit einer Gesamtfläche von rund 36 Millionen Hektar, der sich in einem Gürtel von fast 5000 Kilometer Länge und mancherorts 1500 Kilometer Breite erstreckt. Angesichts der sich kontinuierlich verschlechternden Umweltbedingungen in China nahm die Regierung in den letzten Jahren noch etliche weitere große Aufforstungsprojekte in Angriff. Zusammen ergeben sie die mit Abstand größte Baumpflanzaktion der Menschheitsgeschichte.

Die bisherigen Ergebnisse sind fabelhaft – zumindest nach Ansicht der chinesischen Regierung. Tausende Hektar Wanderdünen, die Ackerland und Dörfer bedrohten, konnten stabilisiert werden. Die Häufigkeit von Sandstürmen sank zwischen 2009 und 2014 landesweit um ein Fünftel. Und auch wenn sich in manchen Gebieten die Wüsten nach wie vor ausdehnen, versichert die staatliche Forstverwaltung, die für die Beaufsichtigung des Baumpflanzprojekts zuständige Regierungsbehörde, dass unterm Strich die Expansion der Wüsten nicht nur gestoppt, sondern sogar begonnen hat, sich umzukehren.[5]

Wie ermutigend, dass ein Land, das für seine im Eiltempo vollzogene Industrialisierung und seine weltweit höchste Umweltverschmutzung bekannt ist, solch enorme Anstrengungen unternimmt, um das Land zu begrünen. Viele Wissenschaftler in China und andernorts bemängeln jedoch, die bisherigen Ergebnisse seien bestenfalls belanglos und schlimmstenfalls katastrophal. Ein Großteil der Bäume, gepflanzt in Gebieten, wo sie von Natur aus nicht heimisch sind, stirbt nach ein paar Jahren einfach ab. Jene, die überleben, verbrauchen so viel kostbares Grundwasser, dass die autochthonen Gräser und Sträucher verdorren, wodurch der Boden noch mehr erodiert.

Unterdessen hat die Regierung Tausende Bauern und Hirten gezwungen, ihr Land zu verlassen, um für die Projekte gegen die Wüstenbildung Platz zu schaffen.

Kurz gesagt, China hat beispiellos ambitionierte Maßnahmen ergriffen, um den Sand aus den Wüsten zurückzudrängen, und scheint dabei erfolgreich zu sein. Aber dieser Sieg wirft verstörende Fragen auf. Was sind die Kosten, die es sich damit auflädt, und wird der Sieg von Dauer sein?

China ist nicht das erste Land, das versucht, zerstörte Böden mit künstlich angelegten Wäldern zu regenerieren. In den 1930er-Jahren ließ die US-Regierung unter Präsident Franklin D. Roosevelt an die 220 Millionen Bäume pflanzen, um die Staubstürme einzudämmen, die viele Bundesstaaten im Kernland heimsuchten; dieses Projekt war weitgehend ein Erfolg. Josef Stalin unternahm in den 1940er-Jahren etwas Ähnliches und forstete 25.000 Quadratkilometer Steppe auf, doch fast alle Bäume gingen innerhalb von 20 Jahren ein.[6] Algerien versuchte in den 1970er-Jahren einen 1500 Kilometer langen »grünen Damm« in der südlichen Wüste zu errichten, jedoch ohne großen Erfolg.[7] Und im heutigen Afrika bemühen sich elf Staaten mehr oder weniger zielstrebig, eine quer durch den Kontinent verlaufende grüne Barriere ähnlich des chinesischen Projekts zu errichten, um die weitere Ausbreitung der Sahara zu stoppen. Wie in China geht dieses Problem der afrikanischen Länder hauptsächlich auf die Demografie zurück: Die Bevölkerung der Sahelzone, der semiariden Region am Rande der Sahara, hat sich in den letzten 60 Jahren mehr als verfünffacht.

Aber nichts kommt dem Umfang des chinesischen Waldkreuzzugs gleich. Praktisch seit dem Machtantritt der kommunistischen Partei 1949 hat das Land die Baumpflanzung als lobenswert, ja sogar als Bürgerpflicht gefördert. Richtig in Schwung kam die Aufforstung mit dem Start der Grünen Mauer 1978, demselben Jahr, in dem Peking die chinesische Wirtschaft zu öffnen begann. Seit Projektbeginn haben chinesische Bürger Milliarden Bäume gepflanzt und eine Fläche größer als Kalifornien aufgeforstet.

Ein Hauptgrund, warum China so viele Bäume so schnell in die Erde setzen konnte, ist der gleiche, warum in dem Land so viele

Fabriken so schnell in Betrieb gehen konnten: weil die Regierung den Bürgern erlaubte, Geld zu machen. Anstatt sich auf revolutionären Idealismus zu verlassen, bezahlt Peking Dorfbewohner für die Aufforstung oder pachtet zu dem Zweck deren Land. Unternehmen kultivieren Setzlinge, verkaufen sie an die Regierung und fällen reife Bäume für Bauholz. Offiziellen chinesischen Statistiken zufolge hat dies die Armut vielerorts gesenkt. Einige Leute sind dadurch sogar sehr reich geworden.

Zu ihnen gehört Wang Wenbiao. Er wuchs in einem Dorf am Rand der riesigen Kubuqi-Wüste in der Inneren Mongolei auf, die an die Wüste Gobi grenzt, aber nicht zu ihr gehört. Wangs Familie von Bauern war so arm, dass er und seine Geschwister nur einmal im Jahr einen neuen Satz Kleider bekamen. Dem feindlichen Sand standen sie an vorderster Front gegenüber. Der Wind blies ihnen ständig Sand in die Betten und in ihr Essen. »In meiner Kindheit waren zwei Worte sehr wichtig«, sagt er. »Sand und Armut.«

Sand ist immer noch ein wichtiger Teil von Wangs Leben, aber die Armut hat er längst hinter sich gelassen. Heute leitet er ein viele Milliarden Dollar schweres Unternehmen, das sich zum Ziel gesetzt hat, nicht nur die Wüste zurückzudrängen, sondern damit auch Gewinn einzufahren.[8]

Ich traf Wang an einem Frühjahrsmorgen im eleganten Pekinger Hauptsitz der Elion Resources Group, dem angeblich umweltfreundlichen Unternehmen, dem er vorsteht. Es herrschte eine Atmosphäre wie am Hof des Kaisers. Wang ist ein melancholischer, korpulenter Mann mittleren Alters, sein dichtes Haar hatte er sich aus der breiten Stirn gestrichen. Er nahm in einem weißen Ledersessel vor einem Wandbild Platz, das Wasserfälle und Wälder zeigte. Um ihn herum versammelt waren weitere weiße Sessel, in denen ich, mein Dolmetscher, ein Vertreter der PR-Abteilung des Unternehmens, der alles mitschrieb, und ein weiterer Referent saßen, der sich häufig einschaltete, um zu korrigieren, wie mein Dolmetscher Wangs Ausführungen übersetzt hatte.

Im Alter von 29 Jahren wurde Wang zum Chef einer Salz- und Mineralmine in der Kubuqi-Wüste im Nordosten Chinas ernannt. Vom ersten Tag auf diesem Posten an machte ihm der Sand die Arbeit schwer. »Ein Jeep brachte mich zu der Mine, aber er blieb vor dem Tor im Sand stecken«, erzählte er. »Anstatt mich ordentlich willkommen zu heißen, mussten mich die Arbeiter freischaufeln.« Wang erkannte schnell, dass ihm der Sand und der Transport die größten Probleme bereiteten. Es gab keine direkte Straße von der Fabrik zur Außenwelt. Das Salzfeld lag nur 60 Kilometer von einer Bahnstation entfernt, aber um dorthin zu gelangen, musste man einen 320 Kilometer langen Umweg in Kauf nehmen. Mit finanzieller Unterstützung durch die örtliche Verwaltung machte sich Wang daran, neue Straßen anzulegen und an ihren Rändern Bäume und Büsche zu pflanzen, damit der Sand die Fahrbahnen nicht verschüttete. Bisher hat das Unternehmen 30 Prozent der Kubuqi-Wüste bepflanzt – an die 6000 Quadratkilometer –, ein Kraftakt, dem sogar die Vereinten Nationen Anerkennung zollen.

Die Barrieren hielten die Straßen passierbar, und die Geschäfte der Salzfabrik boomten. Wangs Unternehmen verzweigte sich in andere Industriebranchen, darunter Chemikalien und Kohlekraftwerke. Heute sind dort mehr als 7000 Menschen beschäftigt. Es versucht sich nun ein neues Image als umweltfreundliches Unternehmen zu geben, mit Parolen, die bei Investoren mit ökologischem Bewusstsein auf offene Ohren stoßen dürften. Das Unternehmen betreibt Solarkraftfelder, baut Süßholz und andere Wüstenpflanzen an, die in der Traditionellen Chinesischen Medizin eine wichtige Rolle spielen, und brüstet sich, Tausende Ökotouristen jedes Jahr in die Kubuqi-Wüste zu bringen. Elion gehört auch zu den Hauptbeteiligten am Bau der Grünen Mauer und forstet ein Gebiet von den Wüsten im Westen bis nördlich von Peking auf, wo 2022 die Olympischen Winterspiele stattfinden sollen.

»Grünes Land und grüne Energie«, sagt Wang, »das ist unsere künftige Richtung.« Auf Nachfrage gibt er jedoch zu, dass rund die

Hälfte des jährlichen Unternehmensgewinns von sechs Milliarden Dollar aus den »traditionellen« Industrien stammt, darunter die Chemieproduktion und Kohlekraftwerke.

Elions Vorzeigeprojekt ist die Aufforstung der Kubuqi-Wüste. Das Wort »Wüste« wird oft ungenau verwendet, als wertendes Etikett für eine ganze Palette von Trockengebieten mit geringer Feuchtigkeit. Die Kubuqi-Wüste ist nicht mit dem Südwesten der USA vergleichbar oder mit der Wüste vom Typus Palm Springs – Trockengebieten mit Kakteen, Jochblattgewächsen und Josuabäumen. Die Kubuqi-Wüste besteht hauptsächlich aus Sand und nichts als Sand.

Die Fahrt auf einer der von Elion gebauten Straßen dort hindurch war surreal, fast traumartig. Man rollt auf einem Band aus glattem Asphalt, das beidseits von ordentlich in Reih und Glied stehenden stämmigen Kiefern und schlanken Pappeln gesäumt wird, und aus dem Sand dazwischen sprießen grüne Triebe. Werbetafeln von Elion verkünden alle paar Kilometer auf Chinesisch und Englisch Parolen, die sich wie eine Kombination aus Umweltaktivismus und Kommunismus anhören: *Förderung der Ökozivilisation; Grüne Wüste – wunderschönes China; Ökologie bedeutet Wohltat, Grün bedeutet Wohlstand.* Die meisten Bäume waren nicht größer als ein Fünftklässler und erst wenige Jahre alt. Jenseits dieser grünen Gürtel war, so weit das Auge reichte, nichts zu sehen außer kahlen, windgepeitschten Sanddünen.

Die Straße endete schließlich im palastartigen, von einer Kuppel gekrönten Seven Star Kubuqi Hotel des Unternehmens. Sorgfältig bewässerte Pappeln, in Reihen gepflanzt, und grüne Rasenflächen umgeben das Gebäude, dessen Eingang ein Brunnen ziert. Zum Hotelgelände gehört auch, so unwahrscheinlich es klingt, ein Golfplatz. Als ein Hotelmitarbeiter eines Tages meinen Fotografen Ian Tech dort erspähte, eilte er hinaus und verlangte von Tech, die Aufnahmen zu löschen.

Wie ist es möglich, in einer Wüste so viele Bäume am Leben zu erhalten, geschweige denn einen Golfplatz zu betreiben? Woher kommt all das Wasser? »Jeder stellt diese Frage«, erwiderte Wang mit dem Anflug eines gequälten Lächelns. Die Bäume würden nur einen kleinen Teil des unterirdischen Wassers der Region verbrauchen, behauptete er; der wichtigste Faktor sei, dass es dem Unternehmen gelungen ist, es buchstäblich regnen zu lassen. Die verstärkte Verdunstung durch all diese neuen Pflanzen haben das Klima feuchter gemacht, erklärte Wang. »Vor 28 Jahren gab es nur rund 70 Millimeter Regen. In den letzten Jahren hingegen wurden 400 Millimeter gemessen«, sagte er. »Wir haben das Ökosystem verändert.«

Ich befragte mehrere unabhängige chinesische und internationale Experten zu dieser Behauptung. Alle zeigten sich skeptisch. Ein so großes Gebiet zu bepflanzen könne zwar bis zu einem gewissen Grad die Luftfeuchtigkeit erhöhen und Regen erzeugen, stimmten sie zu, aber um mehr als das Vierfache? »Klingt für mich nach Unsinn«, meinte Mickey Glantz, Forscher an der University of Colorado, der seit 40 Jahren Wüsten in China und auf der ganzen Welt erforscht.

Cao Shixiong, von hagerer Gestalt und zu Scherzen aufgelegt, ist Wissenschaftler an der Pekinger Forestry University und hat eine simple Erklärung: »Wenn es um Profit geht, erzählen die Leute Lügen. Die Zentralregierung gibt jedes Jahr Milliarden Yuan für die Baumpflanzungen aus. Also wollen sich viele Unternehmen daran beteiligen. Die Umwelt kümmert sie nicht, sondern nur der Profit.«

Früher war Cao überzeugter Anhänger der Aufforstung. Er arbeitete 20 Jahre lang bei Baumpflanzprojekten der staatlichen Forstverwaltung in der Provinz Shaanxi. »Ich hielt das für eine sehr gute Methode im Kampf gegen die Wüstenbildung«, sagte er. Aber seine Bäume überlebten nie lange. »Da habe ich erkannt, dass das wegen der Politik passiert. Denn das Problem ist, dass wir die Anpflanzung an den falschen Orten betreiben.«

Cao und die meisten Kritiker der Aufforstungsprojekte räumen aber ein, dass sie manchen Regionen durchaus zugutekamen. Doch dieser Nutzen sei lokal begrenzt und womöglich auch nicht von

Dauer. In mancherlei Hinsicht machten sie die Dinge nur noch schlimmer.

Es stimmt zum Beispiel, dass rund um Peking die Sandstürme in den letzten Jahren abgenommen haben, eine erfreuliche Entwicklung, die etliche Experten auf die Grüne Mauer zurückführen. Andere betonen jedoch, dieser Wandel erkläre sich zumindest teilweise dadurch, dass es im Nordwesten Chinas in den vergangenen Jahren mehr Regen gegeben habe, der den Staub binde und mehr Pflanzen ermögliche, auf natürliche Weise zu wachsen.

»Keiner weiß, wie viel davon auf die Regierung zurückgeht und wie viel natürlichen Ursprungs ist«, sagte Shen Xiaohui, pensionierter SFA-Ingenieur. »Aber die Regierung wird behaupten, es sei alles allein ihr Verdienst.«

Unbestreitbar ist auch, dass Milliarden Bäume in bis dahin öden Gebieten gepflanzt wurden, und mancherorts gedeihen diese künstlichen Wälder prächtig – sie stabilisieren den Boden, reichern ihn an und machen diese Zonen insgesamt bewohnbarer. Aber eine riesige Anzahl Bäume ist auch eingegangen.[9] Manche fielen der trockenen Umwelt zum Opfer, manche den Krankheiten und den Schädlingen, die sich in den künstlichen Monokulturen rapide ausbreiten. Im Jahr 2000 vernichtete ein Käferbefall in Nordmittelchina eine Milliarde Pappeln, die Frucht zweier Jahrzehnte Aufforstung.[10]

Die schwerste Sorge ist jedoch, dass all diese neu gepflanzten Bäume das wertvolle Grundwasser der Wüste aufbrauchen werden. Denn nur dieses erhält Millionen von ihnen noch am Leben. Im Kreis Duolun versicherte mir Zuo Hongfei, das sei kein Problem, da es dort ausreichend regne, um die an Trockenheit angepassten Bäume, die sie so sorgfältig gepflanzt hätten, gedeihen zu lassen.

Forschungen zeigen jedoch, dass dies in anderen, trockeneren Teilen Chinas bereits geschieht. Letztlich könnte das dazu führen, dass nicht nur die Bäume, sondern auch alle kleineren Pflanzen, die dort natürlich vorkommen, verdursten und das Land eine schlimmere Wüstenbildung erlebt denn je.[11] »In den vergangenen tausend Jahren gab es in diesen Gebieten nur Sträucher und Gras. Warum glaubt man dann, dass die Anpflanzung von Bäumen erfolgreich sein könnte?«, fragte Sun Qinqwei, ehemals Forscher am Desert Research Institute der chinesischen Akademie der Wissenschaften, der inzwischen für das in Washington beheimatete China-Programm der National Geographic Society tätig ist. »Man kann kurzfristig Erfolg haben, indem man das Grundwasser heraufpumpt, aber das ist nicht nachhaltig. Geld in Bäume zu investieren, die dort noch nie gewachsen sind, ist einfach verrückt.«

Wie lautet also das Fazit? Ist die Grüne Mauer schädlich oder hilfreich? Schwer zu sagen. Es kann Jahre oder sogar Jahrzehnte dauern, bis sich die Auswirkungen eines solch großen und komplexen Eingriffs in die Umwelt bemerkbar machen. Und im Verhältnis zu dem enormen Umfang dieser Programme sind verlässliche Daten darüber erstaunlich rar. Eine Untersuchung aus dem Jahr 2014 zu den chinesischen großen Baumpflanzprojekten, durchgeführt von einer Gruppe US-amerikanischer und chinesischer Wissenschaftler, kam zu dem Schluss: »In welchem Ausmaß die Programme die örtlichen ökologischen und sozioökonomischen Bedingungen verändert haben, ist nach wie vor ungenügend erfasst, da örtliche Statistiken (…) oft nicht erhältlich oder unzuverlässig sind.«[12] Eine weitere Studie der chinesischen Akademie der Wissenschaften und der Pädagogischen Universität Peking ergänzt: »Obgleich zahlreiche chinesische Forscher und Regierungsvertreter behaupten, die Aufforstung habe erfolgreich die Wüstenbildung zurückgedrängt und die Staubstürme eingedämmt, gibt es hierfür erstaunlich wenig unanfechtbare Belege.«[13]

Zu bedenken ist auch, dass zumindest für chinesische Experten die Kritik an einem Lieblingsprojekt der autokratischen Regierung erhebliche Risiken birgt. Nach Caos Ansicht ist dies der Grund, warum er in den vergangenen fünf Jahren keinerlei Forschungsgelder von außerhalb erhalten hat. »Vor meiner akademischen Karriere dachte ich, Wissenschaft sei einfach Wissenschaft«, sagte er. »Aber die Wissenschaft zählt nichts mehr, wenn sie es mit der Politik zu tun bekommt.«

Andererseits haben Bürokraten und Forscher, die mit der staatlichen Forstverwaltung verbunden sind, reichlich Grund, die Grüne Mauer zu einem durchschlagenden Erfolg zu erklären. »Entlang der ganzen Kette profitieren bestimmte Akteure davon«, erklärte Sun. »In jeder Provinz und jedem Kreis gibt es Bürokraten der staatlichen Forstverwaltung. Und sie bekommen für das Baumpflanzen eine Menge Geld.« In Anbetracht dessen, dass die staatliche Forstverwaltung beauftragt ist, sowohl Millionen Bäume zu pflanzen als auch zu evaluieren, ob es eine gute Idee ist, Millionen Bäume zu pflanzen, versteht man, warum Außenstehende ihren Erkenntnissen gegenüber skeptisch sind.

Einige Kilometer vom Gipfel des Berges im Kreis Duolun, von dem aus man Aussicht auf all die neuen Bäume hat, liegt eine Siedlung namens Neue Kornkammer. Sie besteht aus einer trostlosen Ansammlung kleiner durchschnittlicher Ziegelhäuser entlang eines Rasters öder Schotterstraßen, die kein einziger Grashalm schmückt. Die Siedlung erinnert weniger an ein Dorf als an ein dauerhaftes Flüchtlingslager – was sie in gewissem Sinne auch ist. Die Neue Kornkammer wurde Anfang dieses Jahrhunderts für einige der mehr als 10.000 örtlichen Bauern erbaut, die zwangsumgesiedelt wurden, um Platz für die neuen Bäume der staatlichen Forstverwaltung zu schaffen. Sie gehören zu den Hunderttausenden zumeist mongolischen, kasachischen und tibetischen Bauern und Hirten, die die chinesische Regierung zwang, ihr Weideland aufzugeben und in städtische Gebiete zu ziehen, wo ihr traditioneller Lebensstil verloren geht. Offiziell geschah dies, um Überweidung zu vermindern. Viele halten dies jedoch für einen Landraub, durch den Han-Chinesen für ihre Geschäfte freien Zugang zu Wasser und anderen Ressourcen erhalten. An manchen Orten wehrten sich die Hirten mit gewaltsamen Protesten dagegen.

»Wir wollten nicht wegziehen, aber man hat uns dazu gezwungen. Sie hätten uns unsere Häuser zerstört, wären wir geblieben«, sagte Wang Yue, ein sehniger Fünfundsechzigjähriger, resigniert. Er stammt aus einem nur wenige Kilometer entfernten, aber inzwischen verschwundenen Dorf, in dem seine Familie seit Generationen gelebt hatte. Jetzt wohnt er in einem ordentlichen Haus der Neuen Kornkammer: zwei Zimmer mit einem Podest zum Schlafen, einem Kohleherd zum Kochen und Fenster, die auf einen kleinen Hof hinausblicken. Aber er hat durch den Umzug sein Land verloren. »Im alten Dorf war das Leben besser«, sagte er. »Hier müssen wir für die Fütterung der Tiere Hafer kaufen. Früher haben wir sie einfach grasen lassen.« Er schlägt sich mühsam mit Gelegenheitsarbeiten durch, aber in seinem Alter wird das immer schwieriger. Seine Frau ist tot, und seine beiden Töchter sind fortgezogen. Er habe niemals die von der Regierung versprochenen Hilfsgelder erhalten, sagte er; die gleiche Klage hörte ich auch von mehreren anderen Bewohnern der Neuen Kornkammer.

»Sie belügen uns«, sagte er. »Das Baumpflanzen macht ein paar Offizielle reich, aber wir haben fast alles verloren.«

Der Wüstensand und ihre eigene Regierung haben mit vereinter Kraft Wang und seine Nachbarn gezwungen, die Dörfer ihrer Vorfahren für eine städtisch anmutende Siedlungsweise aufzugeben. Das ist in der Inneren Mongolei nicht selten. Doch die Erfahrung, aus einem Dorf in etwas umzusiedeln, das einer Stadt ähnelt, teilt er mit Hunderten Millionen Menschen. Diese Migration formt rapide unsere Welt um, auf eine Weise, die die Menschen zwingt, sich immer stärker auf immer größere Heerscharen von Sand zu verlassen.

Kapitel 10

Beton erobert die Welt

Eintausendsechshundert Kilometer südöstlich von Duolun entfernt liegt die glitzernde Megacity Shanghai, die größte Stadt Chinas und Hauptfinanzzentrum des Landes. Vor 30 Jahren lebten so gut wie alle Einwohner Shanghais in ein- oder zweistöckigen *Shikumen*, Häuserzeilen in malerischen, abgeschlossenen Gässchen mit steinernen Eingangstoren.[1] Doch die Shikumen sind samt und sonders verschwunden, niedergewalzt vom anhaltenden Mahlstrom der Entwicklung, der die Stadt seit den 1990er-Jahren von Grund auf umgewandelt hat.

Im Vergleich mit Shanghai erscheint das Wachstum von Dubai bescheiden. Allein seit dem Jahr 2000 sind in Shanghai sieben Millionen Menschen zugezogen, wodurch sich die Bevölkerungszahl auf mehr als 23 Millionen erhöht hat.[2] Im gleichen Zeitraum hat Shanghai mehr Hochhäuser erbaut, als in ganz New York vorhanden sind. Hinzu kommen zahllose Kilometer Straßen, ein riesiger internationaler Flughafen und andere Einrichtungen der Infrastruktur.[3]

Zur Herstellung all des Betons für diesen urbanen Koloss musste Bausand in beispielloser Menge beschafft werden. Zu Anfang des Booms in Shanghai förderte man einen Großteil des für die neuen Gebäude und Straßen benötigten Sandes aus dem Flussbett des Jangtsekiang. Die Firmen – von denen viele illegal operierten – entnahmen derart große Mengen, dass Brücken unterspült wurden, die Schifffahrt ins Stocken geriet und 300 Meter lange Abschnitte des Flussufers abrutschten.[4] Empört über die Schäden, die dem wichtigsten Fluss des Landes zugefügt wurden, verboten die chinesischen Behörden im Jahr 2000 den Sandabbau im Jangtsekiang. Daraufhin zogen die Sandfirmen in Scharen an den Poyang-See, Chinas größten Süßwasserspeicher, der rund 650 Kilometer von Shanghai entfernt den Jangtsekiang speist.

Heute arbeiten tagtäglich Hunderte von Schwimmbaggern, manche von der Größe eines umgekippten Wohnblocks, auf dem See. Der größte kann sage und schreibe 10.000 Tonnen Sand *pro Stunde* fördern. Einer Untersuchung von amerikanischen, niederländischen und chinesischen Experten zufolge werden dem See jährlich schätzungsweise 236 Millionen Kubikmeter Sand entnommen. Dadurch ist der Poyang-See zur größten Sandgrube auf dem Planeten geworden, weit größer als die drei größten Förderstätten in den USA zusammengenommen.

Diese Unmengen Sand aus dem Boden des Poyang-Sees zu holen hat sich als einträgliches Geschäft erwiesen, aber es fügt dem See vermutlich verheerende Schäden zu. In den letzten Jahren ist der Wasserstand des Poyang dramatisch gesunken, und nach Meinung von Forschern liegt dies vor allem am Sandabbau. Die Schwimmbagger befördern mehr als dreißig Mal so viel Sediment aus dem See, als seine Zuflüsse einbringen, erklärt David Shankman, Geograf an der University of Alabama und einer der Autoren der Studie, in der von den 236 Millionen Kubikmetern die Rede ist. »Ich konnte es nicht glauben, als wir die Berechnungen durchführten«, sagte er. Es wurde derart viel Sand ausgebaggert, erklären Shankman und seine Kollegen, dass der Abflusskanal des Sees sich dramatisch vertieft und verbreitert hat und inzwischen fast doppelt so viel Wasser in den Jangtsekiang abgibt wie früher.[5]

Die dadurch verursachte Absenkung des Pegelstands verändert die Wasserqualität und die Versorgung der umliegenden Feuchtgebiete, die für die Fauna des Sees ruinöse Folgen haben könnte.

Der Poyang-See ist das größte Winterquartier Asiens für Zugvögel, an ihm überwintern Millionen Kraniche, Gänse, Störche und andere Spezies, darunter mehrere gefährdete und seltene Arten. Außerdem gehört der See zu den wenigen noch verbliebenen Habitaten des gefährdeten Glattschweinswals. Die Forscher warnen, dass, abgesehen vom Verlust des Lebensraums, das von den Schwimmbaggern aufgewirbelte Sediment und der von ihnen erzeugte Lärm den Glattschweinswalen die Sicht und ihr Sonar derart beeinträchtigen, dass sie keine Nahrung mehr finden.

Zu allem Unglück ist, wie örtliche Fischer mir erzählten, der Fischbestand insgesamt zurückgegangen. »Die Boote zerstören unsere Fanggebiete«, sagte mir eine 58-jährige Frau, die anonym bleiben wollte. Durch das Ausbaggern, erklärte sie, werden die Laichgründe der Fische zerstört, das Wasser verschlammt und ihre Netze zerrissen. Sie lebt in einem Dorf am Seeufer, das kaum mehr als eine kleine Ansammlung von windschiefen Häuschen und ramponierten Holzstegen ist. Angesichts der auf dem See tümpelnden Flotte von Schwimmbaggern und Lastkähnen mit hoch aufragenden Kränen wirkt das Dorf wie eine Puppenstube.

Im 21. Jahrhundert ist die Sandarmee ausgeschwärmt, die ganze Welt zu erobern. Die für den Hausbau benötigten Techniken und Materialien, die vor hundert Jahren noch hauptsächlich den wohlhabenden Ländern des Westens vorbehalten waren, haben sich in den vergangenen 30 Jahren praktisch über die ganze Welt verbreitet. Dieser epochale Wandel ist der Grund für die Sandkrise.

Wir verwenden Sand zwar für Tausende Zwecke, aber was die Krise wirklich befeuert, ist Beton. Zur Herstellung von Beton wird mehr Sand verbraucht als für Asphalt, Glas, Fracking und Strandauffüllung zusammengenommen. Der Poyang-See, Marokkos Strände, Kenias Flüsse, die Felder des Dorfes von Paleram Chauhan – sie alle werden für die Betonproduktion ausgeplündert.

Beton ist zu dem am häufigsten verwendeten Baumaterial auf Erden geworden; wir benutzen jährlich zweimal so viel Beton wie

Stahl, Aluminium, Plastik und Holz zusammen. Schätzungsweise 70 Prozent der Weltbevölkerung leben in Gebäuden, die zumindest teilweise aus Beton bestehen.[6] Die weltgrößten Staudämme und Brücken sind allesamt aus Stahlbeton gebaut. Selbst Wolkenkratzer mit Stahlskelett benötigen enorme Mengen Beton für ihre Fundamente und Böden. Die weltweit versiegelte Fläche wird auf insgesamt mehr als 570.000 Quadratkilometer geschätzt, was der Gesamtfläche der Nordsee entspricht.

»Auf jeden Erdenbewohner entfallen 40 Tonnen dieses Materials«, schreibt der Historiker Robert Courtland in *Concrete Planet.* »Und jedes Jahr kommt pro Kopf eine weitere Tonne hinzu.«[7]

Der Grund für unseren gigantischen Verbrauch an Beton ist, wie wir gesehen haben, ein historischer demografischer Wandel in der Lebensweise der Menschen in fast jedem Land der Welt: die Urbanisierung. Jahr für Jahr fliehen zig Millionen Menschen, vor allem in den Entwicklungsländern, vor der Mühsal und der Armut auf dem Land und erhoffen sich ein besseres Leben in der Stadt.

In ganz Afrika, im Nahen Osten, in Lateinamerika und vor allem in Asien schwellen Kleinstädte zu Großstädten an und Großstädte zu Megacitys. In den 1990er-Jahren gab es weltweit nur zehn Städte mit zehn Millionen Einwohnern oder mehr. Im Jahr 2014 waren es bereits 28, und in ihnen lebten insgesamt 453 Millionen Menschen.[8] Auch sie wollen, dass ihnen der Sand zu Diensten ist. Auch sie wollen – wenngleich ungleich verteilt – den Nutzen, den Häuser, Büros, Geschäfte und Straßen aus Beton und Glas bieten, erhalten. Selbst Orte, die früher vollkommen verwaist waren, sind inzwischen dicht mit Hochhäusern und Straßen aus Beton zugebaut, von Dubai bis in die Innere Mongolei.

Wir errichten Städte in einem derartigen Tempo, dass »das urbane Bauvolumen von Wohnstätten, Büroflächen und Transporteinrichtungen während der nächsten 40 Jahre in etwa dem gesamten Bauvolumen der bisherigen Weltgeschichte gleichkommen könnte«, erklärt der US National Intelligence Council.[9]

Ohne Sand in Form von Beton könnten Städte keinesfalls so rasch wachsen. Beton ist eine fast übernatürlich billige, einfache Möglichkeit, schnell relativ stabile, hygienische Unterkünfte für eine große Zahl von Menschen zu erschaffen. Beton ist fest und in der Lage, Tausenden Tonnen Gewicht von Menschen, Möbeln und Wasser standzuhalten. Er brennt nicht und kann nicht von Termiten zerfressen werden. Und seine Anwendung ist unglaublich einfach. Schon eine einzelne Person kann eine Partie einfachen Betons zusammenmischen und damit eine brauchbare Unterkunft herstellen. Und ein gut finanziertes Bauunternehmen braucht nur wenige Tage, um das Fundament eines Wolkenkratzers zu gießen.

Allerorten schießen urbane Gebiete wie Pilze aus dem Boden, doch China befindet sich in einem städtebaulichen Boom, der alles übertrifft, was die Welt je gesehen hat. Mehr als 220 chinesische Städte zählen über eine Million Einwohner; in ganz Europa sind es nur 35. Mehr als eine halbe Milliarde Chinesen leben inzwischen in urbanen Zentren, dreimal so viele wie vor 60 Jahren.[10] Dies entspricht der Bevölkerungszahl der Vereinigten Staaten, Kanadas und Mexikos zusammengenommen. Und Millionen weitere ziehen jedes Jahr in Chinas Städte.

Zur Verbindung all dieser urbanen Wucherungen erweitert China ebenfalls im Eiltempo das Straßennetz, die Flug- und Seehäfen. Für deren Energieversorgung entstehen Staudämme, darunter der berüchtigte Drei-Schluchten-Staudamm, das größte zivile Bauvorhaben der Menschheitsgeschichte, ein Monstrum aus mehr als 27 Millionen Kubikmeter Beton.[11] Zudem bauen chinesische Unternehmen überall auf der Welt Tausende Kilometer Straßen und Hunderte Hochhäuser, in Zentralafrika ebenso wie in Mitteleuropa.

China ist so bauversessen, dass in den vergangenen Jahren ganze Städte aus dem Boden gestampft wurden, die gar nicht benötigt werden – zumindest jetzt noch nicht. Die meisten dieser mit menschenleeren Wohnblocks und ungenutzten Büroflächen bestückten »Geisterstädte« sind in den relativ armen und unterentwickelten Landesteilen im Westen zu finden. Die Regierung investiert in sie in der Hoffnung, mit ihnen Menschen von der überbevölkerten Ostküste weglocken zu können, und die Bauunternehmer versprechen sich davon enorme Gewinne. Doch wie sich herausgestellt hat, ziehen sie nur wenige Menschen an.

Die »Stadt« Kangbashi beispielsweise liegt am Rand der Wüste der Inneren Mongolei. Sie wurde 2004 aus dem Nichts erschaffen. Architektonisch gesehen, ist sie eindrucksvoll oder zumindest ambitioniert. Sie prunkt mit einer akribisch landschaftlich gestalteten Plaza von mehr als eineinhalb Kilometer Länge, an der sich eine Bibliothek in Gestalt dreier riesiger, aufrecht stehender Bücher befindet sowie ein Museum, das aussieht wie eine Kreuzung aus einer Erdnuss und einem bronzenen Sitzsack, außerdem eine Kunstgalerie, deren Äußeres an zwei Jurten erinnert. Breite Avenuen führen zu Einkaufszentren, Hotels und Hochhäusern. Die Stadt ist für mehr als eine Million Einwohner angelegt.

Doch bei meinem dortigen Besuch im Frühjahr 2016 lebte kaum ein Zehntel dieser Zahl in Kangbashi. An einem Dienstagnachmittag waren die einzigen Menschen auf der Plaza außer meinem Dolmetscher und mir ein Trupp Straßenfeger, die träge den vom Wind herbeigewehten Müll aufsammelten, und ein einsamer Fußgänger in der Ferne. Die Bibliothek von der Größe einer Shoppingmall war dunkel und nahezu menschenleer. Als ich ihren Haupteingang passieren wollte, lösten mein Mobiltelefon und meine Kamera den schrillen Alarmton eines Metalldetektors aus. Niemanden schien das zu kümmern.

All diese hektischen Baumaßnahmen haben China zum weltweit größten Konsumenten von Beton und zum unersättlichsten Konsumenten von Sand in der Menschheitsgeschichte gemacht.[12] Im Jahr 2016 verbrauchte China geschätzte 7,8 Milliarden Tonnen Bausand. Mit dieser Menge könnte man den gesamten Bundesstaat New York mit einer 2,5 Zentimeter dicken Schicht versiegeln. In den kommenden Jahren soll Planungen zufolge das Volumen auf nahezu zehn Milliarden Tonnen steigen.

Überall auf der Welt hat die Umwandlung dieser gigantischen Menge Sand zu Beton in vielerlei Hinsicht unglaubliche Segnungen gebracht. Beton hat zahllose Leben gerettet und noch viele mehr bereichert. Staudämme aus Beton erzeugen Elektrizität. Krankenhäuser und Schulen aus Beton lassen sich viel schneller errichten und reparieren als ihre Pendants aus Lehmziegel, Holz oder Stahl. Straßen aus Beton ermöglichen es, dass bei jedem Wind und Wetter Bauern ihre Erzeugnisse auf den Markt bringen, Schüler am Unterricht teilnehmen, Kranke in die Klinik gelangen und Dörfer mit Medikamenten versorgt werden. Forschungen haben belegt, dass der Bau von Straßen die Grundstückswerte und die Löhne in der Landwirtschaft steigen lässt sowie die Quote der Schulbesucher erhöht.

Einfach nur einen Beton*boden* zu haben ist für viele Menschen bereits eine riesige Verbesserung. Auf der ganzen Welt leben Hunderte Millionen in Behausungen mit Lehmboden. Der Wirtschaftswissenschaftler Charles Kenny wies in der Zeitschrift *Foreign Policy* darauf hin, dass der barfüßige Kontakt mit einem solchen Boden das hohe Risiko birgt, sich Krankheiten zuzuziehen, vor allem die Hakenwurmkrankheit, eine Parasiteninfektion, für die insbesondere Kinder anfällig sind.[13] Schon ein schlichter Betonboden mindert diese Gefahr beträchtlich. Kenny zufolge wurde durch ein in Mexiko durchgeführtes Programm zur Betonierung der Böden in den Unterkünften der armen Bevölkerung die Rate des Parasitenbefalls um fast 80 Prozent gesenkt und die Zahl der Durchfallerkrankungen bei Kindern halbiert. Womit sich zeigt, dass Sand nicht nur ein Dach über dem Kopf bieten, sondern auch ein Segen für die öffentliche Gesundheit sein kann.

All diese Tonnen Beton jedoch ziehen hohe Kosten nach sich. Genau genommen verschiedene Arten von Kosten. In Städten Beton anzuhäufen kann Kultur und Schönheit ebenso sicher zunichtemachen wie das Aufschütten von Sand auf Korallenriffe Fische tötet. Die Shikumen von Shanghai sind kaum der einzige historische Architekturtypus, der zerstört wurde, um Platz für Betonhochhäuser zu schaffen. Beton ist der Hauptgrund, warum so viele Orte in der heutigen Welt einander gleichen wie ein Ei dem anderen. Er ist der Standardbaustoff, aus dem unzählige identische Bürotürme, Wohnblöcke, Starbucks, Marriots und achtspurige Schnellstraßen auf der ganzen Welt entstanden sind. Er ist die typisch graue Schicht, die alles mit derselben Farbe und Textur überzieht. Sicher, Beton genießt in bestimmten Architektenkreisen hohes Ansehen, aber für den Durchschnittsbürger ist er das Symbol der Modernität in ihrer hässlichsten Ausprägung, der Stoff, mit dem man das Paradies zugepflastert und zu einem Parkplatz gemacht hat.

Noch schlimmer ist, dass Beton dem Menschen und dem Planeten Schaden zufügt. Ebenso wie am Strand absorbiert Sand in Form von Beton und Asphalt die Wärme der Sonne. Die vielen Kilometer aufgeheizter Straßenbeläge können die Umgebungstemperatur einer ganzen Stadt stark ansteigen lassen und ein Phänomen hervorrufen, das als »urbane Hitzeinseln« bekannt ist. Laut einer 2015 durchgeführten Studie der kalifornischen Umweltschutzbehörde lassen versiegelte Flächen zusammen mit der von Motorfahrzeugen abgestrahlten Wärme die Temperatur in manchen Städten um sieben Grad Celsius und mehr ansteigen.[14] Das ist nicht einfach nur unangenehm. Hohen Temperaturen ausgesetzt zu sein kann für Kinder, ältere Menschen und gesundheitlich Geschwächte tödlich sein. Hitze fördert auch die Bildung von Luftschadstoffen, vor allem von bodennahmen Ozon, besser bekannt als Smog. Zu viel Sand am Boden kann in der Luft Giftstoffe erzeugen.

Durch den sich verstärkenden Klimawandel heizen sich die urbanen Hitzeinseln noch weiter auf. Und Beton wiederum beschleunigt zudem den Klimawandel. Die Zementindustrie gehört zu den weltweit größten Verursachern von Treibhausgasen, denn bei der Verarbeitung von Kalk zu Zement entsteht Kohlendioxid. Außerdem werden die meisten Zement produzierenden Öfen mit fossilen Brennstoffen befeuert, die noch mehr CO_2 freisetzen. In mindestens 150 Ländern wird Zement hergestellt, was zu fünf bis zehn Prozent der gesamten Kohlendioxidemissionen weltweit beiträgt. Somit liegt die Zementproduktion auf Rang drei, was den Ausstoß von CO_2 angeht, hinter den Kohlekraftwerken und den allgegenwärtigen Kraftfahrzeugen.[15]

Beton ist, wie wir gesehen haben, auch der Diener des Automobils. Beide verstärken sich gegenseitig in ihrer Abhängigkeit. Je mehr Straßen gebaut werden, desto mehr Verkehr wird erzeugt, was zu mehr CO_2-Emissionen aus den Auspuffen führt. »Ganz davon zu schweigen«, schreibt Charles Kenny, »dass der Bau einer neuen Straße durch einen unberührten Wald eine ziemlich todsichere Methode ist, diesen Wald an die Holzindustrie zu verlieren.«

Mancherorts zeitigt die Verbauung von Beton erschreckende Konsequenzen. Das Harris County in Texas, in dem Houston liegt, ist zu rund 30 Prozent mit Straßen, Parkplätzen und anderen Bauwerken versiegelt; dies hat die durch den Hurrikan Harvey im Jahr 2017 verursachten Schäden noch erheblich verstärkt.[16] Die schiere Menge an undurchlässigem Beton verhinderte das natürliche Versickern des Regenwassers ins Erdreich und verwandelte die Straßen in reißende Flüsse.

Während in Houston Beton die Erde versiegelt, lässt er sie in Indonesien einbrechen. Die indonesische Hauptstadt Jakarta und ihr Umland bilden einen Koloss von 28 Millionen Menschen, von denen viele in dem Wald aus Wolkenkratzern leben, die in den letzten Jahren aus dem Boden geschossen sind. Doch das Erdreich unter der Stadt ist porös und angegriffen durch die Entnahme von zu viel Wasser durch die durstigen Einwohner. Als Folge davon drückt das unfassbar hohe Gewicht all dieses Betons den Boden langsam unter sich zusammen und lässt die Stadt einsinken. In den letzten 30 Jahren ist Jakarta um fast vier Meter abgesackt und sinkt weiter um 7,5 Zentimeter pro Jahr. Fast die Hälfte der Stadt liegt inzwischen unter dem Meeresspiegel, geschützt nur durch veraltete Seedeiche.[17] Shanghai und andere Städte zerquetschen ebenfalls den Boden unter sich.

Der vielleicht erschreckendste Aspekt unserer Abhängigkeit von Beton ist, dass die mit ihm errichteten Bauwerke keinen allzu langen Bestand haben werden. Die allergrößte Mehrzahl wird man schon relativ bald ersetzen müssen.

Wir neigen dazu, Beton für etwas Dauerhaftes zu halten, wie den Stein, den er nachahmt. Zu seiner Frühzeit wurde der moderne Beton als vollkommen feuerresistentes und erdbebensicheres Material angepriesen, als etwas, das niemals repariert werden müsse. »Er hat eine Bauweise ermöglicht, die eine Garantie für ihre eigene Dauerhaftigkeit ist, da sich Beton mit dem Alter nur verbessert«, frohlockte die Zeitschrift *Scientific American* 1906.[18] Im selben Jahr bewunderte der *San Francisco Chronicle* eine neue Betonbrücke über den San Joaquin River und verkündete, dass »noch die weitestentfernte Generation der Menschheit niemals eine andere Brücke an dieser Stelle wird erbauen müssen«.[19] Ernest Ransome selbst schrieb, »die allgemeine Abnutzung eines gut konstruierten Bauwerks aus Stahlbeton ist unbedeutend und beschränkt sich auf den Fertiganstrich des Bodens«.[20]

Nichts davon erwies sich als wahr. Beton versagt und bricht auf Dutzende Weise. Hitze, Kälte, Chemikalien, Salz und Feuchtigkeit setzen diesem scheinbar robusten Kunststein zu, schwächen und zerstören ihn von innen heraus.

»Die Krankheit, die deinen Beton zerstören wird, hängt davon ab, wo du lebst«, erklärte Larry Sutter, Professor für Materialwissenschaft an der Michigan Technology University. In seinem Bundesstaat ist es die winterliche Kälte. Beton ist mikroskopisch porös, sodass ständig ein wenig Wasser in ihn eindringt. Bei Frost dehnt sich das Wasser aus und kann zur Rissbildung im Beton führen.

Die zur Enteisung der Straßen verwendeten Chemikalien lassen ebenfalls ihre Betonversiegelung erodieren.

In Florida ist das Hauptproblem beim Beton die Korrosion der Bewehrungsstäbe, verursacht durch das Salz in der Atmosphäre. In Kalifornien sind es die Sulfate im Wasser, »die Beton innerhalb weniger Jahre zu Brei verwandeln können«, sagte Sutter. Andere potenzielle Betonkiller sind Bakterien und das Algenwachstum in feuchten Regionen sowie saure Ablagerungen durch die Luftverschmutzung in den Städten. Unterirdische Betonkonstruktionen wie Wasserrohre und -speicher und sogar Raketensilos müssen mit schädigenden Chemikalien zurechtkommen, die durch das Erdreich einsickern.[21]

Eine der am weitesten verbreiteten Bedrohungen für den Beton ist die sogenannte Alkali-Kieselsäure-Reaktion (AKR), die in den 1940er-Jahren entdeckt wurde. Sie wird von bestimmten Sandarten verursacht (Kieselerde), die bei der Vermischung mit Alkali und Wasser im Zement ein Gel bilden, das sich ausdehnt und den Beton von innen heraus aufbrechen lässt. Es ist ein sehr bekanntes Problem, das auf jedem Kontinent außer der Antarktis auftritt. 2009 wurden durch AKR verursachte Risse in den Mauern eines Atomkraftwerks in New Jersey entdeckt. In mindestens zwei weiteren Atommeilern ist in den vergangenen Jahren der Beton in bedenklicher Weise aufgebrochen, befindet die US Nuclear Regulatory Commission; einer war so schwer beschädigt, dass er schließlich abgeschaltet werden musste.[22]

Inzwischen wurden Methoden zur Verhinderung von AKR entwickelt, am gebräuchlichsten ist die Beigabe von Flugasche in die Betonmischung. »Aber es ist immer noch jede Menge Beton verbaut, der dafür anfällig ist«, erklärte Sutter. Und wahrscheinlich wird solcher Beton auch weiterhin verwendet. »In den Vereinigten Staaten gibt es Gebiete, wo bereits sämtliche guten Zuschlagstoffe bis zum letzten Rest gefördert wurden, also verwenden wir Material, von dem wir noch vor 20 Jahren die Finger gelassen hätten«, erklärte mir ein Berater der Baustoffindustrie. Er meinte damit Sand und Kies, der für die Alkali-Kieselsäure-Reaktion anfällig ist.

Stahlbeton wird ebenfalls angegriffen durch genau die Bestandteile, die ihn so stark machen: die Stahlstäbe in seinem Inneren. »Die in einem Bauwerk auftretenden Risse lassen sich reparieren, aber nicht, wenn bereits Luft, Feuchtigkeit und alle möglichen Chemikalien in den Beton eingedrungen sind und Rost bewirken«, schreibt Courland.[23] »Rosten die Bewehrungsstäbe, so hat dies mehrere Folgen. Nicht nur wird dadurch die Menge des ›guten‹ Stahl vermindert, sondern der Bewehrungsstab vergrößert sich bis um das Vierfache seines ursprünglichen Durchmessers, wodurch noch mehr Risse entstehen und demzufolge Betonbrocken abplatzen.« In der Regel wird dieser sich langsam vollziehende Schaden erkannt und das betroffene Gebäude saniert oder abgerissen, aber schlimmstenfalls kann es so schwer beschädigt sein, dass es einstürzt.

Beginnt ein Staudamm, ein zwanzigstöckiger Büroturm oder ein Parkhaus solche Schäden aufzuweisen, beauftragen die Eigentümer ein Unternehmen wie die bei Chicago ansässige Firma Wiss, Janney, Elstner Associates. WJE ist darauf spezialisiert herauszufinden, was mit dem Beton nicht in Ordnung ist, sei es in einem Atomkraftwerk oder einem Wolkenkratzer. Mithilfe von Radarmessungen und anderen aufwendigen bildgebenden Verfahren werden die Problemzonen identifiziert und dem Beton Kernproben entnommen. Dafür müssen die Mitarbeiter zuweilen auf der Spitze von Wolkenkratzern herumturnen oder sich am Washington Monument oder St. Louis Arch abseilen.

Am Hauptsitz von WJE nördlich von Chicago untersucht die Petrografin Laura Powers die Betonproben mittels eines leistungsstarken Mikroskops und bestimmt unter anderem die Qualität des Sandes, aus dem er hergestellt wurde. Powers ist ein leidenschaftlicher Fan von Sand und sammelt Proben davon aus der ganzen Welt. Liebend gern spricht sie über dessen unterschiedliche Qualitäten. Oft wird sie als Gutachterin zu Gerichtsprozessen gerufen, wenn Bauunternehmen sich für die Verwendung von minderwertigen Zuschlagstoffen zu verantworten haben – Sand oder Kies von falscher Körnung oder reaktive Inhaltsstoffe, die AKR verursachen können. »Wir begutachten sehr viele in die Jahre gekommene Bauwerke«, sagte Powers. »Was mir Sorgen bereitet, sind die Bauwerke, die wir nicht begutachten.«

Die Betonherstellung hat sich zu einer hochkomplexen Wissenschaft entwickelt, damit die ganze Palette an Verwendungszwecken abgedeckt werden kann. Es gibt Tausende unterschiedliche Arten und Mischungsverhältnisse von Beton, jedes mit spezifischen, auf die jeweilige Verwendung zugeschnittenen Eigenheiten. Die Stärke eines Betons für einen Bürgersteig in der Vorstadt ist eine ganz andere als die eines Betons, der für einen Staudamm benötigt wird. Durch die Zugabe von Chemikalien oder Fasern kann Beton leichter, flexibler oder resistenter gegen Korrosion werden, schneller aushärten oder hübsch aussehen. Bei warmem Wetter muss man womöglich Reaktionshemmer beimischen, um das Aushärten zu verlangsamen, bei kaltem hingegen Beschleuniger oder Verflüssiger, um ihn fließfähiger zu halten. Man kann Stahlfasern zugeben, um seine Schlagbeständigkeit zu erhöhen, oder Polypropylenfasern, um die Rissbildung zu verhindern.

Äußerst wichtig ist aber die Verwendung der richtigen Sorten Sand und Kies, der Bestandteile, aus denen Beton hauptsächlich besteht. Je nach Größe, Form, Eigenschaften und Mengenanteil der Zuschlagstoffe in der Mischung erhält man Beton unterschiedlicher Stärke, Haltbarkeit, Verarbeitungsfähigkeit und verschiedener Preisklassen. Den richtigen Sand zu verwenden ist so entscheidend, dass 2010 das US-Militär gezwungen war, Sand aus Katar in den Irak zu importieren.[24] Im Irak besteht sicherlich kein Mangel an Sand, doch der vor Ort vorhandene war nicht gut genug für den Beton, der für den Bau von Splitterschutzwänden vor Ministerien und anderen wichtigen Einrichtungen benötigt wurde.

WJE unterstützt Bauunternehmen dabei, die genau passende Betonmischung für jeden spezifischen Zweck zu finden. In den Labors der Firma werden Betonproben unterschiedlicher Form mit Sand aus allen möglichen Weltgegenden hergestellt und Stresstests unter Echtweltbedingungen unterzogen. Die härtesten Tests führt John Pearson durch, ein schlanker Manager mit Bürstenhaarschnitt, der die höhlenartigen Prüflabors von WJE leitet. In einem befindet sich ein lastwagengroßer Stahlrahmen, ausgestattet mit einer Hydraulikpresse, die einen Druck von 1000 Tonnen erzeugen kann. Die Forscher von WJE benutzen ihn zur Prüfung von Säulen. Pearson zeigte mir das Video eines kürzlich durchgeführten Tests. Als die Presse ihren unvorstellbaren Druck auf eine sechs Meter dicke Betonsäule ausübte, begannen Sekunde um Sekunde faustgroße Betonbrocken herauszuspringen. Plötzlich explodierte die Säule in einer Wolke aus Geröll und Staub und warf dabei die Kamera um. »Ein derart plötzlicher Ausfall würde in der realen Welt nicht passieren, außer vielleicht bei einem Erdbeben«, erklärte Pearson. »Aber eine langsame, schrittweise Abnutzung kann, wenn sie nicht bemerkt oder behandelt wird, zum Einsturz führen.«

Edwin Mah verbringt seine Zeit damit, genau solche langsamen, schrittweisen Abnutzungen aufzuspüren. Der siebenundsechzigjährige Mah ist Inspektor für Schnellstraßenbrücken bei der kalifornischen Transportbehörde Caltrans und damit beauftragt, die Standfestigkeit der Brücken zu prüfen, die Millionen Autos passieren. Er hat ein hageres Gesicht mit breitem Lächeln und spricht mit dem Akzent seines Heimatlands China, das er 1960 verlassen hat. Kürzlich begleitete ich ihn bei der Inspektion einer typischen Brücke, die 1950 gebaut worden war und den Freeway 101 über die Melrose Avenue im Norden von Los Angeles führt.

Es ist eine schmutzige, staubige und lärmende Ecke der Stadt. Schon um halb neun Uhr morgens breitete sich die sommerliche Hitze aus, und der Verkehr strömte pausenlos die Rampen hinauf und hinunter, die den Freeway mit der Melrose Avenue verbinden, einer viel befahrenen vierspurigen Durchgangsstraße. Unter der Brücke, einer schmucklosen, funktionalen, von zwei schweren Betonsäulen getragenen Überführung, lagen die Überbleibsel eines Obdachlosenlagers: ein herrenloser Einkaufswagen, zerrissene Kleidung, eine Matratze, Aschereste von einem offenen Feuer. Die Obdachlosen stellen eine weitere Gefahr für Brücken aus Beton dar, sagte Mah. Manchmal stehlen sie die Stahlmuttern des Bauwerks, um sie als Altmetall zu verkaufen, oder setzen versehentlich die hölzernen Verstärkungen mit ihren Kochfeuern in Brand. Die Inspektoren von Caltrans gehen stets zu zweit auf Inspektion, erklärte Mah, vor allem wegen der Obdachlosen. »Viele sind sehr aggressiv«, sagte er. Manchmal muss er die California Highway Patrol rufen, damit sie die Obdachlosen vertreiben und er seiner Arbeit nachgehen kann.

Mah kletterte die Böschung hinauf und trat auf die schmale Schulter der Brücke. Ein endloser Strom von Autos und Lastern donnerte in einem Abstand von kaum mehr als 30 Zentimetern an ihm vorbei, aber er schien es gar nicht zu bemerken. Während wir langsam vorwärtsgingen, deutete Mah auf Risse in der Betondecke der Straße, die mit einer teerartigen schwarzen Dichtungsmasse verschlossen worden waren, und auf Löcher, die durch Abplatzungen entstanden waren – Stellen, an denen die innere Ausdehnung Betonbrocken abgesprengt hatte und der Bewehrungsstahl freilag.

»Sehen Sie den Riss dort? Der ist sehr schlimm«, sagte Mah und deutete in der Hocke auf einen langen Spalt, der sich über alle vier Fahrspuren schlängelte. »Wenn wir den nicht versiegeln, haben wir innerhalb der nächsten fünf Jahre ein massives Problem. Dann werden ganze Stücke herausfallen. Und am Ende bricht die gesamte Fahrbahndecke ein.« Ein Stück weiter breiteten sich die Risse zu einem zerstückelten Zickzackmuster aus. »Schauen Sie, wie schlimm das ist. Sehr übel«, murmelte er.

Mah vermerkte das alles später in einem Bericht, der hoffentlich dazu führt, dass eine Crew von Caltrans die Risse verschließt.

(»Fast alle Transportbehörden sind personell unterbesetzt«, sagte Sutter. »Probleme aufzuspüren ist für sie viel leichter, als sie zu lösen.«) Bei sachgerechter Instandhaltung, erklärte Mah, müsste die Brücke noch 30 bis 40 Jahre lang halten, aber nicht mehr. »Früher oder später muss man sie ersetzen«, sagte er. »Das Material hält nicht ewig.«

Dies ist eine Tatsache, die die Vereinigten Staaten auf die harte Tour begreifen lernen. Im jüngsten Report der American Society of Civil Engineers zur amerikanischen Infrastruktur haben die Straßen im Land die Note 4 erhalten. Ein Fünftel der amerikanischen Highways und ein Drittel der städtischen Straßen sind in »mangelhaftem« Zustand, was den amerikanischen Steuerzahler Reparatur- und Betriebsaufwendungen in Höhe von 112 Milliarden Dollar kosten wird.[25] Nach Angaben der Federal Highway Administration haben fast ein Viertel aller amerikanischer Brücken bauliche Mängel oder sind funktional überholt.

Wie schlecht kann der Zustand einer Straße eigentlich werden? Afghanistan ist dafür ein extremes, aber aufschlussreiches Beispiel. Der *Washington Post* zufolge haben die USA und andere westliche Regierungen seit 2001 mehr als vier Milliarden Dollar in den Bau von Tausenden Kilometern neuer Straßen in diesem verarmten Land investiert. Diese sind inzwischen in einem maroden Zustand, übersät mit riesigen Schlaglöchern und bröckelnden Fahrbahndecken. Natürlich wurden manche dieser Schäden durch Bombenexplosionen verursacht; aber viele sind einfach deshalb entstanden, weil nach der Fertigstellung praktisch keinerlei Instandhaltung stattgefunden hat.[26]

Der Zustand der mehr als 84.000 Staudämme in den USA, deren größte in der Mehrzahl aus sandbasiertem Beton bestehen, ist noch beunruhigender. Ihr Durchschnittsalter beträgt 56 Jahre, was bedeutet, dass ziemlich viele noch weit älter sind. Nicht wenige wurden nach deutlich laxeren als den heute gültigen Vorgaben errichtet und könnten somit bei Fluten oder Erdbeben brechen. Die American Society of Civil Engineers schätzte 2015, dass rund 15.500 Dämme ein »Hochrisikopotenzial« darstellen – das heißt, wenn sie brechen, wird es Menschenleben kosten. Sie auf den aktuellen Standard zu ertüchtigen würde zig Milliarden Dollar kosten. Trotzdem schenken ihnen die überforderten staatlichen Inspektoren nicht viel Aufmerksamkeit. Rechnerisch ist landesweit für je 205 Dämme nur ein einziger Sicherheitsinspektor zuständig. In South Carolina standen laut ASCE im Jahr 2013 für sämtliche 2.380 Dämme in dem Bundesstaat nur zwei Mitarbeiter zur Verfügung, und einer davon arbeitete lediglich Teilzeit.[27] Deshalb war es so wenig überraschend wie tragisch, dass 2015 bei Starkregen 36 dieser Dämme brachen. Bei den dadurch verursachten Überschwemmungen starben 19 Menschen, berichtete die *New York Times*.[28] Viele weitere Dämme im ganzen Land sind seit 2010 gebrochen. Insgesamt kommen alljährlich Hunderte US-Bürger ums Leben oder werden verletzt, weil aus Sand erbaute Straßen, Brücken und Dämme kollabieren.

In vielen Entwicklungsländern, wo Baurichtlinien lockerer sind und bestehende Vorschriften oft missachtet werden, sieht die Lage noch schlimmer aus. Vor einigen Jahren erklärte ein großer türkischer Bauunternehmer gegenüber einer Zeitung, er habe während des Immobilienbooms in den 1970er-Jahren regelmäßig ungereinigten Meeressand zur Herstellung des Betons verwendet, mit dem in Istanbul und anderswo Gebäude errichtet wurden. Ungereinigter Sand aus dem Meer ist billiger, aber mit Salz versetzt, das die Bewehrungsstäbe gefährlich korrodieren lässt. Betongebäude aus maritimem Sand fielen bei Erdbeben in Haiti 2010 dutzendweise in sich zusammen, und 2013 verfügten chinesische Behörden einen Baustopp bei mehr als einem Dutzend Wolkenkratzern in Shenzhen, nachdem festgestellt worden war, dass sie ungereinigten Meeressand enthielten.

Minderwertiger Beton war wahrscheinlich auch der Hauptgrund für den Einsturz diverser Gebäude bei dem Erdbeben 1999 in der Türkei und dem Kollaps einer achtstöckigen Fabrik in Bangladesch 2013, durch den mehr als 1000 Menschen starben. Nach Angaben der *Financial Times* sind 30 Prozent des chinesischen Zements so minderwertig, dass die damit errichteten, gefährlich unsoliden Gebäude als »Tofu-Häuser« bezeichnet werden.[29] Billig produzierter Beton ist einer der Gründe, warum beim Erdbeben im chinesischen Sichuan 2008 so viele Schulen zusammenkrachten und Tausende Menschen unter sich begruben.

Vaclav Smil schätzt, dass weltweit in den kommenden Jahrzehnten bis zu 100 Milliarden Tonnen minderwertiger Beton – in Gebäuden, Straßen, Brücken, Dämmen und sonst wo – ersetzt werden müssen. Das würde Billionen Dollar kosten und Billionen Tonnen neuen Sand erfordern.[30]

»Fast sämtliche Betonbauten, die man heute sieht, haben nur eine begrenzte Lebensdauer«, schreibt Robert Courland. »Kaum eines der heute existierenden Betongebäude ist in der Lage, zwei Jahrhunderte standzuhalten, und viele werden nach 50 Jahren erste Verfallserscheinungen zeigen. Anders gesagt, wir haben mit einem kurzlebigen Material eine Wegwerfwelt erbaut, mit einem Material, das Millionen Tonnen Treibhausgase erzeugt. Die Mehrzahl der zu Beginn des 20. Jahrhunderts errichteten Betonbauten sind bereits im Zerfallsstadium, und die meisten werden abgerissen werden oder sind es bereits.«[31]

Wir haben unsere Welt aus Sand in Form von Beton gebaut – und er beginnt zu bröckeln.

Kapitel 11

Jenseits des Sandes

Heerscharen von Sand haben unsere Städte erbaut, unsere Straßen befestigt, ferne Sterne und subatomare Teilchen für uns sichtbar gemacht, das Internet hervorgebracht und unsere Lebensweise ermöglicht. Doch die Förderung und Nutzung von Sand in dem enormen Ausmaß wie im 21. Jahrhundert bringen auch Zerstörung und Tod mit sich.

Seit 2014 sind weltweit zahllose Menschen durch Unfälle bei der Sandförderung ums Leben gekommen oder verletzt worden – überrollt von Sandtrucks, in Baggergruben ertrunken oder unter Sandlawinen lebendig begraben. Die meisten davon Kinder.[1] Hunderte, wahrscheinlich eher Tausende weitere verloren durch Überflutungen oder den Abbruch von Flussufern, ausgelöst durch den Sandabbau, ihr Zuhause oder wurden bedroht, angegriffen und verletzt, als sie versuchten, eine illegale Sandförderung zu stoppen.

Ebenfalls seit 2014 kam es im Zusammenhang mit illegaler Sandförderung zu mindestens 70 Mordfällen. Zu den Opfern zählen ein 81-jähriger Lehrer und ein 22-jähriger Aktivist, beide erschlagen und zerstückelt; einen Journalisten verbrannte man bei lebendigem Leibe, mindestens drei Polizeibeamte wurden vorsätzlich von Sandlastern überfahren, einem weiteren schnitt man die Kehle durch und hackte ihm die Finger ab. All das geschah in Indien. In Kenia tötete man einen Polizeibeamten mit Macheten, zwei Lkw-Fahrer wurden lebendig verbrannt, und mindestens ein halbes Dutzend weiterer Personen kam beim Streit um Sand gewaltsam ums Leben.

In der gleichen Zeit wurden mehr als 100 Milliarden Tonnen Sand und Kies aus Flussniederungen, Flussbetten, von Stränden und vom Meeresboden geschürft, gebaggert und gesaugt und dabei Flüsse und Deltas geschädigt, Korallenriffe zerstört, Fische getötet und Menschen in den Ruin getrieben, die von solchen Ressourcen leben.[2] Ganz zu schweigen von dem Schaden durch jene Industrien, die diesen Sand verarbeiten: die Betonhersteller, die Erzeuger von künstlichem Land, die Frackingbetreiber.

All dies erfuhr ich durch eigene Recherchen und aus örtlichen Medien. Es gibt keine offiziellen Angaben über die durch den Sandabbau verursachten Zerstörungen. Niemand weiß, wie hoch die Dunkelziffern sind oder was gezielt verschwiegen wird.

Was also tun?

Strengere gesetzliche Auflagen können einen Großteil der durch Sandförderung verursachten Schäden verhindern oder zumindest abschwächen. In den meisten entwickelten Ländern wird dies so praktiziert. Die Restriktionen hinsichtlich der Sandgewinnung sind großenteils jedoch relativ neu. In Europa wurden erst in den 1950er-Jahren wirksame Vorschriften erlassen, nachdem einige Flüsse in Norditalien durch die Entnahme von Sand für den Bau von Autobahnen schweren Schaden genommen hatten. Frankreich, die Niederlande, Großbritannien, Deutschland und die Schweiz haben die Förderung von Flusssand komplett verboten.[3] Der Bundesstaat New York verabschiedete 1975 erstmals Gesetze zur Regulierung der Sandförderung. »Bis dahin waren die Stadtverwaltungen zuständig, wenn überhaupt«, sagte Bill Fonda, Sprecher des New York State Department of Environmental Conservation.

Natürlich bleibt zu fragen, ob die bestehenden Regelungen dem Problem der Sandförderung angemessen sind, vor allem was den Frac-Sand betrifft. Und bisweilen werden die Vorschriften auch einfach ignoriert. Erinnert sei nur an die Strafe in Höhe von 42 Millionen Dollar, die Hanson Aggregates zahlen musste, weil es Millionen Tonnen Sand aus der Bucht von San Francisco gestohlen hatte.

Doch das System verfügt auch über viele Sicherungen. Im Großteil der Vereinigten Staaten bestimmen mehr als ein Dutzend Behörden auf County-, einzelstaatlicher und bundesstaatlicher Ebene mit, wer wo und unter welchen Bedingungen Sand abbauen darf. In der Regel sind die Förderunternehmen verpflichtet, nach Abschluss der Arbeiten das Gelände in gewissem Umfang zu sanieren. (C. Howard Nye, Firmenchef von Martin Marietta, einem der größten Baustoffproduzenten in den USA, prangerte bei einer Anhörung vor dem Kongress 2017 diese Regelungen als »exzessiv« an.)[4]

Manchen Behörden wird allmählich die weitreichende Bedeutung von Sand bewusst. 2011 ließen die zuständigen Stellen im Bundesstaat Washington einen hundert Jahre alten Damm sprengen, weil er verhinderte, dass Sand an die flussabwärts gelegenen Meeresstrände, ein Habitat von Muscheln, gelangte. Die Muscheln waren gänzlich verschwunden. Inzwischen kehren sie wieder zurück.[5]

Auch das Engagement von Betroffenen zahlt sich mitunter aus. Das zeigen Beispiele von Bürgern aus der Nachbarschaft bestehender oder geplanter Förderstätten, die es mittels Lobbyarbeit geschafft haben, dass Gruben kleiner, leiser, sauberer und sicherer werden – oder ganz verschwinden. Knapp eine Autostunde von meinem Haus in Los Angeles entfernt befinden sich mindestens zwei solche Gruben. Die dortigen Bewohner verhindern schon seit Jahren unerschrocken und aus Sorge um das Landschaftspanorama, die Wertminderung ihrer Immobilien und die Folgen für die Umwelt, dass die Anlagen in Betrieb gehen.

Doch wir müssen uns klarmachen, dass für den Schutz der Umwelt und für das ästhetische Empfinden der örtlich Betroffenen ein Preis zu zahlen ist. Verbietet man die Sandförderung vor der eigenen Haustür – wie es in vielen Kommunen der USA der Fall ist –, dann muss der Sand für den Bau der Straßen und Einkaufszentren von anderswo herkommen. Irgendwo muss ja der Sand abgebaut werden. »Es ist wie bei einer Mülldeponie oder einem Gefängnis«, sagte der frühere Vorsitzende der National Stone, Sand and Gravel Association, Ron Summers. »Jeder will, dass es sie gibt, aber keiner will sie in seiner Nähe haben.«

In manchen Fällen führen gut gemeinte Bemühungen um den Schutz der örtlichen Umwelt nur dazu, dass der Schaden dorthin exportiert wird, wo laschere Gesetze herrschen und weniger privilegierte Menschen leben. Im kalifornischen County San Diego beschränkten Anfang der 1990er-Jahre die Behörden die Sandentnahme aus dem San Luis Rey River massiv, als sich herausstellte, dass der Fluss enormen Schaden litt. Daraufhin machten die meisten der Förderstätten dicht. Nachdem nun aber ihre örtlichen Ressourcen versiegt waren, begannen die Betonhersteller von San Diego Sand aus dem nahe gelegenen mexikanischen Bundesstaat Baja California zu importieren. Das führte dort zu einem Boom legaler wie illegaler Sandförderung mit dem Ergebnis, dass Flussbetten regelrecht ausgeplündert wurden, die örtlichen Baufirmen unter Nachschubmangel an Sand litten und Einwohner, deren Kinder offenbar infolge der Sandförderung Atembeschwerden bekamen, auf den Straßen protestierten. Deshalb verfügten die mexikanischen Behörden im Jahr 2002 einen zeitweiligen Stopp von Sandexporten nach Kalifornien. Seither haben sich die Gemüter wieder einigermaßen beruhigt, aber Presseberichten zufolge wird der illegale Sandabbau munter fortgeführt.[6]

Ähnlich verhält es sich in Nordamerika und Europa, wo sich aufgrund von Umweltschutzmaßnahmen die Förderstätten immer weiter von bewohnten Gebieten entfernen. Paradoxerweise beschwört gerade dies neue Umweltgefahren herauf.

Die Region um die Bucht von San Francisco bezog früher den Großteil seiner Bausande aus dem Livermore-Tal, dort, wo einst

Henry Kaiser mit der Förderung begann. Doch in dem Gebiet wurde der Sand allmählich knapp, und die zunehmende Besiedlung mit Gebäuden schränkte den Abbau weiter ein. Schließlich erschlossen die Firmen neue Förderstätten nördlich der Stadt im malerischen Tal des Russian River im benachbarten Sonoma County. Aber als sich diese Gegend von einem ländlichen Niemandsland zu einem Zentrum des Weinanbaus, der Biofarmen und des Outdoortourismus entwickelte, wollten die Anwohner ihre Landschaft nicht mehr von Kiesgruben verunstaltet und ihre Straßen von lärmenden Lkw verstopft sehen. Also verboten die County-Behörden den Sandabbau entlang des Flusses und zwangen damit San Francisco, sich den benötigten Sand von noch weiter entfernten Orten zu beschaffen.

Das Gleiche geschieht in ganz Kalifornien und vielen anderen Regionen. Die Transportwege für die Sandbeschaffung werden zunehmend länger, da sich die großstadtnah gelegenen Förderstätten erschöpfen oder zwangsweise schließen. Inzwischen wird rund 80 Prozent des Materials per Lkw befördert, der Rest per Bahn oder Frachtschiff. Bei einer durchschnittlichen Verlängerung des Transportwegs für Sand von 40 auf 80 Kilometer erhöht sich Schätzungen der kalifornischen Behörden zufolge allein in diesem Bundesstaat der Verbrauch der Lkw pro Jahr um fast 23 Millionen Liter Diesel, wodurch mehr als eine halbe Million Tonnen Kohlendioxid in die Atmosphäre gelangen.[7] Ganz zu schweigen vom erhöhten Verkehrsaufkommen und der Straßenabnutzung.

Verlegt man die Fördergebiete in immer weiter entfernte Gegenden, steigen auch die finanziellen Kosten. Sand ist enorm schwer und sein Transport entsprechend teuer. Mit jedem Kilometer Beförderung erhöht sich sein Preis rapide. Die länger werdenden Transportwege sind ein Grund, weshalb sich die inflationsbereinigten Kosten für Bausand in den USA seit 1978 mehr als verfünffacht haben.[8] In Ballungsräumen wie San Francisco und Los Angeles ist der per Lkw angelieferte Sand derart teuer geworden, dass es sich inzwischen für Bauunternehmen wirtschaftlich rechnet, jährlich etwa drei Millionen Tonnen Sand und Kies per Schiff aus einem Abbaugebiet in Kanada, fast 1600 Kilometer entfernt, zu beziehen.

Auch international steigen die Kosten für Baustoffe in ähnlichem Umfang. »Nachdem sich die Maßnahmen zur Verhinderung illegaler Förderung als weitgehend wirkungslos erwiesen haben, ist zu erwarten, dass in vielen Ländern die Reserven von Sand und Kies mit raschem Tempo erschöpft sein werden. Dies wird Spitzenpreise zur Folge haben, vor allem in urbanen Zentren«, heißt es in einem Bericht der Freedonia Group, einem in Ohio ansässigen Forschungsinstitut. 2015 mussten im indischen Bundesstaat Telangana Baufirmen mehrere Projekte abbrechen, da ein Mangel an Sand den Preis verdreifacht hatte. Nach einer Razzia gegen illegale Sandförderung in Vietnam Anfang 2017 wurde auch dort der Sand rasant teurer. Den Angaben von Freedonia zufolge sind weltweit die durchschnittlichen Kosten für eine Tonne Bausand in den letzten zehn Jahren um fast 50 Prozent gestiegen.[9] Dies wiederum verteuert den Beton, was ein Grund dafür ist, warum in so vielen Städten die finanziellen Aufwendungen beim Hausbau in den letzten Jahrzehnten derart stark zugenommen haben.

Doch das könnte erst der Anfang der Folgen für die Weltwirtschaft sein, die die schwindenden Sandvorräte zeitigen werden. Ein wesentlicher Grund, warum fast alles aus Beton gebaut wird, liegt darin, dass er relativ billig ist. Wenn aber die Kosten für den Bau neuer Häuser oder Straßen nach oben schießen, kann das einen kommunalen oder sogar staatlichen Haushalt treffen wie einst der Ölschock. In Indien etwa, wo schon jetzt ein gravierender Mangel an Wohnbauten herrscht, würde ein starker Anstieg des Betonpreises die tiefe Kluft zwischen jenen, die über die nötigen Mittel verfügen, um in festen, regenbeständigen Gebäuden zu wohnen, und den Millionen anderen, die sich in Slums durchschlagen müssen, nur noch verbreitern.

Durch seine zur Neige gehenden Vorräte verwandelt sich Sand immer mehr zu einer global gehandelten Ware. Baustoffe im Wert von rund zehn Milliarden Dollar werden jedes Jahr über Landesgrenzen hinweg umgeschlagen.[10] Sie gehören zu den wenigen Exportartikeln Nordkoreas.[11] Kanadischer Sand wird nicht nur nach Kalifornien, sondern noch viel weiter bis nach Hawaii verschifft, wo Gesetze zum Schutz der Strände und Sanddünen die Sandgewinnung vor Ort zum Erliegen gebracht haben. In Teilen Deutschlands mangelt es derart an Sand, dass Firmen ihn aus Dänemark und Norwegen beziehen. In Indien haben Beschränkungen zur Sandförderung Bauunternehmen gezwungen, Sand aus Indonesien, den Philippinen und sogar aus Pakistan, dem Erzrivalen Indiens, zu importieren.

Geradezu bizarr wurde die Lage in dem karibischen Inselstaat St. Vincent und den Grenadinen in den 1990er-Jahren. Beunruhigt über den Raubbau an seinen heimischen Stränden durch die örtliche Bauindustrie, beschloss das kleine Land im Dezember 1994, dass vom folgenden Jahr an die Förderung eingestellt und sämtlicher Bausand aus dem benachbarten Guyana importiert werden musste. Daraufhin gerieten die Baufirmen, Bauherren und Transportunternehmen in Panik, weil sie befürchteten, dass die Preise durch die Decke schießen würden. So kam es zu einer wahren Orgie des Sandhortens. Noch im Dezember 1994 wurde rund um die Uhr mit schwerem Gerät Sand an den Stränden gebaggert, selbst an den Weihnachtstagen bis einschließlich Silvester. Das Ergebnis war ein Vorrat an Sand, der die Nachfrage weit überstieg; der Wind dezimierte die Lagerhalden nach und nach, Sandschwaden trieben über die Straßen und verstopften Abwasserrohre.[12] Schließlich wurde der Abbaustopp aufgehoben und die Förderung wieder aufgenommen. Viele der Dünen und Strände des Archipels sind seither geschrumpft.

Ein Hauptproblem vieler Industrieländer ist, dass die Regulierungen gut und schön sein mögen, aber nichts nützen, wenn niemand sie durchsetzt. »Auf dem Papier stehen viele sehr gute Gesetze, aber sie werden nicht angewandt«, sagte Marc Goichot, Experte für Wasserfragen beim World Wildlife Fund. »Die Nachfrage ist zu groß und die Befähigung der Regierungen, den Gesetzen Geltung zu verschaffen, zu gering.«

Was uns zum Thema Korruption führt. Bestechung, Schmiergelder und korrupte Beamte sind wahrscheinlich der Hauptgrund, warum die illegale Sandförderung in derart massivem Maße stattfindet – und warum bis jetzt, da ich dies schreibe, die Mörder von Paleram Chauhan immer noch nicht vor Gericht stehen.

Es ist ein weltweites Problem. Korruption in der Baustoffbranche – wie auch in den meisten Rohstoffindustrien – findet auf allen Ebenen statt, angefangen beim Dorfbewohner, der seinem Bürgermeister ein paar Geldscheine zuschiebt, damit dieser über eine illegale Abbaustätte hinwegsieht, bis hin zu Managern riesiger multinationaler Konzerne, die Betrügereien im großen Stil praktizieren. Im Jahr 2010 flohen zwei Franzosen, die in Algerien für Lafarge arbeiteten, einem der weltweit größten Zement- und Baustoffkonzerne, aus dem Land, kurz bevor die Polizei sie verhaften konnte, die sie wegen Geldwäsche und Korruption suchte.[13] Lafarge gestand 2016 ein, dass ihr syrisches Tochterunternehmen bewaffneten Gruppen, darunter möglicherweise auch dem IS, Geld dafür gezahlt hatte, dass sie eine seiner Zementfirmen unbehelligt ließen; der Skandal, der daraus erwuchs, führte zum Rücktritt des Konzernchefs.[14]

Zuweilen erhalten illegale Sandförderer zusätzlichen Schutz durch mächtige Personen, die mit der Industrie eng verbunden sind. Nach Angaben von Global Witness, einer britischen gemeinnützigen Organisation, betreiben zwei äußerst wohlhabende Mitglieder des kambodschanischen Senats selbst zahlreiche Förderstätten.[15] Auch in Indien und Sri Lanka sollen Mitglieder der National- und Provinzregierungen ihre Finger im Sandhandel haben.

Oft sind kommunale Beamte, also genau jene Leute, die die Interessen der Bürger schützen sollen, die schlimmsten Übeltäter. Im

Jahr 2015 organisierten im Osten der indonesischen Insel Java zwei Bauern – der 52-jährige Salim Kancil und der 51-jährige Tosan (viele Indonesier benutzen nur einen Namen) – Proteste gegen den illegalen Sandabbau an den Stränden. Als die Grubenbetreiber den beiden drohten, sie umzubringen, sollten sie sich weiter einmischen, baten die Bauern die Polizei um Schutz. Kurz danach griffen mindestens ein Dutzend Männer Tosan an, überfuhren ihn mit einem Motorrad und ließen den Toten mitten auf der Straße liegen. Dann zogen sie zu Kancils Haus weiter. Sie schlugen ihn und zerrten ihn schließlich zur Dorfhalle, wo er mit Prügeln und Steinen geschlagen und schließlich erstochen wurde. Seinen Leichnam ließen sie mit auf den Rücken gefesselten Händen ebenfalls auf der Straße liegen.

Die Polizei verhaftete schließlich 35 Personen. Zwei von ihnen wurden als Rädelsführer der Mordtaten zu 20 Jahren Gefängnis verurteilt. Einer von ihnen war der Dorfvorsteher.

Die Sandindustrie scheint einige der schlimmsten Figuren ganz Indonesiens anzuziehen. Zum Beispiel den Geschäftsmann Chep Hernawan, der in der Immobilienwirtschaft tätig ist sowie Plastikrecycling und Sandförderung betreibt. Hernawan gründete eine Organisation, deren Ziel es ist, das islamische Gesetz in Indonesien einzuführen, und unterstützt offen dschihadistische Terroristen. So bot er an, für die Bestattung dreier Männer, die wegen ihrer Beteiligung an den Bombenanschlägen in Bali im Jahr 2002 hingerichtet worden waren, ein Grundstück zur Verfügung zu stellen. Und 2015 erklärte er gegenüber CNN, die Reisekosten von 156 seiner Landsleute übernommen zu haben, die in den Irak und nach Syrien gegangen waren, um sich dem IS anzuschließen.[16]

Einige Monate vor den Morden auf Ostjava besuchte ich auf der benachbarten Insel Bali eine Förderstätte tief im Inland, fern der Touristenstrände. Sie sah aus wie Shangri-La nach einem Meteoriteneinschlag. Inmitten eines wunderschönen Tals, gesäumt von grünen Bergen und umgeben von Dschungel und Reisfeldern, lag eine schäbige, fünf Hektar große schwarze Grube mit Sand und

Gestein. Darin schlugen Männer in Shorts und Flip-Flops mit Vorschlaghämmern Felsbrocken entzwei und schaufelten Sand und Kies in ratternde, Rauch ausstoßende Sortiermaschinen.

Einige Stunden lang streifte ich dort umher und versuchte herauszufinden, wer das Sagen hatte. Niemand schien es zu wissen – zumindest war niemand bereit, einem ausländischen Journalisten Namen zu nennen. Wie wahrscheinlich ist es, dass diese Grube legal betrieben wurde?

»Siebzig Prozent der Sandförderung findet ohne Genehmigung statt«, erklärte mir später Nyoman Sadra, ehemals Mitglied der Regionalregierung. In einem kürzlich erschienenen Artikel des *New York Times Magazine* heißt es: »Der Sandhandel (…) stützt sich auf eine teuflisch systemimmanente Kette glaubhafter Bestreitbarkeit. (…) Die Sandförderung wird von einer endlosen Riege kleiner, unabhängiger und oft nur zeitweiliger Betreiber durchgeführt, die hauptsächlich nachts und im Geheimen operieren. Und jeder Schritt der Produktionslinie ist von den übrigen getrennt: Der Sand wandert von den Schürfern zu den Transportbetreibern, von dort zu den Händlern und weiter zu den Baufirmen, wobei jedes Glied in der Kette so wenig wie möglich darüber weiß, woher der Sand, den es kauft, stammt oder wer ihn fördert – aus offensichtlichen Gründen wollen sie das auch gar nicht wissen.«[17]

Es bedarf nur einiger strategisch verteilter Geldscheine, und schon lässt die örtliche Polizei die Sandförderer in Ruhe. Selbst Firmen mit Genehmigung zahlen Schmiergelder, damit sie ihre Gruben erweitern oder tiefer ausbaggern können als erlaubt. »Sie schmieren einfach Verwaltungsbeamte«, sagte Suriadi Darmoko, Aktivist des indonesischen Umweltforums. »Das ist ein offenes Geheimnis.« Der Dorfvorsteher, der für den Mord an Salim Kancil verurteilt wurde, gab beispielsweise zu, Polizeibeamte für den Schutz der Abbaustätte bestochen zu haben.

Einen Einblick, wie dies genau stattfindet, erhielt ich in Indien. Dort verbrachte ich mehrere Tage mit Sumaira Abdulali, Indiens berühmtester Vorkämpferin gegen illegalen Sandabbau. Abdulali, eine distinguierte, wohlhabende Angehörige der Bourgeoisie von Mumbai, spricht mit sanfter Stimme und ist von vornehmem Auftreten. Seit Jahren reist sie in einer ledergepolsterten Limousine mit Chauffeur in entlegene Gebiete und macht dort Aufnahmen vom Treiben der Sandmafia. Das brachte ihr nicht nur Beleidigungen und Drohungen ein, sie wurde auch schon mit Steinen beworfen, von Autos verfolgt, die Scheiben ihres Wagens wurden zertrümmert, und einmal erhielt sie einen Faustschlag ins Gesicht, dass ihr ein Zahn herausbrach.

Abdulalis Engagement erwachte, als Sandförderer einen Strand bei Mumbai, wo ihre Familie seit Generationen den Urlaub verbrachte, auszuplündern begannen. 2004 reichte sie eine Zivilklage gegen den Sandabbau in Indien ein – ein Fall, den es bis dahin noch nicht gegeben hatte. Das machte Schlagzeilen, worauf Abdulali eine Flut von Anrufen aus dem ganzen Land von Leuten erhielt, die sie um Hilfe beim Kampf gegen die Sandmafia baten. Seither hat Abdulali Dutzenden dabei beigestanden, ebenfalls gerichtlich vorzugehen, und sie versorgt die örtlichen Vertreter und Zeitungen mit ihren zahlreichen, exakt dokumentierten Klageschriften. »Wir können die Bautätigkeit nicht stoppen. Und wir wollen die Entwicklung auch gar nicht aufhalten«, sagte sie mit ihrem britisch-indischen Akzent. »Aber wir wollen, dass darüber Rechenschaft abgelegt wird.«

Abdulali fuhr mit mir in die bäuerlich geprägte Stadt Mahad an der indischen Westküste, wo Sandräuber ihr einst den Wagen demoliert hatten. In diesem Gebiet ist die Sandförderung aufgrund der Nähe zu einer geschützten Küstenzone komplett verboten. Dennoch kamen wir in den von Dschungel bewachsenen Hügeln weit außerhalb der Stadt an einen graugrünen Fluss, auf dem vor aller Augen von Booten aus mit dieselbetriebenen Pumpen Sand aus dem Flussbett gesaugt wurde. Am Ufer reihten sich große Sandberge aneinander, die Männer mit Baggern auf Lkw verluden.

Wenig später, auf der Hauptstraße, fuhren wir hinter einem kleinen Konvoi von drei sandbeladenen Lastern her. Sie rumpelten unbehelligt an einer Polizeistreife vorbei, die am Straßenrand parkte. Zwei Beamte standen untätig daneben und sahen dem Verkehr zu. Ein weiterer hielt im Wagen auf dem zurückgeklappten Sitz ein Nickerchen.

Das war für Abdulali zu viel. Wir hielten neben dem Streifenwagen. Ein Beamter, offenbar der Chef, streckte den Kopf zu uns herein. Er trug eine kakifarbene Uniform mit Sternen auf den Schulterklappen und schwarze Socken. Seine Schuhe hatte er ausgezogen.

»Haben Sie denn nicht die mit Sand beladenen Lkw gesehen, die gerade vorbeigekommen sind?«, wollte Abdulali wissen.

»Wir haben heute Vormittag schon einige Anzeigen ausgestellt«, erwiderte der Beamte leutselig. »Und jetzt machen wir Mittagspause.«

Als wir weiterfuhren, kamen wir an einem weiteren Lkw mit Sand vom Schwarzmarkt vorbei, der nur wenige Hundert Meter entfernt parkte.

Später berichtete ich einem örtlichen Vertreter der Stadtverwaltung von dieser Begegnung. Er war nicht überrascht. »Die Polizisten stecken mit den Sanddieben unter einer Decke«, sagte der Beamte, der anonym bleiben wollte. »Wenn ich sie rufe, damit sie mich zu einer Razzia begleiten, informieren sie vorab die Sanddiebe über unser Kommen.« Selbst in den Fällen, die er vor Gericht brachte, wurde niemand verurteilt. »Sie schaffen es immer, sich dank irgendwelcher Formalien herauszuwinden.«

Natürlich können sich die Bürger nicht allein darauf verlassen, dass die staatlichen Organe den Gesetzen zur Regelung der Sandförderung Geltung verschaffen. Eine andere Möglichkeit, das Problem anzupacken, könnte eine kollektive Verbraucheraktion sein, ähnlich dem Modell der Fair-Trade-Bewegung. Es gibt viele internationale Programme, die zertifizieren, dass bei der Produktion des

Kaffees, des Diamantrings oder des Holztischs, den man kauft, die Umwelt möglichst wenig belastet, keine Arbeitskräfte ausgebeutet und keine Warlords finanziert wurden. Natürlich ist das keine umfassende oder narrensichere Lösung, aber immerhin besser als nichts. Warum nicht eine ähnliche unabhängige Überwachungsinstanz für die Sandindustrie ins Leben rufen?

Auch die Technologie könnte sich als hilfreich erweisen. Weltweit arbeiten viele Forscher und Wissenschaftler daran, Beton länger haltbar zu machen, wodurch sich die jährlich benötigte Menge Sand vermindern ließe. Ein Hauptmanko von Beton ist seine Anfälligkeit für Risse, durch die Feuchtigkeit eindringt und die Bewehrungsstäbe rosten lässt. Was, wenn der Beton solche Risse selbstständig schließen könnte? Wie sich herausgestellt hat, ist selbstheilender Beton durchaus möglich. Forscher in Europa nutzen hierzu Bakterien, die das Mineral Kalzit absondern und zugleich jahrzehntelang inaktiv im Beton eingeschlossen überleben können. Bildet sich ein Riss, erweckt das eindringende Wasser das Bakterium zum Leben, es beginnt Kalzit zu bilden und schließt damit den Riss. Unter Laborbedingungen funktioniert dieses Verfahren bereits, zurzeit wird es für die Anwendung unter Realbedingungen weiterentwickelt.[18]

Möglich ist auch, Hydrogele in den Beton einzulagern, das heißt Polymere, die sich bei Kontakt mit Feuchtigkeit ausdehnen (man verwendet sie bereits u. a. in Babywindeln); dringt Wasser in den Riss ein, dehnt sich das Hydrogel aus und schließt ihn. Wissenschaftler in Südkorea experimentieren mit einer Schutzbeschichtung, die Mikrokapseln mit einer Lösung enthält, die sich unter Sonnenlicht verfestigt. Der Theorie nach würde ein Riss im Beton die Kapseln zum Platzen bringen, die Flüssigkeit würde freigesetzt und durch das Sonnenlicht in den Festzustand übergehen. In verschiedenen Ländern erforscht man noch weitere Methoden zum Abdichten von Rissen im Beton.

Außerdem gibt es den sogenannten Geopolymerbeton, bei dem der Zement durch ein Bindemittel aus natürlichen Materialien und industriellen Nebenprodukten wie Flugasche, einem pulvrigen Abfallprodukt bei der Verbrennung von Kohle in Kraftwerken, ersetzt wird. Zement ist der Bestandteil von Beton, der bei seiner Produktion mit Abstand am meisten Energie erfordert und reichlich Treibhausgase erzeugt. Ließe er sich ersetzen, wäre dies ein enormer Gewinn für die Atmosphäre. Varianten dieses Geopolymerbetons werden bereits weltweit, wenngleich nur an wenigen Orten, verwendet, zumeist als Straßenbelag. Etliche Forscher erproben auch noch andere Möglichkeiten, bei der Zementherstellung die Emissionen zu reduzieren.

Da bei Stahlbeton die Bewehrungsstäbe die anfälligsten Komponenten sind, wäre es sinnvoll, sie durch beständigeres Material zu ersetzen. Eine norwegische Firma vermarktet Bewehrungsstäbe aus Basaltfasern, laut Werbung eine korrosionsfeste Alternative zu Armierungsstahl. Auch finden Forschungen mit geflochtenen Streifen aus verkohltem Bambus als Ersatz für Bewehrungsstahl statt. Mit Glasfaser verstärkter Beton ist ebenfalls robuster und beständiger, wird jedoch nicht sehr häufig eingesetzt. Kürzlich verkündete eine dänische Firma, ein Verfahren entwickelt zu haben, wie man Wüstensand für die Herstellung von Beton verwenden kann; bisher ist dieser aber noch nicht auf dem Markt erhältlich.

All diese Ideen klingen im Prinzip vielversprechend. Ob sie sich zu einem vernünftigen Preis realisieren lassen, muss sich erst noch herausstellen.

Wie steht es um das Recycling von Sand, der zu einem anderen Werkstoff verarbeitet wurde? Das ist möglich, doch nur in verhältnismäßig geringem Umfang. Glas lässt sich gut recyceln, aber unter sämtlichen Verwendungsmöglichkeiten von Sand macht Glas nur einen kleinen Bruchteil aus. Das Gros geht in die Herstellung von Beton. Man kann zwar Beton mahlen und wiederverwenden, doch auch das ist nicht billig – denn dazu muss einerseits der Bewehrungsstahl entfernt werden, und andererseits eignet sich recycelter Beton nur für Produkte geringer Qualität wie Tragschichten im Straßenbau und Bürgersteige. Zwar wächst der Markt für recycelten Beton, er ist aber nach wie vor recht klein. Asphalt hingegen lässt sich viel einfacher recyceln; rund 73 Millionen Tonnen davon werden jährlich wiederverwendet.[19] Doch auch das ist nur ein Tropfen auf den heißen Stein.

Gebäude und Straßen sind nun einmal keine Flaschen. Sie werden nicht einmal benutzt und dann weggeworfen, sondern sollen jahrzehntelang ihren Zweck erfüllen. Sie bleiben an Ort und Stelle, sodass der hierfür verwendete Sand unverrückbar und dem Kreislauf möglicherweise für immer entzogen ist.

Machbar wäre auch, mehr Sand zu produzieren, aber das ist weder einfach noch billig. Felsgestein zu zermahlen oder Beton zu kleinen Körnern zu pulverisieren kann funktionieren. Japan zum Beispiel verwendet große Mengen solcherart menschengemachten Sand, seit es 1990 die Förderung von Sand aus dem Meer für Bauzwecke verboten hat.[20] Künstlichen Sand herzustellen ist jedoch teurer, als natürlichen abzubauen, und der künstliche ist für viele Verwendungszwecke schlecht geeignet; die frisch gespaltenen Körner sind, neben anderen Mängeln, oft zu kantig. Auch der sich an Staumauern sammelnde Sand lässt sich ausbaggern, aber das ist ebenfalls kostspielig.

Für manche Zwecke gibt es alternative Materialien. Zum Beispiel können Flugasche, Schlacke und Gesteinspartikel in manchen Betonarten den Sand ersetzen. In Indien wird ein Projekt verfolgt, bei dem man geschredderten Plastikabfall anstelle von Sand zur Betonherstellung nutzt, was den doppelten Vorteil hat, dass sowohl die Menge des aus Flussbetten gewonnenen Sandes als auch die Menge an Plastik, das andernfalls auf Mülldeponien landen würde, vermindert wird. In Australien arbeitet ein Ingenieur an einer Methode, Straßenbelag aus einer Mischung von Kaffeesatz und Abfallprodukten aus der Stahlproduktion herzustellen.

All diese Unternehmungen sind sinnvoll und hoffentlich hilfreich. Aber die schiere Masse an Sand, die wir für den Bau unserer

Städte benötigen, macht es fast unmöglich, ihn in großem Umfang zu ersetzen. Welches andere Material könnten wir denn schon in einer Menge von 50 Milliarden Tonnen jährlich fördern?

Letzten Endes gibt es nur eine einzige langfristige Lösung: Die Menschheit muss damit beginnen, weniger Sand zu verbrauchen. Und im Grunde genommen müssen wir damit beginnen, von *allem* weniger zu konsumieren.

Das haben Sie bestimmt schon mehrfach gehört: Die Menschheit verschleißt ihren eigenen Planeten. Wir leben auf eine Weise, die das umweltverträgliche Maß weit übersteigt. Wir verbrennen zu viel Erdöl, fangen zu viele Fische, fällen zu viele Bäume und beuten zu viele Süßwasserreserven aus. Wir verwenden zu viel Phosphor; er ist ein entscheidender Bestandteil von Düngemitteln für die Landwirtschaft und wird nur aus bestimmten Mineralen gewonnen, deren Vorkommen allmählich zu Ende geht.[21]

Uns werden sogar Rohstoffe knapp, von denen wir noch nie etwas gehört haben, auf die wir uns aber tagtäglich verlassen. In unseren heutigen Hightechgeräten, vom Smartphone bis zu den Solarpanelen, steckt eine Vielzahl von seltenen, kaum bekannten Metallen wie Tantal und Dysprosium. Für die meisten von ihnen gibt es nur sehr wenige Quellen, und die Vorräte schwinden in alarmierendem Maße, erklärt David S. Abraham in seinem Buch *The Elements of Power*. »Zu keinem Zeitpunkt der Menschheitsgeschichte haben wir mehr Elemente in mehr Kombinationen verwendet«, schreibt Abraham. »Die Zukunft unserer Hightechgeräte hängt vielleicht nicht so sehr von den Beschränkungen unseres Denkens ab als vielmehr von unserer Fähigkeit, die Komponenten zu sichern, die für ihre Produktion benötigt werden (…) unsere materiellen Reserven werden mit unserem Erfindungsreichtum nicht Schritt halten können.«[22]

Die Menge an Rohstoffen, das schiere Volumen des Materials, das die Menschheit verbraucht, hat sich im vergangenen Jahrhundert verachtfacht. Das Volumen an Baumaterial ist sogar um das

34-Fache gestiegen.[23] Der World Wildlife Fund errechnete, dass seit 40 Jahren die Menschheit die natürlichen Ressourcen schneller ausbeutet, als die Natur sie erneuern kann – das heißt, wir fällen Bäume schneller, als neue nachwachsen können, fangen Fische schneller, als neue Bestände entstehen usw. Das Gleiche gilt natürlich für Sand. Ständig entsteht neuer Sand, indem die Elemente Berge erodieren lassen, doch die von uns verbrauchte Menge übersteigt bei Weitem den Nachschub. Man würde eineinhalb Erden benötigen, um nachhaltig all das Material zu erschließen, das wir Jahr für Jahr konsumieren.[24] Würde jeder Mensch den Lebensstandard eines US-Amerikaners praktizieren, bräuchten wir viereinhalb Erden.[25]

Im Inselstaat Kap Verde zwingt paradoxerweise der Überkonsum anderer Ressourcen die Menschen, sich auf den Sandabbau zu konzentrieren. In der 2013 veröffentlichten Dokumentation *Sandgrains* wird von einem Dorf berichtet, deren Einwohner sich auf die massenweise Sandförderung vom Meeresboden einließen, nachdem der industriell betriebene Fischfang die Bestände, von denen sie abhängig waren, dezimiert hatte.[26] Die Dorfbewohner leben nach wie vor vom Meer, aber jetzt verkaufen sie seinen Sand anstatt seinen Fisch.

Der Verbrauch von fast jeder wichtigen Ressource – vom Weizen über Papier bis hin zu Kupfer – weist nur in eine einzige Richtung: nach oben.[27] Die Größe eines typischen neuen US-amerikanischen Wohnhauses hat sich laut dem US Census Bureau seit 1973 um mehr als 90 Quadratmeter erhöht, auf das Allzeithoch von 250 Quadratmetern. Gleichzeitig sank die Anzahl der Bewohner dieser Häuser von durchschnittlich 3 auf 2,5. Zusammengenommen bedeuten diese Zahlen, dass sich in den letzten 40 Jahren die Größe der Wohnfläche eines durchschnittlichen US-Bürgers nahezu verdoppelt hat.[28] Man bedenke nur, wie viel Holz, elektrische Leitungen, Energie und Sand für die Herstellung dieser zusätzlichen Räume nötig waren.

Die westliche Welt erfand das moderne gute Leben mit seinen autoabhängigen Vorstädten, übergroßen Häusern, SUVs und einem Fernseher in jedem Zimmer. Es ist physisch nicht möglich, diesen Lebensstil weltweit zu kopieren. Laut einer aktuellen Studie der österreichischen Alpen-Adria-Universität Klagenfurt verbrauchen die Industrieländer des Westens ein Drittel aller globalen Ressourcen und mehr als die Hälfte aller fossilen Brennstoffe und industriell verwendeten Minerale, einschließlich Sand. Dennoch nähert sich der Rohstoffverbrauch in China, Indien und anderen Ländern schnell dieser Marge an.

Wie auch nicht. Das Wirtschaftswachstum erhöht in sämtlichen Schwellenländern den Lebensstandard. Seit 1990 sind fast eine Milliarde Menschen von extremer Armut befreit worden, und 1,2 Milliarden stiegen in die globale Konsumentenklasse auf – Menschen mit genügend Geld, um sich Dinge jenseits der täglichen Notwendigkeit zu kaufen. Es wird erwartet, dass in den kommenden Jahrzehnten drei Milliarden der globalen Mittelschicht angehören werden.[29]

Gleichzeitig leben am anderen Ende des Spektrums rund 1,6 Milliarden Menschen weltweit in unzureichenden Unterkünften, schätzen die Vereinten Nationen.[30] Mehr als 100 Millionen haben überhaupt kein Obdach. Damit diese Menschen einen annehmbaren Platz zum Leben bekommen, müssen riesige Mengen an Ressourcen aufgewendet werden. Im Jahr 2030 wird die Welt 4000 zusätzliche, erschwingliche Wohneinheiten *pro Stunde* benötigen, will sie dem Bedarf gerecht werden. Allein in Indien müssten bis 2050 Wohnungen und städtische Infrastrukturen für mehr als 400 Millionen Menschen neu geschaffen werden. Das sind mehr, als die Gesamtbevölkerung der USA beträgt.

Früher oder später wird all dies unweigerlich zum Mangel an Sand führen. Im Grunde ist das schon jetzt der Fall. In einem Bericht aus dem Jahr 2012 warnt das kalifornische Department of Conservation, dass der Bundesstaat nur über etwa ein Drittel der in den nächsten 50 Jahren benötigten Menge an Sand und Kies verfügt. In Großbritannien, wo die Sandvorkommen im Inland nahezu erschöpft sind, verlegt man sich verstärkt auf den Abbau im Meer; der Sand vom Meeresboden deckt inzwischen ein Fünftel des landesweiten Bedarfs. Doch Schätzungen zufolge werden auch diese Lager nur weitere 50 Jahre reichen.[31] 2017 warnte das vietnamesische Bauministerium, in weniger als 15 Jahren werde im Land kein Sand mehr verfügbar sein.

Genau jene Gebäude, die wir aus Sand errichtet haben, stehen uns nun im Weg, noch mehr Sand zu fördern. »Unser qualitativ hochwertiger Sand wird von Einkaufszentren überdeckt«, sagt Larry Sutter, der Experte für Beton an der Michigan Technological University.

Natürlich gibt es immer noch eine Menge Sand auf dem Planeten. Wir werden ihn nicht bis zum buchstäblich allerletzten Körnchen aufbrauchen. So bald wird es keine Horden von Bikermutanten geben, die sich gegenseitig die Köpfe um die letzten Lkw-Ladungen Sand einschlagen. Aber die Lage ist in vielerlei Hinsicht vergleichbar mit jener anderer bedeutender Rohstoffe. Auf unserer Erde haben wir noch reichlich davon – aber oft weit von den Orten entfernt, wo die Menschen leben, die sie benötigen, oder sie können nur auf die Gefahr schwerer Umweltschäden hin gefördert werden.

Man denke nur an die fossilen Brennstoffe. Nach wie vor liegen große Reserven an Erdöl und Erdgas im Untergrund. Doch deren Vorkommen nahe der Erdoberfläche, dort, wo sie leicht gefördert werden können, sind nahezu ausgebeutet. Das zwingt die Energieindustrie dazu, sich dem Fracking oder Unterwasserfeldern zuzuwenden wie dem von BP erschlossenen Gebiet im Golf von Mexiko, wo aufgrund schwerer Versäumnisse 2010 die Bohrinsel Deepwater Horizon explodierte. Anders gesagt, wir haben zwar auch weiterhin Zugriff auf die benötigten fossilen Brennstoffe, aber nur zu stetig steigenden Kosten für Umwelt und Gesellschaft.

Oder nehmen wir das Trinkwasser, das vom Nahen Osten bis zum US-amerikanischen Südwesten nur mehr erschreckend knapp vorhanden ist. Weltweit gibt es genug davon. Wasser aus Regionen, wo davon viel vorhanden ist, wie etwa in Kanada, dorthin zu transportieren, wo Mangel herrscht, wie etwa in Jordanien, wäre jedoch eine enorm teure Angelegenheit – und würde ohnehin voraussetzen, dass Kanada dies zuließe. Wie der Kampf um den Strandsand in Südflorida zeigt, sind selbst benachbarte Countys ziemlich egoistisch, wenn sie ihren Rohstoff mit jemandem teilen sollen.

Wie viel schlimmer könnte das noch werden? Würden Länder mit einem Überschuss an Sand ihn zum Nachteil ihrer an Sand mangelnden Nachbarn horten? Ja, das würden sie. 2007 hat China genau das getan und zeitweilig den Export von Bausand nach Taiwan ausgesetzt. Saudi-Arabien tat 2009 das Gleiche und verbot aufgrund von Engpässen im eigenen Land vorübergehend den Verkauf von Bausand an andere Golfstaaten.

Sie haben richtig gelesen: Saudi-Arabien sorgt sich, dass ihm der Sand ausgeht.[32]

Unterdessen leisten die Heerscharen von Sand, die wir ständig in Bewegung versetzen, einer Sache Vorschub, die vielleicht bald die größte aller Menschheitssorgen sein wird: dem Klimawandel. Sand zu Beton und Glas zu verarbeiten erfordert Energie – enorme Mengen, die von kohle- und gasbetriebenen Kraftwerken stammen. Wichtiger noch: Sand ist der symbiotische Partner fossiler Brennstoffe, das häufig übersehene, aber unentbehrliche Hilfsmittel der Erdöl- und Erdgasindustrie. Aus Sand bestehen die Straßen, die vorhanden sein müssen, damit benzin- und dieselbetriebene Autos überhaupt fahren können. Aus Sand bestehen die Vorstädte, Einkaufszentren und Büroanlagen, für deren Funktionieren Autos unverzichtbar sind. Sand ermöglicht, dass die Milliarden Barrel von einst unerreichbaren Erdöl- und Gaslagerstätten überhaupt erschlossen werden können.

Es ist einfach, selbstgerecht darüber zu schimpfen, dass die Unternehmen die Natur ausplündern. Denn was bestimmte Ressourcen betrifft – vor allem Erdöl und Sand –, benötigen wir alle die Produkte, die diese Unternehmen herstellen. Vertreter der Baustoffindustrie wiederum meckern gern über die »schlecht informierten Aktivisten«, über »die Bürger, die praktisch gegen alles sind«. In gewissem Grade haben sie sogar recht. Niemand, der mit dem Komfort und den Annehmlichkeiten des modernen Lebens aufgewachsen ist, will wirklich auf sie verzichten. Ohne Öl und Gas hätten wir keine Autos und keine Lkw und viel weniger Energie als heute (zumindest bis Wind- und Solaranlagen genügend liefern werden). Ohne Sand gäbe es keine modernen Städte und kein modernes Leben. Es ist schlechterdings unmöglich, diese Ressourcen aus der widerstrebenden Erde zu holen, ohne einen gewissen Schaden anzurichten, ohne in die Natur verändernd einzugreifen. Und es ist unehrlich oder naiv zu behaupten, dass auch nur ein Bruchteil der sieben Milliarden Menschen einen vernünftigen Lebensstil haben könnte, ohne dem Planeten irgendwelches Unheil zuzufügen. Die Frage lautet also, wie weit wir zu gehen bereit sind. Wie viel Schaden wollen wir verursachen und wo und woran?

Wann immer jemand sagt, das Bevölkerungswachstum berge die Gefahr, dass einige lebenswichtige Rohstoffe zu Ende gehen, verweisen Optimisten (und die ihr Eigeninteresse verfolgenden Unternehmer) zumeist darauf, dass schon seit den Tagen von Thomas Malthus 1798 vor genau diesem Szenario gewarnt wurde – und es dennoch nicht eingetreten sei. Technologische Durchbrüche, politische Anpassungen und neue Entdeckungen hätten uns stets durch die vorhergesagten Krisen getragen, vom Ozonloch bis zum Peak Oil.

Das stimmt. Aber es muss nicht zwangsläufig so bleiben.

Viele der Katastrophen, vor denen gewarnt wurde, konnten vermieden werden, *weil* vor ihnen gewarnt wurde und Maßnahmen zu ihrer Verhinderung erfolgten. Die Ozonschicht hat sich nicht wundersamerweise wieder aufgefüllt. Sie hat sich wieder aufgefüllt, weil die Länder dieser Welt erkannten, dass Ozonlöcher ein großes Problem sind, und übereinkamen, die Verwendung von Fluorchlorkohlenwasserstoffen und anderen Gasen, die diese Löcher verursachen, zu beenden.

Entscheidend ist auch, noch etwas anderes im Sinn zu behalten: Das Tempo und der Umfang der Veränderungen in der heutigen Welt sind beispiellos. So etwas hat es in den vier Millionen Jahren der Menschheitsgeschichte noch nicht gegeben. »Großbritannien brauchte 154 Jahre, um die Wirtschaftsleistung pro Kopf zu verdoppeln, und dies geschah bei einer Bevölkerung (von anfangs) neun Millionen Menschen«, schreiben die Autoren von *No Ordinary Disruption,* einem Bericht des McKinsey Global Institute über die Weltwirtschaftstrends. »Die Vereinigten Staaten erreichten das Gleiche in 53 Jahren bei einer Bevölkerung (von anfangs) zehn Millionen Menschen. China und Indien schafften es in nur zwölf bzw. 16 Jahren, mit einer rund hundertfach so großen Bevölkerung. Anders gesagt, die heutige wirtschaftliche Beschleunigung geschieht etwa zehnmal so schnell wie jene, die durch die industrielle Revolution in Großbritannien bewirkt wurde, und bemisst sich um das 300-Fache – eine Wirtschaftskraft, die 3.000-mal so groß ist.«[33] Das Wirtschaftswachstum der Industrieländer, fügen die Autoren hinzu, bedeutet, dass bis 2025 die Konsumentenklasse – jene, die über genügend Einkommen verfügt, um sich auch nicht lebensnotwendige Dinge leisten zu können – auf insgesamt 4,2 Milliarden Menschen anwachsen wird. Vor 50 Jahren lebten nicht einmal so viele Menschen insgesamt auf dem Planeten, ganz zu schweigen davon, dass sie alle hätten Smartphones kaufen wollen.

Unser Lebensstil bereitete im letzten Jahrhundert keine Probleme, weil die Anzahl der Menschen, die ihn praktizierten – fast ausschließlich in der westlichen Welt –, verhältnismäßig klein war. Der überwiegende Teil der Erdbevölkerung lebte in Armut. Zum ersten Mal in der Geschichte ändert sich das. Die westlichen Industrienationen konsumieren nach wie vor in gewohntem Maße, und jetzt beginnen auch alle anderen, während sie die wirtschaftliche Leiter nach oben klettern, ihren Konsum zu steigern.

Diese neuen Konsumenten wollen das gleiche Auto und das gleiche von technischen Geräten ermöglichte Leben, das wir im Westen genießen. Und sie bekommen es auch. 1995 besaßen nur sieben Prozent der chinesischen Städter einen Kühlschrank. Zwölf Jahre später waren es 95 Prozent. Dieses rapide Wachstum, warnte das US National Intelligence Council in einem Bericht von 2012, »wird zu einem Kampf um Rohstoffe und Fertigwaren führen«.[34] Von fossilen Brennstoffen, Nahrungsmitteln und Mineralen bis hin zu Holz und was immer Sie wollen, »entsteht durch den Umfang und die Größe des Ressourcenverbrauchs und die damit einhergehenden Folgen für die Umwelt die Gefahr, dass die Anpassungsfähigkeit der Staaten, Märkte und Technologien überfordert wird«, heißt es in einem Bericht des Chatham House, eines seriösen Thinktanks, aus dem Jahr 2012.[35]

Sand ist nur ein Aspekt des viel größeren Problems des Überkonsums. Bedenken Sie, Quarzsand ist die vielleicht am reichlichsten vorhandene Substanz auf dem Planeten. Wenn selbst *diese* zur Neige geht, müssen wir wirklich in unserem Konsumverhalten umdenken.

Verstehen Sie mich nicht falsch. Ich mag mein Einfamilienhaus mit seinem geräumigen Kühlschrank, dem großen Flachbildschirm, der zentralen Klimaanlage und den vielen Laptops, Tablets und Mobiltelefonen so sehr wie jeder andere Mensch das seine. Mein Vorschlag lautet nicht, alle unsere materiellen Güter wegzuwerfen und zum Leben in die Wälder zu ziehen. Aber ich habe genügend Zeit in bescheideneren Verhältnissen verbracht, um zu wissen, dass wir ein vollkommen komfortables, durch und durch modernes Leben auch in kleineren Häusern mit weniger Gerätschaften und weniger Autos und insgesamt weniger Dingen praktizieren können, als es im 21. Jahrhundert die Norm ist.

Eine vielversprechende Entwicklung in diese Richtung ist die »Sharing Economy«, ein Begriff, den ein Marketingmensch von Uber oder Airbnb oder einer der vielen anderen neuen Firmen erfunden haben muss. Gemeint ist damit, ganz oder teilweise ungenutzte Ressourcen *auszuleihen* beziehungsweise *zu mieten*. (Ich werde das als »Sharing«, als »Teilen«, erst dann bezeichnen, wenn dafür kein Geld mehr verlangt wird.) Aber genug der Wortklauberei. Diese Dienste stellen eine neuartige und überfällige Möglichkeit dar, die enorme Verschwendung in den postindustriellen Volkswirtschaften einzudämmen. Unter anderem könnten sie dazu beitragen, unseren Verbrauch von Sand zu senken.

Die meisten Erwachsenen besitzen heutzutage ein Auto. Und die meisten dieser Autos stehen den größten Teil der Zeit ungenutzt herum. Mitfahr- und Chauffeurdienste erleichtern es zumindest Stadtbewohnern mehr denn je, auf einen eigenen Wagen zu verzichten und für Fahrten nur dann zu bezahlen, wenn sie wirklich nötig sind.

Wie könnte der Verzicht auf den Besitz eines eigenen Autos den Sandverbrauch reduzieren? Heutzutage ist ein typisches Haus mit einer Garage und einer Einfahrt ausgestattet – autogerechten Einrichtungen, die aus Beton, also aus Sand, bestehen. Besitzt man kein eigenes Auto, würde man sie auch nicht brauchen. Die Menge des für den Bau Ihres Hauses benötigten Sandes würde sich um viele Tonnen reduzieren.

Ähnlich verhält es sich mit Airbnb und verwandten Anbietern: Wenn wir auf Reisen anstatt in Hotels in einem Privatzimmer logieren können, brauchen wir weniger Hotels. Die Unmengen Sand, die für den Bau dieser Hotels, ihrer Auffahrten und Parkplätze verwendet werden, könnten im Boden verbleiben. (Ganz zu schweigen von all den anderen Ressourcen, die geschont würden.)

Und wenn wir weniger Bedarf an neuen Gebäuden hätten, würde sich die Expansion der Städte verlangsamen. Dann bräuchten wir nicht mehr so viel Sand aus dem Meeresboden zu baggern, um künstliche Inseln zu erschaffen. Vielleicht würde das auch den Wasserverbrauch so weit senken, dass wir aufhören könnten, Wasser aus Trockengebieten abzuleiten, was wiederum die Gefahr der Wüstenbildung verringern würde.

Weniger Autos und Gebäude herzustellen bedeutet auch, weniger Energie zu verbrauchen, wodurch unser Bedarf an fossilen Brennstoffen sinken würde. Dann gäbe es auch weniger Fracking, was bedeutet, dass wir aufhören könnten, landwirtschaftliche Flächen zu ruinieren, um Frackingsand zu fördern.

Die Sanduhr rieselt auf das Ende zu. Unsere Häuser sind auf Sand gebaut. Man beachte diese Metapher. Aber wohlgemerkt: Es ist nicht nur eine Metapher. Aus Sand bestehen der Boden unter unseren Füßen und das Dach über unserem Kopf. Er ist die Grundlage der Modernität. Auf ihm haben wir eine Wirtschaft und Gesellschaft erschaffen, die von Sand für viel mehr Einsatzzwecke abhängig sind, als sich Ernest Ransome, Michael Owens und selbst Dwight D. Eisenhower je vorstellen konnten.

Und doch ist Sand der am meisten als selbstverständlich erachtete Rohstoff der Welt. Kaum jemand denkt darüber nach, woher er stammt und was wir unternehmen, um ihn zu bekommen. Aber in einer Welt von sieben Milliarden Menschen, in der immer mehr von ihnen Wohnungen zum Leben, Büros zum Arbeiten, Shoppingmalls zum Einkaufen und Mobiltelefone zum Kommunizieren haben wollen, können wir uns diesen Luxus nicht mehr leisten.

Einst dachten wir, wir hätten derart grenzenlose Vorräte an Erdöl, Wasser, Bäumen und Land, dass wir uns darüber keine Gedanken machen müssen. Aber natürlich ist uns auf schmerzliche Weise klar geworden, dass nichts davon endlos vorhanden ist und der Preis, den wir bisher für ihren Verbrauch gezahlt haben, rapide steigt. Wir müssen lernen einzusparen, wiederzuverwenden, Alternativen zu finden und insgesamt beim Gebrauch von Rohstoffen klüger zu werden. Auch beim Sand gilt es umzudenken.

Aber wir müssen auch begreifen, dass es nicht allein darum geht, einen bestimmten Rohstoff achtsamer und klüger zu handhaben, sondern darum, wie wir *all* diese Rohstoffe verwenden. Es geht darum, für sieben Milliarden Menschen ein Leben zu ermöglichen, das nicht auf Sand gebaut ist.

Danksagung

Ohne die vielen Menschen in aller Welt, die mir großzügig ihre Zeit und Fachkenntnis zur Verfügung gestellt und mich unterstützt haben, hätte ich dieses Buch nicht schreiben können. Besonders zu Dank verpflichtet bin ich Aakash Chauhan, der Leib und Leben aufs Spiel gesetzt hat, als er mir dabei half, für einen Artikel in der Zeitschrift *Wired*, aus dem letztlich dieses Buch hervorgegangen ist, die Geschichte vom Mord an seinem Vater, Paleram Chauhan, zu erzählen. Chauhan kämpft weiterhin mutig gegen die indische Sandmafia, wofür ihm ein noch weit größerer Dank gebührt. Die unermüdliche Sumaira Abdulali, vermutlich Indiens führende Aktivistin gegen den illegalen Sandabbau und andere zu wenig wahrgenommene Umweltsünden, war mir bei diesem ersten Artikel ebenfalls eine wichtige Verbündete. Das Gleiche gilt auch für Vikrant Tongad, Gründer der Social Action for Forest and Environment, und den Journalisten Kumar Sambhav. Apropos Journalisten: Mein höchster Respekt gilt den vielen Reportern in Indien, die regelmäßig über die von Sandräubern verübte Gewalt und Zerstörung berichten – und die selbst nicht selten Opfer dieser Gewalt werden.

Ein großes Kompliment auch an Jakob Villioth, dem ich zwar nie persönlich begegnet bin, dessen Bericht über die weltweite Sandindustrie auf www.ejolt.org mich aber überhaupt erst darauf aufmerksam gemacht hat, dass es sie gibt.

In North Carolina waren mir Alex Glover und David Biddix exzellente Führer zu den Sehenswürdigkeiten von Spruce Pine und haben mich reichlich mit Informationen zur einzigartigen Historie und Geologie dieser Stadt versorgt. Dr. Tom Gallo war so freundlich, mir nicht nur seine Geschichte zu erzählen, sondern mich auch an seinem umfänglichen Wissen über die Quarzindustrie teilhaben zu lassen. Jessica Roberts von den Roskill Information Services gab mir unschätzbar wichtige Einblicke in technische Details.

In Wisconsin geht mein Dank an Ken Schmitt und Donna Brogan dafür, dass sie mich auf meinen Fahrten durch ihre Countys begleitet haben; an Crispin Pierce, weil ich mich einer Exkursion mit seinen Studenten anschließen durfte; und an das Wisconsin Center für Investigativen Journalismus, das mir seine Daten über die Frackingfelder zur Verfügung gestellt hat.

In Florida schenkten mir die Aktivisten Dan Clark und Ed Tichenor sowie Robert Weber, Küstenkoordinator für die Stadt Palm Beach, großzügig ihre Zeit, um mir die verschiedenen Aspekte der Strandauffüllung zu erläutern.

Außerdem schulde ich dem in Dubai tätigen Journalisten Jim Krane großen Dank, da er mich mit wichtigen Einwohnern bekannt gemacht hat (und auch für sein ausgezeichnetes Buch). Ein Dankeschön auch an Lubna Sharief Takruri, einen Mittler, wie man ihn zwischen der Westbank und dem Persischen Golf nur selten findet.

In China gilt mein Dank Kong Lingyu, dem Smartphone-Impresario und hervorragenden Mittelsmann/Dolmetscher; den Dokumentaristen Qiong Wang und Xiao Qiping, die mich an einige versteckte Winkel des Poyang-Sees geführt haben; und David Shankman, dem inoffiziellen Botschafter der USA in der Stadt Nanchang. Sowie, nicht zu vergessen, Jennifer Turner vom Wilson Center für die Fülle von Kontakten, die sie mir verschafft hat. Der wichtigste war jener zu Luan Dong, der für mich in Peking ein BEER-Gespräch arrangierte, das ebenso bierselig war, wie es klingt.

In Indonesien war es Anton Muhajir, der mich an alle Orte brachte, zu denen ich wollte, in Kambodscha war es Oudom Tat. Danken möchte ich auch Alex Gonzalez-Davidson und seinen Kollegen von Mother Nature Cambodia für ihre tapfere Arbeit und ihre Hilfe, die sie mir in Koh Kong leisteten. Ebenso zu danken habe ich Jacob Kushner dafür, dass er mir in Kenia bei der Informationssammlung half, und Peter Klein für seine Empfehlungen, durch die ich in vielen Ländern glänzende Dolmetscher und Mittelsmänner fand.

Die stets ein unbeachtetes Dasein führenden Statistiker vom United States Geological Service, die den Sandkonsum im Zeitraum von mehr als einem Jahrhundert berechnen, verdienen ein besonderes Lob, ebenso wie Sterling Kelly vom Bureau of Labor Statistics, der mich auch auf das ausgezeichnete Zitat von Jorge Luis Borges hinwies, das in der Einführung zu Teil I zu finden ist. Pascal Peduzzi vom United Nations Environment Programme, Autor des ersten maßgeblichen Berichts zur Sandkrise, versorgte mich mit wichtigem Material. Danke auch an Bailey Wood von der National Stone, Sand and Gravel Association für die vielen Auskünfte, die ich dort einholen durfte. Der Geologe Michael Welland war mir bei meinen anfänglichen Recherchen eine große Hilfe, sowohl telefonisch als auch durch seine ausgezeichneten Bücher; sein Tod in der Zeit, als ich dieses Buch schrieb, machte mich sehr traurig.

Ein besonderer Dank gilt natürlich meiner unvergleichlichen Literaturagentin Lisa Bankoff und Jake Morrissey, dem meisterhaften Lektor von Riverhead Books. Beide haben mir entscheidende Ratschläge gegeben, die ich nicht immer gnädig aufnahm, aber die sich in der Mehrzahl als genau richtig erwiesen haben. Mein Dank geht auch an die Chefredakteure von *Wired, The New York Times,* des *Guardian, Pacific Standard* und von *Mother Jones*, wo ich Teile des späteren Buchs veröffentlichen konnte, und vor allem an Adam Rogers von *Wired,* der meinen ersten großen Artikel zu dem Thema betreut hat. Herzlich danken möchte ich außerdem Tom Hundley und den übrigen Mitarbeitern des Pulitzer Center on Crisis Reporting, durch dessen Stipendien meine vielen Reisen erst möglich wurden. Lieben Dank auch an Michelle Delgado für ihren aufmunternden Beistand bei den Recherchen und der Logistik in einem Maße, wie man ihn sich als Autor nur wünschen kann. Und auch Vinnie Hollywood, Vladimir Reptilio und der gesamten Crew von Blessed Reptile Production möchte ich für alles danken, was sie tun.

Daneben schulde ich vielen Kollegen, Freunden und Verwandten meinen Dank. Taras Grescoe, Tom Zoellner, David Davis, Justin Pritchard, Linda Marsa, Scott Carney, Hector Tobar und Cari Lynn haben mir freundlicherweise aufschlussreiches Feedback zu verschiedenen Kapiteln des Manuskripts gegeben und/oder mich mit dem Geschäft des Bücherschreibens vertraut gemacht. Sie alle sind erstklassige Autoren, und Sie sollten ihre Bücher kaufen. Und ganz großen Dank an Adara und Isaiah Beiser Shilling! Sie haben es klaglos hingenommen, dass ihr Dad in den letzten Jahren so viel auf Reisen war (und wie schön, dass ihr mich auf einer begleitet habt). Nicht weniger groß fällt mein Dank an Kaile Shilling aus, die sich durch zwei komplette Entwürfe geackert und sie konstruktiv kritisiert hat, als hätte sie durch die Heirat mit mir nicht schon unfreiwillig mehr über Sand erfahren, als sie je wissen wollte.

Anmerkungen

Kapitel 1: Die wichtigste feste Substanz auf Erden

1 Freedonia Group: World Construction Aggregates, 2016.
2 Michael Welland: Sand. The Never-Ending Story, Berkeley 2009, S. 1 f.
3 Welland: Sand, S. 240.
4 Tom's of Maine: »Hydrated Silica« [https://www.tomsofmaine.com/our-promise/ingredients/hydrated-silica]; American Dental Association: »Oral Health Topics-Toothpastes« [http://www.ada.org/en/science-research/ada-seal-of-acceptance/product-category-information/toothpaste].
5 Pascal Peduzzi: »Sand, rarer than one thinks«, in: United Nations Environment Programme Report, März 2014, S. 3 [https://na.unep.net/geas/getUNEPPageWithArticleIDScript.php?article_id=110].
6 Freedonia Group: World Construction Aggregates.
7 United Nations Department of Economic and Social Affairs: World Urbanization Prospects, 2014.
8 Peduzzi: »Sand, rarer than one thinks«, S. 1.
9 Ana Swanson: »How China used more cement in 3 years than the U. S. did in the entire 20th century«, in: Washington Post, 24. März 2015 [https://www.washingtonpost.com/news/wonk/wp/2015/03/24/how-china-used-more-cement-in-3-years-than-the-u-s-did-in-the-entire-20th-century/].
10 Welland: Sand, S. 252 f.
11 Peduzzi: »Sand, rarer than one thinks«, S. 6.
12 Raymond Siever: Sand. Ein Archiv der Erdgeschichte, Heidelberg 1989, S. 14 und 29.
13 Welland: Sand, S. 16.
14 Mark Miodownik: Wunderstoffe. Zehn Materialien, die unsere Zivilisation ausmachen, München 2016, E-book-Ausgabe, S. 115.
15 Welland: Sand, S. 1–23.
16 Siever: Sand, S. 68.
17 Thomas Dolley: »Sand and Gravel. Industrial«, in: US Geological Survey (Hrsg.): Mineral Commodity Summaries, Januar 2016, S. 144 f.
18 National Industrial Sand Association: »What Is Industrial Sand?« [http://www.sand.org/page/industrial_sand].
19 Welland: Sand, S. 13.
20 Jason Christopher Willett: »Sand and Gravel« (Construction), in: U. S. Geological Survey/U. S. Department of the Interior (Hrsg.): Mineral Commodity Summaries 2017, Januar 2017, S. 142 [https://s3-us-west-2.amazonaws.com/prd-

wret/assets/palladium/production/mineral-pubs/mcs/mcs2017.pdf].

21 European Aggregates Association: Annual Review 2015/16, S. 4.

22 Cemex: »Specialty Sands« [http://www.cemexusa.com/ProductsServices/LapisSpecialtySands.aspx].

23 Denis Cuff: »State sued over sand mining in San Francisco Bay«, in: East Bay Times, 31. Januar 2017.

24 Erwan Garel / Wendy Bonne / M. B. Collins: Offshore Sand and Gravel Mining, in: John Steele / Steve Thorpe / Karl Turekian (Hrsg.): Encyclopedia of Ocean Sciences, New York 2009, S. 4162–4170.

25 Mineral Products Association: The Mineral Products Industry at a Glance, 2016, S. 10.

26 Garel et al.: Offshore Sand and Gravel Mining, S. 3.

27 G. Mathias Kondolf et al.: »Freshwater Gravel Mining and Dredging Issues«, White Paper Prepared for Washington Department of Fish and Wildlife, 4. April 2002, S. 49 und 64.

28 Peduzzi: »Sand, rarer than one thinks«, S. 4.

29 Global Witness: »Shifting Sand. How Singapore's demand for Cambodian sand threatens eco-systems and undermines good governance«, Mai 2010, S. 18 [https://www.globalwitness.org/en/reports/shifting-sand/].

30 Wildlife Conservation Society Cambodia: »Cambodia's Royal Turtle Facing Increased Threats to Survival« [https://cambodia.wcs.org/About-Us/Latest-News/articleType/ArticleView/articleId/8888/Cambodias-Royal-Turtle-Facing-Increased-Threats-to-Survival.aspx].

31 Kondolf et al.: »Freshwater Gravel Mining and Dredging Issues«, S. 71 und 81–88.

32 Felicity James: »NT sand mining destroying environmentally significant area without impact assessment, EPA confirms«, in: ABC News, 1. November 2015 [https://www.abc.net.au/news/2015-11-01/no-environmental-assessment-of-nt-sand-mining/6901840].

33 Kiran Pereira: »Curbing Illegal Sand Mining in Sri Lanka«. Bericht Water Integrity in Action, 2013, S. 14 f.

34 Supreme Court of India: Deepak Kumar and Others v. State of Haryana and Others, 2012.

35 Kondolf et al.: »Freshwater Gravel Mining and Dredging Issues«, S. 108.

36 Ebd., S. 60 und 80.

37 D. Padmalal / K. Maya: Sand Mining. Environmental Impacts and Selected Case Studies, New York 2014, S. 40 und 60; Kondolf et al., »Freshwater Gravel Mining and Dredging Issues«, S. 62 und 65.

38 »Heavy Machinery Miyun Pirates …«, in: The Beijing News, 21. Dezember 2015 [http://epaper.bjnews.com.cn/html/2015-12/21/content_614577.htm?div=-1].

39 »Sand mining a trigger for crocodile attacks«, in: The Times of India, 15. März 2017 [http://timesofindia.indiatimes.com/city/kolhapur/sand-mining-a-trigger-for-croc-attacks/articleshow/57638419.cms].

40 »Attorney General Lockyer Files $ 200 Million Taxpayer Lawsuit Against Bay Area ›Sand Pirates‹«, offizielle Pressemitteilung, 24. Oktober 2003 [https://oag.ca.gov/news/press-releases/attorney-general-lockyer-files-200-million-taxpayer-lawsuit-against-bay-area].

41 Interview mit Bill Fonda, Ministerium für Umweltschutz des Bundesstaats New York, 2. März 2017.

42 Peduzzi: »Sand, rarer than one thinks«, S. 7; Orrin H. Pilkey / J. An-

drew G. Cooper: The Last Beach, Durham 2014, S. 32.

43 Zitiert in: »A shore thing. An improbable global shortage. Sand«, The Economist, 30. März 2017 [https://www.economist.com/finance-and-economics/2017/03/30/an-improbable-global-shortage-sand].

44 Viele Details des Mordfalls Paleram Chauhan stammen aus meinen Interviews mit seinen Angehörigen und Gerichtsdokumenten, die sie mich einsehen ließen.

45 »Site visit to ascertain the factual position of illegal sand mining in Gautam Budh Nagar, Uttar Pradesh«, offizieller Bericht, 8. August 2013 [http://moef.gov.in/wp-content/uploads/2019/10/Final-Site-visit-report-of-Gautam-Budh-Nagar_0.pdf].

Kapitel 2: Das Skelett der Städte

1 Jorge Luis Borges: Fragmente eines apokryphen Evangeliums. Aus: Lob des Schattens. Gedichte. Aus dem Spanischen von Curt Meyer-Clason, Carl Hanser Verlag München 1971.

2 »The San Francisco Earthquake, 1906«, in: EyeWitness to History, 1997 [http://www.eyewitnesstohistory.com/sfeq.htm].

3 Robert Courland: Concrete Planet. The Strange and Fascinating Story of the World's Most Common Man-Made Material, Amherst 2011, Kindle Location 1881.

4 Michael Welland: Sand. The Never-Ending Story, Berkeley 2009, S. 235.

5 Mark Miodownik: Wunderstoffe. Zehn Materialien, die unsere Zivilisation ausmachen, München 2016, e-book-Ausgabe S. 55.

6 Courland: Concrete Planet, Kindle Location 1009.

7 Ebd, Kindle Locations 992–994.

8 Earl Swift: The Big Roads. The Untold Story of the Engineers, Visionaries, and Trailblazers Who Created the American Superhighways, Boston 2011, Kindle Edition, S. 85.

9 Courland: Concrete Planet, Kindle Locations 1248–1252, 1383 und 1421.

10 Miodownik: Wunderstoffe, S. 57.

11 Ebd., S. 58.

12 Lehigh Hanson: »Cement Manufacturing Basics« [http://www.lehighhanson.com/learn/articles].

13 Courland: Concrete Planet, Kindle Locations 2033–2089, 2157 und 2325.

14 Brunel Museum [https://www.thebrunelmuseum.com/].

15 Vaclav Smil: Making the Modern World. Materials and Dematerialization, Hoboken, New Jersey 2013 S. 28.

16 Courland: Concrete Planet, Kindle Location 2755.

17 US Geological Survey: »Cement Statistical Compendium« [https://minerals.usgs.gov/minerals/pubs/commodity/cement/stat/].

18 Courland: Concrete Planet, Kindle Locations 3005–3008.

19 Miodownik: Wunderstoffe, S. 58.

20 Courland: Concrete Planet, Kindle Location 3112; Miodownik: Wunderstoffe, S. 58–59.

21 Miodownik: Wunderstoffe, S. 59.

22 Sara Wermiel: »California Concrete, 1876–1906. Jackson, Percy, and the Beginnings of Reinforced Concrete Construction in the United States«, Proceedings of the Third International Congress on Construction History, Mai 2009.

23 Ernest Ransome / Alexis Saurbrey: Reinforced Concrete Buildings, New York 1912, S. 1.

24 Bay Area Census [http://www.bayareacensus.ca.gov/counties/SanFranciscoCounty40.htm].

25 Courland: Concrete Planet, Kindle Location 3190.

26 »A Boom in the Artificial Stone Trade«, in: San Francisco Chronicle, 24. Dezember 1885.

27 Wermiel: »California Concrete«, S. 2 ff.

28 Ransome/Saurbrey: Reinforced Concrete Buildings, S. 3.

29 Reyner Banham: A Concrete Atlantis. U. S. Industrial Building and European Modern Architecture, Boston 1989, S. 2.

30 Ransome/Saurbrey: Reinforced Concrete Buildings, S. 163 f.

31 Wermiel: »California Concrete«, S. 7.

32 »Would Prohibit Concrete Buildings«, in: Los Angeles Times, 23. Oktober 1905.

33 The Brickbuilder 15, Nr. 5 (Mai 1906).

34 Bekins Company History [http://www.fundinguniverse.com/company-histories/bekins-company-history/].

35 Courland: Concrete Planet, Kindle Locations 4522–4524.

36 Ebd., Kindle Locations 4433–4440.

37 Ebd., Kindle Locations 4432–4433, 4475, 4504–4518, 4547 und 4556.

38 Wm. Hom Hall: »Some Lessons of the Earthquake and Fire«, in: San Francisco Chronicle, 1. Juni 1906.

39 »Blow Aimed at Concrete«, in: Los Angeles Times, 13. Juni 1906.

40 »Building May Be Retarded«, in: San Francisco Chronicle, 3. März 1907.

41 »The Cement Age«, in: Healdsburg Tribune, 28. Februar 1907.

42 Wermiel: »California Concrete«, S. 7.

43 C. C. Carlton, »Edison Tells How a House Can Be ›Cast‹«, in: San Francisco Call, 23. Dezember 1906.

44 Courland: Concrete Planet, Kindle Locations 3447–3449.

45 »The Advantages and Limitations of Reinforced Concrete«, in: Scientific American, 12. Mai 1906, S. 383.

46 Amy E. Slaton: Reinforced Concrete and the Modernization of American Building, 1900–1930, Baltimore 2001, S. 19.

47 »Conquest of Mixture Soon to Be Complete«, in: Los Angeles Herald, 15. November 1908.

48 Tom Lewis: Divided Highways. Building the Interstate Highways, Transforming American Life, Ithaca 2013, Kindle Location 1064.

49 US Geological Survey: Construction Sand and Gravel Statistics and Information [https://www.usgs.gov/centers/nmic/construction-sand-and-gravel-statistics-and-information].

50 »Nassau County Growth«, in: New York Times, 23. Juni 1912.

51 Sidney Redner: »Distribution of Populations« [http://physics.bu.edu/~redner/projects/population/cities/chicago.html].

52 Joan Cook: »Henry Crown, Industrialist, Dies«, in: New York Times, 16. August 1990.

53 Edwin A. R. Trout: »The Deutscher Ausschuß für Eisenbeton, 1907–1945«, Construction History, 2014 [https://www.jstor.org/stable/43856062?seq=1].

54 L. W.-C. Lai / K. W. Chau / F. T. Lorne: »The Rise and Fall of the Sand Monopoly in Colonial Hong Kong«, in: Ecological Economics 128, 2016, S. 106–116.

55 »Hoover Dam Aggregate Classification Plant«, in: Historic American Engineering Record, Juli 2009, S. 13.

56 »Hoover Dam Aggregate Classification Plant«, S. 8.

57 Courland: Concrete Planet, Kindle Locations 3511–3512.

58 Megan Chusid: »How One Simple Material Shaped Frank Lloyd Wright's Guggenheim« [https://www.guggenheim.org/blogs/checklist/how-one-simple-material-shaped-frank-lloyd-wrights-guggenheim].

Kapitel 3: Gepflastert mit guten Absichten

1 Dwight D. Eisenhower: At Ease. Stories I Tell to Friends, New York 1967, S. 155.
2 Christopher Klein: »The Epic Road Trip That Inspired the Interstate Highway System«, in: History [https://www.history.com/news/the-epic-road-trip-that-inspired-the-interstate-highway-system].
3 Eisenhower: At Ease, S. 157.
4 National Academy of Engineering: »Highways History, Part 1, Greatest Engineering Achievements of the 20th Century« [http://www.greatachievements.org/?id=3790].
5 Henry Petroski: The Road Taken. The History and Future of America's Infrastructure, New York 2016, S. 43.
6 Eisenhower: At Ease, S. 158.
7 Dwight D. Eisenhower: »Eisenhower's Army Convoy Notes 11-3-1919« [https://www.fhwa.dot.gov/infrastructure/convoy.cfm].
8 Earl Swift: The Big Roads. The Untold Story of the Engineers, Visionaries, and Trailblazers Who Created the American Superhighway, Boston 2011, Kindle-Location 1006.
9 Eisenhower: At Ease, S. 167.
10 Vaclav Smil: Making the Modern World. Materials and Dematerialization, Hoboken, New Jersey 2013 S. 54.
11 US Geological Survey: »Materials in Use in U. S. Interstate Highways«, Oktober 2006.
12 Tom Lewis: Divided Highways. Building the Interstate Highways, Transforming American Life, Ithaca 2013, S. 2.
13 Rickie Longfellow: »Back in Time. Building Roads«, in: Highway History, Federal Highway Administration [https://www.fhwa.dot.gov/infrastructure/back0506.cfm].
14 Petroski: The Road Taken, S. 3 f.
15 »Learn About Asphalt«, in: BeyondRoads.com, Asphalt Education Partnership.
16 Peter Mikhailenko: Valorization of By-products and Products from Agro-Industry for the Development of Release and Rejuvenating Agents for Bituminous Materials, unveröffentlichte Doktorarbeit, Université de Toulouse, 2015, S. 13.
17 Carole Simm: »The History of the Pitch Lake in Trinidad«, in: USA Today.
18 Maxwell Gordon Lay: »Roads and Highways«, in: Encyclopedia Britannica [https://www.britannica.com/technology/road].
19 Bill Davenport / Gerald Voigt / Peter Deem: Concrete Legacy. The Past, Present, and Future of the American Concrete Pavement Association, American Concrete Pavement Association, 2014, S. 11.
20 Portland Cement Association: »How flat can a highway be?«, 1959.
21 Asphalt Pavement Alliance: »The United States has about 2.2 million miles of paved roads …« [https://www.asphaltroads.org/why-asphalt/economics/].
22 Freedonia Group: World Asphalt (Bitumen), November 2015.
23 Swift: The Big Roads, S. 457.
24 Lewis: Divided Highways, S. 719 ff.
25 Portland Cement Association: »Highways« [http://www.cement.org/concrete-basics/paving/concrete-paving-types/highways].
26 Swift: The Big Roads, S. 197–203.
27 Ebd., S. 247–253.
28 Lewis: Divided Highways, S. 1042 ff.
29 Davenport et al.: Concrete Legacy, S. 13.
30 Lewis: Divided Highways, S. 339–349 und 532.
31 »Land Reclamation and Highway Development Must Go Together«,

in: Water & Sewage Works, Bd. 55, 1918.

32 J. D. Pierce: »Sand and Gravel in Illinois«, in: The National Sand and Gravel Bulletin, 1921, S. 29.

33 Davenport et al.: Concrete Legacy, S. 17.

34 »Roads«, Encyclopedia.com [http://www.encyclopedia.com/topic/Roads.aspx].

35 Lewis: Divided Highways, S. 971 ff.

36 Kurt Snibbe: »Back in the Day. Road Camp Prisoners Built Roads«, in: The Press-Enterprise, 18. Januar 2013; North Carolina Department of Public Safety: »History of the North Carolina Correction System« [http://www.doc.state.nc.us/admin/page1.htm].

37 Mark S. Foster: Henry J. Kaiser. Builder in the Modern American West, Austin 2012, S. 5 und 7.

38 Wes Starratt: »Sand Castles«, in: San Francisco Bay Crossings, Juni 2002 [http://www.baycrossings.com/dispnews.php?id=1083].

39 Foster: Henry J. Kaiser, S. 10.

40 Albert P. Heiner: Henry J. Kaiser. Western Colossus, New York 1991, S. 6 f.

41 »Six Million Dollar Arroyo Parkway Opened«, in: Los Angeles Times, 31. Dezember 1940; »A Look at the History of the Federal Highway Administration«, Federal Highway Administration [https://www.fhwa.dot.gov/byday/fhbd1230.htm].

42 Eisenhower: At Ease, S. 166 f.

43 Sowohl Lewis als auch Swift stellen die Kampagne um ein nationales Highwaysystem sehr detailliert dar.

44 Richard F. Weingroff: »The Year of the Interstate«, in: Public Roads, Januar/Februar 2006.

45 »The Size of the Job«, in: Highway History, Federal Highway Administration [https://www.fhwa.dot.gov/infrastructure/50size.cfm].

46 Wallace W. Key / Annie Laurie Mattila: »Sand and Gravel«, in: US Bureau of Mines (Hrsg.): Minerals Yearbook 1958.

47 Interviews des Autors und Rogers Group bei »100, Aggregates Manager«, 1. November 2008.

48 Swift: The Big Roads, S. 3002.

49 Lewis: Divided Highways, 2532.

50 Swift: The Big Roads, 3663.

51 »The Interstate Highway System – Facts & Summary«, in: History.com [http://www.history.com/topics/interstate-highway-system].

52 Weingroff: »The Year of the Interstate«.

53 Federal Highway Administration: »Interstate Frequently Asked Questions« [http://www.fhwa.dot.gov/interstate/faq.cfm].

54 Ebd. und Swift: The Big Roads, 3848.

55 United Nations: »The United Nations and Road Safety« [https://www.un.org/en/roadsafety/].

56 Lewis: Divided Highways, S. 115–120.

57 Federal Highway Administration: »Our Nation's Highways 2011«, S. 25.

58 »Roads«, in: Encyclopedia.com [http://www.encyclopedia.com/topic/Roads.aspx].

59 »Our Nation's Highways 2011«, S. 36.

60 Ebd., S. 44.

61 Mark S. Kuhar / Josephine Smith: »Rock Through the Ages. 1896–2016«, in: Rock Products, 13. Juli 2016 [http://www.rockproducts.com/features/15590-rock-through-the-ages-1896-2016.html#.WAL4kJMrLdQ].

62 Association of Pool and Spa Professionals: »U. S. Swimming Pool and Hot Tub Market 2015«.

63 US Geological Survey: »Sand and Gravel (Construction) Statistics«, 1. April 2014.
64 »Rock Products 120th Anniversary«, in: Rock Products, 22. Dezember 2015 [www.rockproducts.com/blog/120th-anniversary/14999-rock-products-120th-anniversary-part-6.html].
65 Federal Highway Administration: »Our Nation's Highways 2011«, S. 4.
66 »Traffic Gridlock Sets New Records«, Presseerklärung der Texas A & M University, 26. August 2015.
67 Internationale Energieagentur: »Global Land Transport Infrastructure Systems«, 2013, S. 12.
68 Ebd., S. 6.

Kapitel 4: Die Sache, die uns alles sehen lässt

1 John Douglas: »Glass Sand Mining«, in: e-WV. The West Virginia Encyclopedia, 7. August 2012.
2 Quentin Skrabec: Michael Owens and the Glass Industry, Gretna 2006, S. 66.
3 Ebd., S. 76 ff.
4 Barbara L. Floyd: The Glass City. Toledo and the Industry That Built It, Ann Arbor 2014, S. 49 f.
5 Alan Macfarlane / Gerry Martin: Welt aus Glas. Eine Kulturgeschichte, München 2004, S. 12 f.
6 Ebd., S. 13.
7 Alan Macfarlane und Gerry Martin erklären in ihrem Buch *Welt aus Glas* ausführlich den Herstellungsprozess der verschiedenen Glasarten.
8 Mark Miodownik: Wunderstoffe. Zehn Materialien, die unsere Zivilisation ausmachen, München 2016, E-book-Ausgabe S. 115.
9 Macfarlane / Martin: Welt aus Glas, S. 18.
10 Skrabec: Michael Owens, S. 21.
11 Miodownik: Wunderstoffe, S. 144–147.
12 Michael Welland: Sand. The Never-Ending Story, Berkeley 2009, S. 248.
13 Vincent Ilardi: Renaissance Vision from Spectacles to Telescopes. Memoirs of the American Philosophical Society, V. 259, Philadelphia 2007, S. 182.
14 Macfarlane / Martin: Welt aus Glas, S. 174.
15 Richard Dunn: The Telescope. A Short History, New York 2011, S. 22.
16 Ilardi: Renaissance Vision, S. 182.
17 Laura J. Snyder: Eye of the Beholder. Johannes Vermeer, Antoni van Leeuwenhoek, and the Reinvention of Seeing, New York 2016, S. 6.
18 Snyder: Eye of the Beholder, S. 104.
19 Welland: Sand, S. 16 f.
20 Snyder: Eye of the Beholder, S. 4.
21 Skrabec: Michael Owens, S. 49.
22 Welland: Sand, S. 248.
23 Floyd: The Glass City, S. 28 f.
24 Ebd., S. 1.
25 Skrabec: Michael Owens, S. 124.
26 Floyd: The Glass City, S. 28 f.
27 Skrabec: Michael Owens, S. 14 f.
28 Ebd., S. 14 f. und 88 f.
29 »The American Society of Mechanical Engineers Designates the Owens ›AR‹ Bottle Machine as an International Historic Engineering Landmark«, in: American Society of Mechanical Engineers, 17. Mai 1983 [https://www.asme.org/about-asme/engineering-history/landmarks/86-owens-ar-bottle-machine].
30 Floyd: The Glass City, S. 48.
31 US Geological Survey: »Sand and Gravel (Industrial) Statistics«, 2016.
32 Kenneth Schoon: »Sand Mining in and around Indiana Dunes National Lake Shore«, National Parks Service, Mai 2015 [https://www.nps.gov/rlc/greatlakes/sand-mining-in-indiana-dunes.htm].
33 Lake Michigan Federation: »Vanishing Lake Michigan Sand Dunes:

Threats from Mining«, Datum unbekannt.

34 Schoon: »Sand Mining«.
35 »The Largest Glass Sand Plant in the Country«, in: Rock Products and Building Materials, 7. April 1914, S. 36.
36 Skrabec: Michael Owens, S. 80.
37 Coca-Cola Company: »History of Bottling«.
38 Floyd: The Glass City, S. 105.
39 Vaclav Smil: Making the Modern World. Materials and Dematerialization, Hoboken, New Jersey 2013, S. 92.
40 Freedonia Group: World Flat Glass Market Report, August 2016.
41 »Our Story«, Owens-Illinois [https://www.o-i.com/#our-story].
42 Freedonia Group: World Flat Glass Market Report.

Kapitel 5: Hightech und höchste Reinheit

1 David Biddix / Chris Hollifield: Images of America. Spruce Pine, Mount Pleasant 2009, S. 9.
2 Ebd., S. 10.
3 John W. Schlanz: High Pure and Ultra High Pure Quartz, in: Society for Mining, Metallurgy, and Exploration (Hrsg.): Industrial Minerals and Rocks, 7. Auflage, 5. März 2006, S. 833–837.
4 Harris Prevost: »Spruce Pine Sand and the Nation's Best Bunkers«, in: North Carolina's High Country Magazine, Juli 2012.
5 David O. Woodbury: The Glass Giant of Palomar, New York 1970, S. 185.
6 Joel Shurkin: Broken Genius. The Rise and Fall of William Shockley, Creator of the Electronic Age, New York 2006, S. 171.
7 Vaclav Smil: Making the Modern World. Materials and Dematerialization, Hoboken, New Jersey 2013, S. 40.
8 Für diese Kurzfassung des extrem komplizierten Prozesses der Siliziumgewinnung gab es zwei exzellente Quellen: »Eric Williams: Global Production Chains and Sustainability. The case of high-purity silicon and its applications in IT and renewable energy«, ein Bericht, der im Jahr 2000 vom Institute of Advanced Studies der United Nations University veröffentlicht wurde; und die Website der Quartz Corporation [http://www.thequartzcorp.com].
9 US Geological Survey: »Silicon«, in: Mineral Industry Surveys, Dezember 2016, März 2017.
10 Quartz Corp: »Polysilicon pricing and the Chinese market«, 14. Juni 2016 [http://www.thequartzcorp.com].
11 Quartz Corp: »Crucibles« [http://www.thequartzcorp.com/en/applications/].
12 Jessica Roberts: »High purity quartz. Under the spotlight«, in: Industrial Minerals, 1. Dezember 2011.
13 Schlanz: High Pure and Ultra High Pure Quartz, S. 1 f.
14 Reiner Haus / Sebastian Prinz / Christoph Priess: »Assessment of High Purity Quartz Resources«, in: Jens Götze / Robert Möckel (Hrsg.): Quartz. Deposits, Mineralogy and Analytics, Springer Geology 2012, Kapitel 2.
15 Prevost: »Spruce Pine Sand and the Nation's Best Bunkers«.
16 Eidesstattliche Erklärung von Dr. Thomas Gallo beim Prozess Unimin Corporation v. Thomas Gallo and I-Minerals USA vor dem Mitchell County Superior Court, North Carolina, 12. Juli 2014.
17 »High purity quartz. A cut abov«, in: Industrial Minerals, Dezember 2013, S. 22.

18 Quartz Corp: »High Purity Quartz Crucibles: Part I«, 28. November 2016 [http://www.thequartzcorp.com].
19 »How Microchips Are Made«, in: Science Channel [https://www.youtube.com/watch?v=F2KcZGwntgg].
20 Smil: Making the Modern World, S. 74.
21 Intel: »From Sand to Circuits: How Intel Makes Chips«, Datum unbekannt.
22 Quartz Corp: »Semiconductor Manufacturing Process«, 13. Januar 201 [http://www.thequartzcorp.com].
23 Konstantinos I. Vatalis/George Charalambides/Nikolas Ploutarch Benetis: »Market of High Purity Quartz Innovative Applications«, in: Procedia Economics and Finance 24, 2015, S. 734–742. Teil der Sondernummer: International Conference on Applied Economics, 2.–4. Juli 2015, Kazan, Russland [https://www.sciencedirect.com/science/article/pii/S2212567115006887].
24 Eidesstattliche Erklärung von Richard Zielke im Prozess Unimin Corporation v. Thomas Gallo and I-Minerals USA, Mitchell County Superior Court, North Carolina, 25. Juli 2014.
25 US Census Bureau: »Quick Facts. Mitchell County, North Carolina« [http://www.census.gov/quickfacts/table/PST045215/37121].
26 Rich Miller: »The Billion Dollar Data Centers«, in: Data Center Knowledge, 29. April 2013 [http://www.datacenterknowledge.com/archives/2013/04/29/the-billion-dollar-data-centers/].

Kapitel 6: Frackingermöglicher

1 Leonardo Maugeri: Oil. The Next Revolution, Harvard Kennedy School / Belfer Center for Science and International Affairs, Juni 2012, S. 53.
2 US Energy Information Administration: »How much shale gas is produced in the United States?« [https://www.eia.gov/tools/faqs/faq.php?id=907&t=8].
3 Maugeri: Oil, S. 56 f.
4 Don Bleiwas: »Estimates of Hydraulic Fracturing (Frac) Sand Production, Consumption, and Reserves in the United States«, in: Rock Products 118, Nr. 5 (Mai 2015).
5 Wisconsin Department of Natural Resources: Silica Sand Mining in Wisconsin, Januar 2012, S. 4 f.
6 Stephanie Porter: »Breaking the Rules for Profit«, Land Stewardship Project, 26. November 2014, S. 1.
7 Bleiwas: »Estimates of Hydraulic …«
8 »Sand and Gravel (Industrial)«, in: US Geological Survey (Hrsg.): Mineral Commodity Summaries, Januar 2017, S. 144.
9 Thomas P. Dolley: »Silica«, in: US Geological Survey (Hrsg.): 2014 Minerals Yearbook, S. 66.1.
10 Wisconsin Department of Natural Resources: »Silica Sand Mining in Wisconsin«, S. 8.
11 Wisconsin Department of Natural Resources: »High Capacity Wells« [http://dnr.wi.gov/topic/Wells/HighCap/].
12 Steven Verburg: »Frac sand miners fined $ 60,000 for stormwater spill in creek«, in: Madison.com, 9. September 2014 [http://host.madison.com/news/local/environment/frac-sand-miners-fined-for-stormwater-spill-in-creek/article_49ceb1e1-%87eb-5177-887d-4d03b75b4c88.html].
13 Emily Chapman et al.: »Communities at Risk. Frac Sand Mining in the Upper Midwest«, in: Boston Action Research, 25. September 2014.

14 Ali Mokdad et al.: »Actual Causes of Death in the United States, 2000«, in: JAMA 291, Nr. 10, 10. März 2004, S. 1238–1245.
15 E. J. Esswein et al.: Occupational exposures to respirable crystalline silica during hydraulic fracturing, Journal of Occupational and Environmental Hygiene 10, Nr. 7, 2013, S. 347–356 [https://www.ncbi.nlm.nih.gov/pubmed/23679563].
16 Soren Rundquist/Bill Walker: »Danger in the Air«, in: Environmental Working Group, 25. September 2014 [https://www.ewg.org/research/danger-in-the-air].
17 Soren Rundquist: »Danger in the Air«, Part 2, in: Environmental Working Group, 25. September 2014 [http://www.ewg.org/research/sandstorm/health-concerns-silica-outdoor-air#.WekhMhOPLdQ].
18 John Richards/Todd Brozell: »Assessment of Community Exposure to Ambient Respirable Crystalline Silica near Frac Sand Processing Facilities«, in: Atmosphere 6 (24. Juli 2015, S. 960–982.
19 Chapman et al.: »Communities at Risk«, S. 10 f.
20 Porter: »Breaking the Rules for Profit«, S. 11.
21 Ebd., S. 12.
22 Ebd., S. 6.
23 Steven Verburg: »Scott Walker. Legislature altering Wisconsin's way of protecting natural resources«, in: Madison.com, 4. Oktober 2015.
24 Minnesota Department of Natural Resources: »Silica Sand Mines in Minnesota«, 2016.
25 Karen Zamora/Josephine Marcotty: »Winona County passes frac sand ban, first in the state to take such a stand«, in: Star Tribune, 22. November 2016 [https://www.startribune.com/winona-county-passes-frac-sand-ban-first-in-the-state-to-take-such-a-stand/402569295/].
26 Thomas W. Pearson: When the Hills Are Gone. Frac Sand Mining and the Struggle for Community, Minneapolis 2017, S. 4.
27 Leighton Walter Kille: »The environmental costs and benefits of fracking. The state of research«, in: Journalist's Resource [https://journalistsresource.org/studies/environment/energy/environmental-costs-benefits-fracking/].
28 National Intelligence Council: Global Trends 2030. Alternative Worlds, Dezember 2012, S. 57.

Kapitel 7: Miami Beach ohne Strand

1 Ryan McNeill / Deborah J. Nelson / Duff Wilson: »Water's edge. The crisis of rising sea levels«, in: Reuters, 4. September 2014 [https://www.reuters.com/investigates/special-report/waters-edge-the-crisis-of-rising-sea-levels/].
2 US Geological Survey: »Disappearing Beaches. Modeling Shoreline Change in Southern California«, 27. März 2017.
3 Orrin H. Pilkey / J. Andrew G. Cooper: The Last Beach, Durham 2014, S. 14.
4 Michael Welland: Sand. The Never-Ending Story, Berkeley 2009, S. 18.
5 Patrick Reilly: »Without more sand, SoCal stands to lose big chunk of its beaches«, in: Christian Science Monitor, 28. März 2017.
6 Bob Marshall: »Losing Ground. Southeast Louisiana Is Disappearing, Quickly«, in: Scientific American, 28. August 2014.
7 Edward J. Anthony et al.: »Linking rapid erosion of the Mekong River delta to human activities«, in: Nature.com Scientific Reports 5, Artikel Nr. 14745, 8. Oktober 2015.

8 Pilkey/Cooper: The Last Beach, S. 25–28, 30 und 33 f.
9 Pedro A. Gelabert: »Environmental Effects of Sand Extraction Practices in Puerto Rico«, Thesenpapier für einen von der UNESCO und der University von Puerto Rico veranstalteten Workshop zum Thema Integrated Framework for the Management of Beach Resources within the Smaller Caribbean Islands, 21.–25. Oktober 1996.
10 Pilkey/Cooper: The Last Beach, S. 37 f.
11 Desmond Brown: »Facing Tough Times, Barbuda Continues Sand Mining Despite Warnings«, in: Inter Press Service News Agency, 22. Juni 2013.
12 E-Mail-Korrespondenz mit Dr. Amy E. Potter, Assistant Professor of Geography, Department of History, Armstrong State University.
13 Jase D. Ousley / Elizabeth Kromhout / Matthew H. Schrader: »Southeast Florida Sediment Assessment and Needs Determination (SAND) Study«, US Army Corps of Engineers, August 2013, S. 93.
14 Lisa Broad: »Treasure Coast fighting Miami-Dade efforts to ship its sand south«, in: Stuart News / Port St. Lucie News, 20. September 2015.
15 John Branch: »Copacabana's Natural Sand Is Just Right for Olympic Beach Volleyball«, in: New York Times, 9. August 2016.
16 Pilkey/Cooper: The Last Beach, S. xi.
17 John R. Gillis: The Human Shore. Seacoasts in History, Chicago 2015, S. 155.
18 Tatyana Ressetar: »The Seaside Resort Towns of Cape May and Atlantic City, New Jersey Development, Class Consciousness, and the Culture of Leisure in the Mid to Late Victorian Era«, Masterarbeit an der University of Central Florida 2011 [https://stars.library.ucf.edu/etd/1704/].
19 Ebd., S. 16.
20 D. J. Waldie: »How Angelenos invented the L. A. summer – in the beginning was the barbecue«, in: Los Angeles Times, 9. Juli 2017.
21 Gillis: The Human Shore, S. 160 f.
22 T. D. Allman: Finding Florida. The True History of the Sunshine State, New York 2014, S. 319 f. und 333.
23 History of Broward County [http://www.broward.org/History/Pages/BCHistory.aspx].
24 Allman: Finding Florida, S. 337.
25 David Fleshler: »Wade-ins ended beach segregation«, in: Sun Sentinel, 13. April 2015.
26 Important Broward County Milestones [http://www.broward.org/History/Pages/Milestones.aspx].
27 Allman: Finding Florida, S. 347.
28 Robert L. Wiegel: »Waikiki Beach, Oahu, Hawaii: History of its transformation from a natural to an urban shore«, in: Shore & Beach, Frühjahr 2008.
29 Pilkey/Cooper: The Last Beach, S. 168.
30 James McAuley: »Fake Seine beaches are part of a Paris summer. This year, they're making officials nervous«, in: Washington Post, 28. Juli 2016.
31 René Kolman: »New Land by the Sea. Economically and Socially, Land Reclamation Pays«, International Association of Dredging Companies, Mai 2012 [https://www.academia.edu/25043844/new_land_by_the_sea_economically_and_socially_land_reclamation_pays_new_land_by_the_sea_economically_and_socially_land_reclamation_pays].
32 Fiji High Commission to the United Kingdom: »Fijian Economy« [http://www.fijihighcommission.org.uk/about_3.html].

33 McNeill et al.: »Water's edge. The crisis of rising sea levels«.
34 Justin Gillis: »Flooding of Coast, Caused by Global Warming, Has Already Begun«, in: New York Times, 3. September 2016.
35 Gillis: The Human Shore, S. 184.
36 Dylan E. McNamara / Sathya Gopalakrishnan / Martin D. Smith / A. Brad Murray: »Climate Adaptation and Policy-Induced Inflation of Coastal Property Value«, in: PLoS One 10, Nr. 3 (25. März 2015).
37 McNeill et al.: »Water's edge. The crisis of rising sea levels«.
38 JoAnne Castagna: »Messages in the sand from Hurricane Sandy«, US Army Corps of Engineers, 7. September 2016 [https://www.dvidshub.net/news/208990/messages-sand-hurricane-sandy].
39 Pilkey/Cooper: The Last Beach, S. 70.
40 Ousley et al.: »Southeast Florida Sediment Assessment and Needs Determination (SAND) Study«, S. 93.
41 Program for the Study of the Developed Shoreline, Western Carolina University: »Beach Nourishment Viewer« [http://beachnourishment.wcu.edu/].
42 Welland: Sand, S. 123.
43 Pilkey/Cooper: The Last Beach, S. 16 ff., 21 und 83 ff.
44 Andres David Lopez: »Study. Sand nourishment linked to fewer marine life«, in: Palm Beach Daily News, 4. April 2016.
45 Sammy Fretwell: »Marine life dwindles after beach renourishment at Folly, report says«, in: The State, 19. August 2016.
46 Steve Lopez: »A dangerous confluence on the California coast. Beach erosion and sea level rise«, in: Los Angeles Times, 24. August 2016.

Kapitel 8: Land aus Menschenhand

1 E-Mail-Korrespondenz mit René Kolman, Generalsekretär der International Association of Dredging Companies, 21. März 2017.
2 A. G. M. Groothuizen: »World Development and the Importance of Dredging«, in: PIANC Magazine, Januar 2008.
3 City of Chicago: »Chicago Shoreline History« [http://www.cityofchicago.org/dam/city/depts/cdot/ShorelineHistory.pdf], Datum unbekannt.
4 »Making Up Ground«, in: 99 % Invisible, 15. September 2016 [https://99percentinvisible.org/episode/making-up-ground/].
5 Brent Ryan et al.: Developing the Littoral Gradient, MIT Center for Advanced Urbanism, Frühjahr 2015.
6 René Kolman: »New Land by the Sea. Economically and Socially, Land Reclamation Pays«, International Association of Dredging Companies, Mai 2012 [https://www.academia.edu/25043844/new_land_by_the_sea_economically_and_socially_land_reclamation_pays_new_land_by_the_sea_economically_and_socially_land_reclamation_pays].
7 Kolman: »New Land by the Sea«.
8 International Association of Dredging Companies: Beyond Sand and Sea, 2015.
9 Ryan: Developing the Littoral Gradient.
10 Global Witness: »Shifting Sand. How Singapore's demand for Cambodian sand threatens eco-systems and undermines good governance«, Mai 2010 [https://www.globalwitness.org/en/reports/shifting-sand/].
11 Samanth Subramanian: »How Singapore Is Creating More Land for Itself«, in: New York Times, 20. April 2017.

12 Alister Doyle: »Coastal land expands as construction outpaces sea level rise«, in: Reuters, 25. August 2016.
13 International Association of Dredging Companies: »Beyond Sand and Sea«, S. 50.
14 Für diesen Abriss über Dubais Geschichte habe ich v. a. auf Jim Kranes Werk *City of Gold. Dubai and the Dream of Capitalism,* New York 2009, zurückgegriffen.
15 Ebd., S. 4.
16 Ebd., S. 28 f.
17 Ebd., S. 70.
18 Gargi Kapadia: »Palm Island Construction with Management 5 Ms«, Welingkar Institute of Management Development and Research, 12. August 2013.
19 »Palm Islands, Dubai-Compression of the Soil«, in: CDM Smith, Datum unbekannt.
20 Krane: City of Gold, S. 154.
21 »Palm Islands, Dubai-Compression of the Soil«.
22 Adam Luck: »How Dubai's $ 14 billion dream to build The World is falling apart«, in: Daily Mail, 11. April 2010.
23 Tida Choomchaiyo: »The Impact of the Palm Islands«, 5. Dezember 2009 [https://sites.google.com/site/palmislandsimpact/environmental-impacts/long-term].
24 Krane: City of Gold, S. 230.
25 David Medio: Persian Gulf. The Cost of Coastal Development to Reefs, World Resources Institute [https://www.wri.org/persian-gulf-cost-coastal-development-reefs].
26 John A. Burt: »The environmental costs of coastal urbanization in the Arabian Gulf«, in: City. Analysis of urban trends, culture, theory, policy, action 18, Nr. 6 (28. November 2014), S. 760–770.
27 Krane: City of Gold, S. 224.
28 US Department of Defense: Asia-Pacific Maritime Security Strategy, August 2015, S. 9.
29 Ebd., S. 19.
30 Tian Jun-feng et al.: »Review of the ten-year development of Chinese Dredging Industry«, in: Port and Waterway Engineering, Januar 2013.
31 Andrew S. Erickson/Kevin Boyd: »Dredging Under the Radar. China Expands South Sea Foothold«, in: The National Interest, 26. August 2015; Carrie Gracie: »What is China's ›magic island-making‹ ship?«, in: BBC, 6. November 2017 [https://www.bbc.com/news/world-asia-china-41882081].
32 Permanent Court of Arbitration: In the Matter of the South China Sea Arbitration, 12. Juli 2016, S. 352.
33 US Department of Defense: Asia-Pacific Maritime Security Strategy, S. 19 ff.
34 Permanent Court of Arbitration: In the Matter of the South China Sea Arbitration, S. 416.
35 Greg Torode: »›Paving paradise‹. Scientists alarmed over China island building in disputed sea«, in: Reuters, 25. Juni 2015.
36 Agence France-Presse: »China's plans to expand in the South China Sea with a floating nuclear power plant continue«, in: Mercury, 25. Dezember 2017 [http://www.themercury.com.au/technology/chinas-plans-to-expand-in-the-south-china-sea-with-a-floating-nuclear-power-plant-continue/news-story/bdc1bf6f6b556daf097b3199b5690182].
37 David E. Sanger: »Piling Sand in a Disputed Sea, China Literally Gains Ground«, in: New York Times, 9. April 2015.
38 Hrvoje Hranjski / Jim Gomez: »China rejects freeze on island buil-

ding; ASEAN divided«, in: Associated Press, 16. August 2015.

39 David Brunnstrom / Matt Spetalnick: »Tillerson says China should be barred from South China Sea islands«, in: Reuters, 12. Januar 2017.

40 Benjamin Haas / Steve Bannon: »›We're going to war in the South China Sea ... no doubt‹«, in: Guardian, 1. Februar 2017.

41 Mike Morgan: Sting of the Scorpion. The Inside Story of the Long Range Desert Group, Stroud 2011, Kindle Locations 401 und 500.

42 Trevor Constable: Bagnold's Bluff. The Little-Known Figure Behind Britain's Daring Long Range Desert Patrols, in: The Journal of Historical Review 18, Nr. 2, März/April 1999.

Kapitel 9: Wüstenkrieg

1 »SCIO news briefing on the 5th national monitoring survey of desertification and sandification«, Presseerklärung des State Council Information Office, 31. Dezember 2015.

2 W. Chad Futrell: »A Vast Chinese Grassland, a Way of Life Turns to Dust«, in: Circle of Blue, 21. Januar 2008.

3 »An Introduction to the United Nations Convention to Combat Desertification«.

4 Fred Attewill: »Stopping the Sands of Time«, in: Metro (Großbritannien), 18. Januar 2012 [https://metro.co.uk/2012/01/18/stopping-the-sands-of-time-plans-to-stem-the-tide-of-advancing-deserts-289361/].

5 »SCIO news briefing«.

6 Hong Jiang: Taking Down the Great Green Wall. The Science and Policy Discourse of Desertification and Its Control in China, in: Roy Behnke / Michael Mortimore (Hrsg.): The End of Desertification? Disputing Environmental Change in the Drylands, Springer 2016, S. 513–536.

7 Diana K. Davis: The Arid Lands. History, Power, Knowledge, Cambridge 2016, S. 7.

8 Elion Resources Group: Elion's Ecosystem, 2013.

9 X. M. Wang et al.: »Has the Three Norths Forest Shelterbelt Program solved the desertification and dust storm problems in arid and semiarid China?«, in: Journal of Arid Environments 74, Nr. 1, Januar 2010, S. 13–22.

10 Jiang: Taking Down the Great Green Wall.

11 Shixiong Cao et al.: »Damage Caused to the Environment by Reforestation Policies in Arid and Semi-Arid Areas of China«, in: AMBIO: A Journal of the Human Environment 39, Nr. 4, Juni 2010, S. 279–283.

12 Weimin Xi et al.: »Challenges to Sustainable Development in China. A Review of Six Large-Scale Forest Restoration and Land Conservation Programs«, in: Journal of Sustainable Forestry 33, 2014, S. 435–453.

13 Wang et al.: »Has the Three Norths ...«.

Kapitel 10: Beton erobert die Welt

1 Taras Grescoe: »Shanghai Dwellings Vanish, and With Them, a Way of Life«, in: New York Times, 23. Januar 2017.

2 Basic Statistics on National Population Census: Shanghai Municipal Bureau of Statistics.

3 John E. Fernández: »Resource Consumption of New Urban Construction in China«, in: Journal of Industrial Ecology 11, Nr. 2, April 2007, S. 99–115.

4 Chen Xiqing et al.: »In-channel sand extraction from the mid-lower Yangtze channels and its manage-

ment. Problems and challenges«, in: Journal of Environmental Planning and Management 49, Nr. 2, 2006, S. 309–320.

5 Xijun Lai et al.: »Sand mining and increasing Poyang Lake's discharge ability. A reassessment of causes for lake decline in China«, in: Journal of Hydrology 519, 2014, S. 1698–1706.

6 Concrete Sustainability Council [http://www.concretesustainabilitycouncil.org/index.php?pagina=rss/pagina1].

7 Robert Courland: Concrete Planet. The Strange and Fascinating Story of the World's Most Common Man-Made Material, Amherst 2011, Kindle Locations 183–186.

8 United Nations Development Programme: Sustainable Cities and Communities [https://www.undp.org/content/undp/en/home/sustainable-development-goals/goal-11-sustainable-cities-and-communities.html].

9 US National Intelligence Council: Global Trends 2030. Alternative Worlds, Dezember 2012, S. 9.

10 Fernandez: Resource Consumption of New Urban Construction in China, S. 2.

11 Courland: Concrete Planet, 3914–3916.

12 Fernandez: Resource Consumption of New Urban Construction in China, S. 5 ff.

13 Charles Kenny: »Paving Paradise«, in: Foreign Policy, 3. Januar 2012.

14 Alex Barnum: »First-of-Its-Kind Index Quantifies Urban Heat Islands«, Presseerklärung der California Environmental Protection Agency, 16. September 2015.

15 Courland: Concrete Planet, 4758–4763.

16 Ian Boost: »Houston's Flood Is a Design Problem«, TheAtlantic.com, K28. August 2017 [https://www.theatlantic.com/technology/archive/2017/08/why-cities-flood/538251/].

17 Ryan McNeill / Deborah J. Nelson / Duff Wilson: »Water's edge. The crisis of rising sea levels«, in: Reuters, 4. September 2014.

18 »Typical Systems of Reinforced Concrete Construction«, in: Scientific American, 12. Mai 1906, S. 386.

19 »The Age of Concrete«, in: San Francisco Chronicle, 14. Januar 1906.

20 Ernest Ransome / Alexis Saurbrey: Reinforced Concrete Buildings, New York 1912, S. 208.

21 Vaclav Smil: Making the Modern World. Materials and Dematerialization, Hoboken, New Jersey 2013, S. 56.

22 US Nuclear Regulatory Commission: »Special NRC Oversight at Seabrook Nuclear Power Plant: Concrete Degradation«, 4. August 2016 [https://www.nrc.gov/reactors/operating/ops-experience/concrete-degradation.html].

23 Courland: Concrete Planet, 4623–4624.

24 Stephen Farrell: Iraq. The Wrong Type of Sand, atwar.blogs.nytimes.com, 31. März 2010.

25 American Society of Civil Engineers: »2017 Infrastructure Report Card«, 2017, S. 78.

26 Kevin Sieff: »After billions in U.S. investment, Afghan roads are falling apart«, in: Washington Post, 30. Januar 2014.

27 American Society of Civil Engineers: »2017 Infrastructure Report Card«, S. 17.

28 Ron Nixon: »Human Cost Rises as Old Bridges, Dams and Roads Go Unrepaired«, in: New York Times, 5. November 2015.

29 Paul Murphy: »Contextualising China's cement splurge«, in: FT Alphaville, 22. Oktober 2014.
30 Smil: Making the Modern World, S. 56.
31 Courland: Concrete Planet, S. 23.

Kapitel 11: Jenseits des Sandes

1 Die Angaben zu den durch die Sandförderung verursachten Verletzungen, Vertreibungen und Todesfällen sowie die von mir geschilderten Vorfälle stammen aus englischsprachigen Berichten örtlicher Medien in über 60 Ländern. Zweifellos könnte man noch weit mehr Beispiele dieser Art finden.
2 Joseph Green: »World demand for construction aggregates to reach 51.7 billion tons«, in: World Cement, 18. März 2106.
3 G. Mathias Kondolf: »Hungry Water. Effects of Dams and Gravel Mining on River Channels«, in: Environmental Management 21, Nr. 4, Juli 1997, S. 533–551.
4 C. Howard Nye: Statement on Behalf of the National Stone, Sand, and Gravel Association before the House Committee on Natural Resources Subcommittee on Energy and Mineral Resources, 21. März 2017.
5 Orrin H. Pilkey / J. Andrew G. Cooper: The Last Beach, Durham 2014, S. 15.
6 »Investigate illegal sand mining in BC«, in: La Jornada, 5. Dezember 2015.
7 John G. Parrish: »Aggregate Sustainability in California«, in: California Geological Survey, 2012.
8 US Bureau of Labor Statistics: »Producer Price Index Industry Data: Construction sand and gravel, 1965–2016«.
9 Freedonia Group: World Sand Demand by Region, in: World Construction Aggregates, 2016.
10 United Nations Comtrade: »Stone, sand, and gravel« [https://comtrade.un.org/].
11 Seol Song Ah: »NK exports 100 tons of sand, gravel, and coal daily from Sinuiju Harbor«, in: DailyNK.com, 15. November 2016.
12 Maxwell Porter: »Beach Sand Mining in St. Vincent and the Grenadines«, Thesenpapier, vorgelegt in einem von der UNESCO und der University of Puerto Rico veranstalteten Workshop zum Thema Integrated Framework for the Management of Beach Resources within the Smaller Caribbean Islands, 21.–25. Oktober 1996, S. 142.
13 »Corruption and laundering warrant against two Lafarge officials«, in: ElKhabar.com, 7. Juli 2010.
14 »Lafarge Syria alleged to have paid armed groups up to US$ 100,000/month to keep cement plant running«, in: Global Cement, 29. Juni 2016; Alice Baghdijan: »LafargeHolcim CEO's Resignation on Syria Creates Power Vacuum«, in: Bloomberg.com, 23. April 2017.
15 Global Witness: »Shifting Sand. How Singapore's demand for Cambodian sand threatens eco-systems and undermines good governance«, Mai 2010, S. 2 und 7.
16 Sandy Indra Pratama / Denny Armandhanu / Chep Hernawan: »I am also Candidate to Depart to ISIS«, in: cnnindonesia.com, 19. März 2015.
17 Rollo Romig: »How to Steal a River«, in: New York Times Magazine, 1. März 2017.
18 Mark Miodownik: Wunderstoffe. Zehn Materialien, die unsere Zivilisation ausmachen, München 2016, E-book-Ausgabe S. 62 ff.

19 »Questions and Answers«, in: BeyondRoads.com, The Asphalt Education Partnership.

20 Marine Aggregate Extraction: »The Need to Dredge. Fact or Fiction?«, in: Marinet, September 2015 [http://www.marinet.org.uk/wp-content/uploads/Marine-Aggregate-Extraction-The-Need-to-Dredge-Fact-or-Fiction.pdf].

21 »The Phosphorus Challenge«, in: Phosphorus Futures [http://phosphorusfutures.net/the-phosphorus-challenge/].

22 David S. Abraham: The Elements of Power. Gadgets, Guns, and the Struggle for a Sustainable Future in the Rare Metal Age, New Haven 2015, S. 12.

23 Fridolin Krausmann et al.: »Growth in global materials use, GDP and population during the 20th century«, in: Ecological Economics 68, 10. Juni 2009, S. 2696–2705.

24 World Wildlife Fund: Living Planet Report 2016 [https://wwf.panda.org/wwf_news/?282370/Living-Planet-Report-2016].

25 Jim Krane: City of Gold. Dubai and the Dream of Capitalism, New York 2009, S. 223 f.

26 »Sandgrains: A Crowdfunded Documentary« [http://sandgrains.org/].

27 Siehe z. B. Bernice Lee et al.: Resources Futures, Chatham House, 12. Dezember 2012, S. 2 f., 12 und 15.

28 Mark J. Perry: »Today's new homes are 1,000 square feet larger than in 1973, and the living space per person has doubled over last 40 years«, in: American Enterprise Institute, 26. Februar 2014.

29 Richard Dobbs / James Manyika / Jonathan Woetzel: No Ordinary Disruption, New York 2016, S. 8 und 94.

30 »Affordable housing key for development and social equality, UN says on World Habitat Day«, Presseerklärung der Vereinten Nationen, 2. Oktober 2017 [http://www.un.org/apps/news/story.asp?NewsID=57786#.We_M-ROPLdQ]; Flavia Krause-Jackson: »Affordable Global Housing Will Cost $ 11 Trillion«, in: Bloomberg News, 30. September 2014.

31 Mineral Products Association: The Mineral Products Industry at a Glance, 2016, S. 20; Erwan Garel / Wendy Bonne / M. B. Collins: Offshore Sand and Gravel Mining, in: John Steele / Steve Thorpe / Karl Turekian (Hrsg.): Encyclopedia of Ocean Sciences, New York 2009, S. 4162–4170.

32 »Dunes and don'ts: the nitty-gritty about sand«, in: The National, 7. Januar 2010.

33 Dobbs et al.: No Ordinary Disruption, S. 18.

34 US National Intelligence Council: Global Trends 2030. Alternative Worlds, Dezember 2012, S. 47.

35 Lee et al.: Resources Futures, Chatham House, S. xi.

Bibliografie

Bei den hier aufgeführten Titeln handelt es sich ausschließlich um veröffentlichte Werke und um die wichtigsten Dokumente, die ich für meine Recherchen herangezogen habe. Die zahlreichen Zeitungen, Periodika, Websites usw., denen ich Informationen und Erkenntnisse verdanke, sind in den Anmerkungen aufgeführt.

Abraham, David S.: The Elements of Power. Gadgets, Guns, and the Struggle for a Sustainable Future in the Rare Metal Age, New Haven 2015.

Allman, T. D.: Finding Florida. The True History of the Sunshine State, New York 2014.

Asimov, Isaac: Eyes of the Universe. A History of the Telescope, Boston 1975.

Banham, Reyner: A Concrete Atlantis. U. S. Industrial Building and European Modern Architecture, Boston 1989.

Biddix, David / Hollifield, Chris: Images of America. Spruce Pine, Mount Pleasant 2009.

Borges, Jorge Luis: Fragmente eines apokryphen Evangeliums, in: Lob des Schattens. Gedichte, München 1971.

Carson, Rachel: The Edge of the Sea, Neuauflage New York, 1998.

Chapman, Emily et al.: »Communities at Risk: Frac Sand Mining in the Upper Midwest«, Boston Action Research, 25. September 2014.

Constable, Trevor: »Bagnold's Bluff. The Little-Known Figure Behind Britain's Daring Long Range Desert Patrols«, in: The Journal of Historical Review 18, Nr. 2, März/April 1999.

Courland, Robert: Concrete Planet. The Strange and Fascinating Story of the World's Most Common Man-Made Material, Amherst 2011.

Davenport, Bill / Voigt, Gerald / Deem, Peter: Concrete Legacy. The Past, Present, and Future of the American Concrete Pavement Association, American Concrete Pavement Association, 2014.

Davis, Diana K.: The Arid Lands. History, Power, Knowledge, Cambridge 2016.

Dobbs, Richard / Manyika, James / Woetzel, Jonathan: No Ordinary Disruption, New York 2016.

Dolley, Thomas: »Sand and Gravel. Industrial«, in: US Geological Survey (Hrsg.): Mineral Commodity Summaries, Januar 2016.

Dunn, Richard: The Telescope. A Short History, New York 2011.

Eisenhower, Dwight D.: At Ease. Stories I Tell to Friends, New York 1967.

Floyd, Barbara L.: The Glass City. Toledo and the Industry That Built It, Ann Arbor 2014.

Foster, Mark S.: Henry J. Kaiser. Builder in the Modern American West, Austin 2012.

Freedonia Group: World Construction Aggregates, 2016.

Freedonia Group: World Flat Glass Market Report, 2016.

Garel, Erwan / Bonne, Wendy / Collins, M. B.: Offshore Sand and Gravel Mining, in: John Steele / Steve Thorpe / Karl Turekian (Hrsg.): Encyclopedia of Ocean Sciences, 2. Auflage, New York 2009.

Gelabert, Pedro A.: »Environmental Effects of Sand Extraction Practices in Puerto Rico«, Thesenpapier, vorgelegt auf dem von der UNESCO und der University of Puerto Rico durchgeführten Workshop zum Thema Integrated Framework for the Management of Beach Resources within the Smaller Caribbean Islands, 21.–25. Oktober 1996.

Gillis, John R.: The Human Shore. Seacoasts in History, Chicago 2015.

Gillis, John R.: The Shores Around Us, im Selbstverlag veröffentlicht 2015.

Global Witness: »Shifting Sand. How Singapore's demand for Cambodian sand threatens ecosystems and undermines good governance«, Mai 2010 [https://www.globalwitness.org/en/reports/shifting-sand/].

Greenberg, Gary: A Grain of Sand. Nature's Secret Wonder, Minneapolis 2008.

Greenberg, Gary / Kiely, Carol / Clover, Kate: The Secrets of Sand, Minneapolis 2015.

Haus, Reiner / Prinz, Sebastian / Priess, Christoph: »Assessment of High Purity Quartz Resources«, in: Jens Götze / Robert Möckel (Hrsg.): Quartz. Deposits, Mineralogy and Analytics, Springer Geology 2012.

Heiner, Albert P.: Henry J. Kaiser. Western Colossus, Halo Books, New York 1991.

International Association of Dredging Companies: Beyond Sand and Sea, 2015.

Kolman, René: »New Land by the Sea: Economically and Socially, Land Reclamation Pays«, International Association of Dredging Companies, Mai 2012.

Kondolf, G. Mathias et al.: »Freshwater Gravel Mining and Dredging Issues«, White Paper für das Washington Department of Fish and Wildlife, 4. April 2002.

Krane, Jim: City of Gold. Dubai and the Dream of Capitalism, New York 2009.

Krausmann, Fridolin et al.: »Growth in global materials use, GDP and population during the 20th century«, in: Ecological Economics 68, 10. Juni 2009.

Lee, Bernice et al.: Resources Futures, Chatham House 2012.

Lewis, Tom: Divided Highways. Building the Interstate Highways, Transforming American Life, Ithaca 2013.

Macfarlane, Alan / Martin, Gerry: Welt aus Glas. Eine Kulturgeschichte, München 2004.

Maugeri, Leonardo: Oil. The Next Revolution, Harvard Kennedy School / Belfer Center for Science and International Affairs, Juni 2012.

McNeill, Ryan / Nelson, Deborah J. / Wilson, Duff: »Water's edge. The crisis of rising sea levels«, in: Reuters, 4. September 2014.

Miodownik, Mark: Wunderstoffe. Zehn Materialien, die unsere Zivilisation ausmachen, München 2016 (E-book-Ausgabe).

Morgan, Mike: Sting of the Scorpion. The Inside Story of the Long Range Desert Group, Stroud 2011.

National Intelligence Council: Global Trends 2030. Alternative Worlds, Dezember 2012.

Padmalal, D. / Maya, K.: Sand Mining. Environmental Impacts and Selected Case Studies, New York 2014.

Pearson, Thomas W.: When the Hills Are Gone. Frac Sand Mining and the Struggle for Community, Minneapolis 2017.

Peduzzi, Pascal: »Sand, rarer than one thinks«, United Nations Environment Programme Report, März 2014 [https://na.unep.net/geas/getUNEPPageWithArticleIDScript.php?article_id=110].

Petroski, Henry: The Road Taken. The History and Future of America's Infrastructure, New York 2016.

Pilkey, Orrin H. / Cooper, J. Andrew G.: The Last Beach, Durham 2014.

Ransome, Ernest / Saurbrey, Alexis: Reinforced Concrete Buildings, New York 1912.

Ressetar, Tatyana: »The Seaside Resort Towns of Cape May and Atlantic City, New Jersey Development, Class Consciousness, and the Culture of Leisure in the Mid to Late Victorian Era«, Masterarbeit an der University of Central Florida 2011.

Rundquist, Soren / Walker, Bill: »Danger in the Air«, Environmental Working Group, 25. September 2014.

Schlanz, John W.: High Pure and Ultra High Pure Quartz, in: Society for Mining, Metallurgy, and Exploration (Hrsg.): Industrial Minerals and Rocks, 7. Auflage, 5. März 2006.

Shixiong Cao et al.: »Damage Caused to the Environment by Reforestation Policies in Arid and Semi-Arid Areas of China«, in: AMBIO: A Journal of the Human Environment 39, Nr. 4, Juni 2010.

Shurkin, Joel N.: Broken Genius. The Rise and Fall of William Shockley, Creator of the Electronic Age, New York 2006.

Siever, Raymond: Sand. Ein Archiv der Erdgeschichte, Heidelberg 1989.

Skrabec, Quentin: Michael Owens and the Glass Industry, Gretna 2006.

Slaton, Amy E.: Reinforced Concrete and the Modernization of American Building, 1900–1930, Baltimore 2001.

Smil, Vaclav: Making the Modern World. Materials and Dematerialization, Hoboken, New Jersey 2013.

Snyder, Laura J.: Eye of the Beholder. Johannes Vermeer, Antoni van Leeuwenhoek, and the Reinvention of Seeing, New York 2015.

Supreme Court of India: Deepak Kumar and Others v. State of Haryana and Others, 2012.

Swift, Earl: The Big Roads. The Untold Story of the Engineers, Visionaries, and Trailblazers Who Created the American Superhighways, Boston 2011.

United Nations Department of Economic and Social Affairs: World Urbanization Prospects, 2014.

Weimin Xi et al.: »Challenges to Sustainable Development in China: A Review of Six Large-Scale Forest Restoration and Land Conservation Programs«, in: Journal of Sustainable Forestry 33, 2014.

Welland, Michael: Sand. The Never-Ending Story, Berkeley 2009.

Wermiel, Sara: »California Concrete, 1876–1906: Jackson, Percy, and the Beginnings of Reinforced Concrete Construction in the United States«, Proceedings of the Third International Congress on Construction History, Mai 2009.

Willett, Jason Christopher: »Sand and Gravel (Construction)«, in: U. S. Geological Survey / U. S. Department of the Interior (Hrsg.): Mineral Commodity Summaries 2017, Januar 2017, S. 142 [https://s3-us-west-2.amazonaws.com/prd-wret/assets/palladium/production/mineral-pubs/mcs/mcs2017.pdf].

Wisconsin Department of Natural Resources: Silica Sand Mining in Wisconsin, Januar 2012.

Woodbury, David O.: The Glass Giant of Palomar, New York 1970.

Xijun Lai et al.: »Sand mining and increasing Poyang Lake's discharge ability. A reassessment of causes for lake decline in China«, in: Journal of Hydrology 519, 2014.

Register

C

D

E

F

G

H

I

J

K

L

M

N

O

P

Q

R

T

U

V

W

Z

Über den Autor

© Spencer Lowell

Vince Beiser ist Journalist und lebt in Los Angeles. Für seine Arbeiten wurde er vielfach ausgezeichnet, u. a. durch das Pulitzer Center on Crisis Reporting. Beiser schreibt für renommierte Medien wie den *Guardian,* das *Wall Street Journal,* die *Los Angeles* und die *New York Times.*